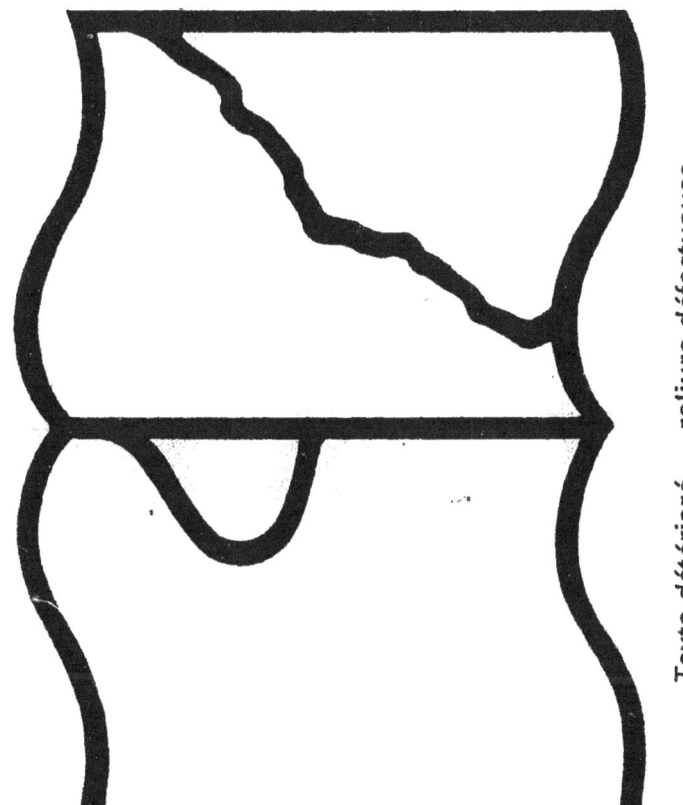

Texte détérioré — reliure défectueuse

NF Z 43-120-11

Symbole applicable pour tout,ou partie des documents microfilmés

RAPPORTS

DU

RELATIF ET DE L'ABSOLU

PAR

FÉLIX CELLARIER

PARIS
ANCIENNE LIBRAIRIE GERMER BAILLIÈRE ET Cie
FÉLIX ALCAN, ÉDITEUR
108, BOULEVARD SAINT-GERMAIN, 108

1890

LIBRAIRIE FÉLIX ALCAN

RÉCENTES PUBLICATIONS

BALLET (G.). *Le Langage intérieur et les diverses formes de l'aphasie*, avec fig. 2ᵉ édit. 1 vol. in-18.. 2 fr. 50
BEAUNIS (H.). *Les Sensations internes*. 1 vol. in-8, cart. 6 fr.
BINET (A.). *La Psychologie du raisonnement, expériences par l'hypnotisme*. 1 vol. in-18....... 2 fr. 50
BINET et FÉRÉ. *Le Magnétisme animal*. 1 vol. in-8 avec figures, 2ᵉ édition, cart........................... 6 fr.
DELBOEUF (J.). *La Matière brute et la Matière vivante*. 1 vol. in-18................................. 2 fr. 50
FÉRÉ (Ch.). *Sensation et mouvement*. Étude de psycho-mécanique, avec figures. 1 vol. in-18.......... 2 fr. 50
— *Dégénérescence et criminalité*, avec figures. 1 vol. in-18................................... 2 fr. 50
GAROFALO, agrégé de l'Université de Naples. *La Criminologie*. 1 vol. in-8................. 7 fr. 50
JANET (Pierre). *L'automatisme psychologique*, essai sur les formes inférieures de l'activité mentale. 1 vol. in-8. 7 fr. 50
LAGRANGE (F.). *Physiologie des exercices du corps*. 1 vol. in-8, cart....................... 6 fr.
MOSSO. *La Peur*. Étude psycho-physiologique, trad. de l'italien par F. Hément (avec figures). 1 vol. in-18 2 fr. 50
PAULHAN. *Les Phénomènes affectifs et les lois de leur apparition*. 1 vol. in-18................... 2 fr. 50
— *L'activité mentale et les éléments de l'esprit*. 1 vol. in-8.................................... 10 fr.
RIBOT (Th.). *La Psychologie de l'attention*. 1 vol. in-8. 2 fr. 50
RICHET (Ch.), professeur à la Faculté de Médecine. *Essai de psychologie générale* (avec fig.). 1 vol. in-18. 2 fr. 50
SERGI, professeur à l'Université de Rome. *La Psychologie physiologique*, traduit de l'italien par M. Mouton. 1 vol. in-8 avec figures........................ 7 fr. 50
SOURIAU (Paul). *L'Esthétique du mouvement*. 1 vol. in-8.................................. 5 fr.
HERBERT-SPENCER. *L'Individu contre l'État*. Traduit par M. Gerschel. 2ᵉ édition, 1 vol. in-18....... 2 fr. 50
STRICKER. *Le Langage et la Musique*. Traduit par M. Schwiedland. 1 vol. in-18............... 2 fr. 50

RAPPORTS

DU

RELATIF ET DE L'ABSOLU

MONTPELLIER. — TYPOGRAPHIE CHARLES BOEHM.

RAPPORTS

DU

RELATIF ET DE L'ABSOLU

PAR

FÉLIX CELLARIER

PARIS
ANCIENNE LIBRAIRIE GERMER BAILLIÈRE ET Cie
FÉLIX ALCAN, ÉDITEUR
108, BOULEVARD SAINT-GERMAIN, 108

—

1890

AVANT-PROPOS

En parcourant les diverses appréciations critiques de son premier travail (*Études sur la raison*), l'auteur a pu se convaincre qu'en général on n'a que très imparfaitement saisi le vrai sens et toute la portée de ses idées. A qui la faute ? A personne : le lecteur ne pouvait embrasser, pas plus que l'écrivain ne devait développer d'emblée, dans tous ses détails, un système dont la connaissance complète était cependant indispensable pour la pleine intelligence d'aperçus qui n'en forment que le préambule et la préparation. D'ailleurs le titre d'*essai* donné à la première partie de ces Études, et celui d'*esquisse* à la seconde, avertissaient de reste qu'on ne se trouvait pas en présence d'un exposé complet et pouvant se suffire à lui-même.

Ainsi donc, après ce premier pas, il en fait

aujourd'hui un deuxième qui, sans atteindre encore le but, lui permettra d'en accomplir bientôt un troisième et dernier. Qu'on veuille bien en conséquence différer l'arrêt définitif jusqu'à ce moment, car ce suprême effort doit être décisif dans un sens ou dans l'autre : la totalité de la nouvelle théorie, mise alors dans tout son jour aux yeux du public, rendra possible un jugement éclairé par l'examen de toutes les pièces du procès.

Si la sentence lui est favorable, l'auteur s'en réjouira, surtout au point de vue de l'acquisition de vérités jusqu'ici méconnues ; si elle lui est contraire, il s'inclinera non certes sans quelque regret (il ne faut pas trop exiger de la faiblesse humaine), mais du moins avec une résignation parfaite.

F. C.

RAPPORTS

DU

RELATIF ET DE L'ABSOLU

CHAPITRE PREMIER.

OBJET ET DIVISION DE L'OUVRAGE.

La question qui de tout temps a passionné et déconcerté le plus les philosophes est celle de la conciliation du relatif et de l'absolu. Combien l'ont abordée résolument, et sont allés se briser contre les écueils de ce rivage inhospitalier ! Tant de naufrages ont inspiré une salutaire méfiance à leurs successeurs. Devant ce problème, si séduisant pour l'insatiable curiosité humaine, ils ont fini par faire comme Tantale en présence des fruits qui si souvent ont déjoué ses efforts pour les atteindre :

« Il ne tend plus ses mains trop fréquemment leurrées
Et tient la faim captive entre ses dents serrées[1]. »

Loin d'imiter cette prudence un peu forcée, irons-nous aussi tenter de saisir une proie sans cesse fugitive? Une simple réflexion suffira pour nous convaincre qu'une telle entreprise n'est pas aussi déraisonnable qu'elle le semble à première vue. Une question n'est souvent insoluble qu'à cause de la manière défectueuse dont elle est posée, ou parce que les termes en sont mal définis. Que si, même à l'aide d'une heureuse modification dans ces éléments, on ne peut obtenir une explication complète et radicale de la difficulté, du moins il est permis d'espérer qu'on pourra jeter quelque lumière sur certains côtés de cet obscur problème, et en préparer de loin la solution définitive. Dans cette vue, nous avons jugé utile de soumettre aux esprits spéculatifs quelques réflexions que nous a suggérées une longue méditation sur ces matières.

Et d'abord, faisons observer que, si l'on adopte notre théorie de l'unité d'essence, que nous avons ébauchée ailleurs[2] et que nous achèverons d'exposer ici, le problème se trouve grandement simplifié et même à moitié résolu. Nous

---

[1] *Deceptus toties tangere negligit,*
Inclusisque famem dentibus alligat. (Sénèque).
[2] Voir nos *Études sur la Raison.*

n'avons plus alors en effet à concilier une essence et une existence infinies avec des essences et des existences finies, mais seulement une existence infinie avec des existences finies, ce qui est déjà, par lui-même, assez et trop embarrassant. Cette simplification n'en a pas moins beaucoup d'importance. Une autre conséquence heureuse de notre théorie, c'est qu'elle nous mène à conclure que notre raison est, en soi, la raison absolue, limitée seulement dans ses manifestations ou dans son existence, mais susceptible cependant d'un développement sans limites ; que cette raison embrasse l'infini en puissance, qu'il ne s'agit dès lors pour nous que de l'explorer dans ses profondeurs, par une analyse patiente et pour ainsi dire acharnée ; et qu'ainsi tel problème insoluble aujourd'hui peut devenir demain parfaitement abordable, quand nous aurons un peu plus creusé dans cet abîme. Il est des endroits où le minerai affleure presque le sol, et s'obtient au moyen de quelques coups de pioche ; d'autres, au contraire, où l'on est obligé d'aller l'arracher aux entrailles de la terre : de même il est des vérités qui s'offrent en quelque sorte spontanément, et d'autres qu'on ne peut conquérir qu'à grands efforts. Mais si le pauvre manouvrier se condamne, pour un maigre salaire, à de si rudes travaux, que ne devons-nous pas attendre du philosophe, dont la récompense doit être, non la gratitude de ses contemporains (cette rémunération fait le plus souvent défaut, et, bien loin de s'en plaindre, peut-être faut-il s'en applaudir), mais la reconnaissance de l'élite du genre humain dans les siècles à venir ?

Travaillons donc sans relâche et sans découragement ; imitons la lenteur et la persévérance de la nature dans ses opérations, et n'oublions pas que, si le passage de l'homme ici-bas est de courte durée, l'humanité voit s'ouvrir devant elle une carrière que des myriades de siècles suffiraient à peine à mesurer. La science n'est pas un patrimoine individuel, mais le trésor accumulé de toute la race humaine. Heureux qui peut contribuer à le grossir, même dans la proportion la plus modeste !

Voici l'ordre que nous nous proposons de suivre dans cet ouvrage. Nous tâcherons, en premier lieu, d'établir, le plus solidement qu'il nous sera possible, notre doctrine de l'unité d'essence, puisqu'elle a pour effet immédiat la simplification du problème posé. Puis nous choisirons les matières les plus importantes, dans lesquelles se présente avec toutes ses difficultés la question qui nous occupe, et nous essayerons de résoudre ces difficultés, si la solution nous en paraît possible; sinon, de les atténuer dans la mesure de nos faibles moyens ; et enfin, en désespoir de cause, s'il y a lieu, de mettre en évidence les raisons qui en rendent la solution impossible. C'est dans cet esprit et avec ces intentions que nous passerons en revue, pour les comparer, les divers attributs de l'être nécessaire et de l'être contingent ; qu'ensuite nous mettrons en présence le temps et l'éternité, l'étendue et l'espace, la liberté humaine et la prescience divine, et que nous jetterons un coup d'œil sur les problèmes si difficiles et si ardus de la providence et de la création. Nous terminerons enfin notre travail par quelques observations générales sur les résultats auxquels nous serons arrivé et sur leur application aux diverses parties de la science philosophique.

CHAPITRE II.

DIFFICULTÉ DE LA CONCILIATION ENTRE LE FINI ET L'INFINI.

Nous connaissons l'être à deux aspects ou sous deux modes différents : la nécessité et la contingence. D'où, deux sortes d'être distincts pour nous : l'être nécessaire, et l'être contingent. Le premier nous apparaît avec tous les attributs qui sont la conséquence de sa nécessité : il est un, absolu, immuable, infini, et nous ne saurions le concevoir dépouillé de ces attributs. Le second nous apparaît de même avec les attributs qui sont la conséquence de son caractère d'être contingent : il est mulptiple, relatif, mobile, fini, et tous ces attributs lui sont inhérents, comme les attributs opposés sont inhérents à l'être nécessaire.

Tant que nous concevons ces deux sortes d'êtres séparément, point de difficulté ; mais, si nous voulons les embrasser dans un seul et même acte de connaissance, notre embarras commence, et, plus nous nous obstinons dans cette contemplation, plus il devient inextricable : comme l'oiseau pris au lacet serre le nœud qui l'étouffe à proportion des efforts qu'il fait pour s'en dégager. Comment concilier en effet l'existence de deux êtres qui sont l'antithèse et la contradiction vivante l'un de l'autre ? Autant vaudrait vouloir faire vivre le feu et l'eau dans un même milieu. Puisque le premier est infini, il embrasse et absorbe nécessairement toute la somme de l'être ; il n'en reste donc plus la moindre parcelle pour l'être fini. Quelle peut être la raison d'être, l'essence, la fin de l'être contingent en face de l'être nécessaire, en qui se trouve toute raison d'être, toute essence, toute fin ? Or un être qui n'a ni raison d'être, ni essence, ni fin, ne saurait exister. Nous n'existons donc pas, nous qui sommes des êtres contingents. Mais une pareille conclusion révolte notre conscience. Nous ne pouvons non plus, d'un autre côté, admettre la non-existence de l'être infini. Comment se tirer de là ?

De cette difficulté sont nés deux systèmes identiques dans leur but, divers dans leurs moyens ; désignés tous deux par un nom commun, ils se distinguent l'un de l'autre par l'épithète dont on les accompagne : le panthéisme idéaliste et le panthéisme matérialiste. Le premier supprime l'être relatif, en l'absorbant dans l'absolu ; le second supprime l'être absolu, en le réduisant à n'être plus que la collection des êtres relatifs. C'est là, on en conviendra, une étrange manière, un moyen brutal et violent de trancher la difficulté : il ressemble un peu trop au procédé d'un médecin qui tuerait son malade pour faire disparaître le mal. Ne serait-il pas préférable, pour le client, de vivre un peu moins bien portant, si l'on veut, que de mourir ainsi guéri ?

Mais il est une considération plus forte pour repousser également les deux espèces de panthéisme : c'est que, si le médecin peut tuer son malade, le philosophe n'a pas le même pouvoir sur les objets de notre connaissance. On aura beau nous crier : Ce que vous connaissez n'existe pas ; nous nous obstinerons à n'en rien croire, et à répondre :

« Les gens que vous tuez se portent assez bien. »

Il est donc plus sage de faire tous ses efforts pour expliquer ce qui est, qu'on le veuille ou non, et, si l'on n'y réussit pas, d'avouer ingénument son échec, et de dire : Cela existe, j'en suis certain ; mais comment cela existe-t-il, je l'ignore. C'est le parti le plus raisonnable, le plus philosophique ; et c'est à celui-là que nous nous arrêterons.

Tâchons donc d'abord de simplifier le problème en réduisant l'être à sa plus simple expression ; en sorte que nous n'ayons plus à considérer en lui que l'existence pure, après en avoir éliminé l'essence.

CHAPITRE III.

DISTINCTION DE L'ESSENCE ET DE L'EXISTENCE. UNITÉ DE L'ESSENCE.

§ 1er. DE L'ESSENCE EN GÉNÉRAL.

L'idée de l'existence est une idée abstraite ; c'est donc une idée que nous avons tirée d'un objet, d'une réalité, d'un être concret, car le concret est la seule source où l'on puisse puiser l'abstrait. L'idée d'un être quelconque embrasse donc quelque chose de plus que l'idée de l'existence de cet être, puisque cette dernière idée, étant abstraite, ne représente qu'un des éléments compris dans celle de cet être concret. L'existence est assurément l'existence de quelque chose qui, joint avec elle, forme ce tout que nous appelons l'être. Ce quelque chose est ce qu'on nomme l'essence ou l'ensemble des attributs de l'être ; et l'existence est la manifestation de cette essence.

Il y a des manifestations diverses ; il y a donc des êtres divers, et par conséquent les êtres sont multiples. Cette diversité des manifestations provient-elle de la diversité de l'essence des êtres, comme on le croit communément, ou faut-il admettre qu'il n'y a qu'une essence, et que ce sont les manifestations de cette essence unique, différant entre elles en degré, qui constituent la diversité des êtres ? C'est cette dernière opinion, adoptée et soutenue par nous dans nos *Études sur la Raison*, que nous nous proposons en ce moment de développer et de bien établir. Nous allons en conséquence passer en revue et classer avec soin les diverses idées élémentaires composant l'idée totale de l'essence ; et de cet examen, complété par diverses considérations générales, nous espérons tirer des raisons concluantes en faveur de notre système.

§ 2. Des éléments de l'essence. — Leur division.

Un être quelconque, pris dans sa totalité, c'est-à-dire considéré à la fois au point de vue de son essence et de son existence, est nécessairement simple. En effet, s'il ne l'était pas, il serait constitué par la réunion de plusieurs êtres ayant chacun son existence distincte ; il ne serait donc plus un être, mais une réalité, une chose (*res*), dans laquelle nous apercevrions certains rapports intrinsèques qui ne peuvent exister dans l'être proprement dit, parce qu'il est simple, et que la présence de ces rapports suppose nécessairement le multiple. En d'autres termes : il ne saurait y avoir dans un même être des rapports d'existence à existence, lesquels ne peuvent avoir lieu qu'entre des êtres différents. Dans le même être, entre son essence et son existence, il n'y a pas rapport, mais bien identité métaphysique, et seulement diversité logique, puisque la première est l'existence en puissance, et la seconde l'essence en acte. Tout être proprement dit est donc un, et par conséquent identique à lui-même. Ce caractère d'unité et d'identité doit également convenir à tout ce qui se trouve compris dans l'être, et par suite à son essence, dont son existence n'est que la manifestation, quoiqu'elle ne la manifeste pas au dehors dans sa totalité, comme nous le verrons ci-dessous. L'unité est donc un caractère nécessairement attaché à l'essence des êtres. Du reste, nous aurons occasion plus loin d'établir l'unité et la simplicité de l'essence d'une manière plus directe et plus vivement concluante.

Mais cette unité n'exclut pas la présence d'éléments distincts, non pas au point de vue métaphysique, mais au point de vue logique, c'est-à-dire d'éléments que nous pouvons séparer et distinguer les uns des autres par le procédé de l'abstraction et de l'analyse. C'est ce que nous allons essayer d'accomplir, en énumérant et classant à part les diverses idées élémentaires qui sont renfermées dans cette idée de l'essence.

L'essence d'un être est l'ensemble de ses attributs considérés en eux-mêmes, et abstraction faite de l'existence. Pouvons-nous atteindre par la connaissance, ou autrement dit connaître l'essence d'un être ? On nie généralement la possibilité de cette connaissance ; mais nous croyons que cette négation n'est fondée ni en droit ni en fait.

En droit : Comment pouvons-nous connaître quoi que ce soit ? Uniquement par sa manifestation ; ce qui ne se manifeste pas échappe nécessairement à toute connaissance, et cela par la raison bien simple que ce qui ne se manifeste pas (tout au moins à l'intelligence absolue) n'existe pas. En sens inverse, ce qui se manifeste est accessible à la connaissance. La question se ramène donc à savoir si l'essence se trouve dans l'une ou l'autre de ces deux conditions, c'est-à-dire si elle se manifeste ou ne se manifeste pas. Or nous venons de dire que l'existence n'est autre chose que la manifestation de l'essence ; et si l'on soutient qu'il n'en est rien, qu'on veuille bien nous dire ce que c'est que l'existence. Il ne faudrait pas croire cependant que la manifestation de l'essence soit complète, en ce sens que tous ses attributs sans exception soient susceptibles de se manifester extérieurement. Comme nous le verrons par la suite, il est certains éléments constituant la nature intime de l'essence qui ne se manifestent pas, du moins à nos facultés dites empiriques, parce qu'ils ne sont en aucune manière les attributs de l'existence, mais ceux de l'essence pure, et sont ce qu'on appelle immanents. Nous disons donc qu'il est possible de connaître l'essence de l'être, tout au moins en ce qui est susceptible de manifestation extérieure, c'est-à-dire en tout ce qui a rapport à l'existence. Nous ne pouvons ou nous n'osons pas en dire plus pour le moment, parce qu'il nous faudrait entrer dans des détails et des précisions trop étendues pour notre dessein actuel.

En fait : Nous comprenons très clairement et très distinctement ce qu'on veut nous faire entendre, quand on nous parle de l'essence d'un être ; nous avons par conséquent une idée nette et précise de la notion représentée par ce terme d'*essence*. Si la chose elle-même était complètement inaccessible à notre intelligence, le mot qui est le signe destiné à la représenter, à en réveiller l'idée, n'aurait pour nous absolument aucun sens, et ne serait qu'un vain son. Or, puisqu'il n'en est pas ainsi, et que ce son va réveiller une idée au fond de notre intelligence, il faut admettre que l'essence elle-même s'est révélée à notre esprit, d'une manière quelconque. Nous verrons plus tard comment s'est faite cette révélation.

Nous savons bien qu'on a dit et répété sur tous

les tons que le moi n'avait conscience et, par suite, connaissance que de ses phénomènes ; qu'il n'atteignait nullement sa substance, et ne faisait que la conclure, en vertu d'un principe rationnel, de ses propres modifications, seul objet de sa perception interne. Mais s'il en était ainsi, comment le moi aurait-il connaissance, comme il est certain qu'il l'a, de son individualité, de sa personnalité ? Nous ne disons pas simplement : *volonté, pensée, souffrance* ; où : *quelque chose veut, quelque chose pense, quelque chose souffre* ; mais bien : *je veux, je pense, je souffre.* D'où vient ce *je* ? D'où l'avons-nous tiré, s'il est vrai que nous ne percevions que des phénomènes par l'information intérieure ? Le moi serait-il lui aussi un pur phénomène ?

Vaincus par ces observations, les auteurs les plus exacts ont reconnu que le moi apercevait autre chose que de pures manifestations, et qu'il se connaissait lui-même comme le siège ou le sujet des faits psychologiques dont il prend connaissance par la perception interne ; mais ils n'ont pas osé aller jusqu'à dire qu'il connaissait son propre être, ses attributs en eux-mêmes, son essence. C'est cependant ce qu'ils auraient dû faire, à notre avis, et ce qu'ils auraient sans doute osé, s'ils avaient vu clairement que le moi, être contingent, ne peut se connaître lui-même sans connaître du même coup l'être nécessaire, et conséquemment les attributs ou l'essence de cet être nécessaire, car un être ne saurait être conçu sans attributs, ni connu sans la notion de ces attributs. Bien entendu que cette connaissance, chez l'être contingent intelligent, doit être renfermée dans les limites que prescrit à l'exercice de sa raison, tout absolue qu'elle est virtuellement selon nous, une existence bornée.

Le moi connaît donc, à ce qu'il nous semble, et son essence et celle de l'être nécessaire, puisqu'il n'y en a qu'une seule commune à tous les êtres quels qu'ils soient. Mais laissant de côté pour le moment l'être absolu, afin de nous occuper de l'être relatif intelligent, nous allons montrer comment son essence, ou, ce qui revient au même, ses attributs lui sont révélés.

Ces attributs peuvent se diviser en deux classes : l'une comprenant les attributs qui se rapportent à la nature intime de l'essence, tels que l'unité, l'identité, l'immutabilité, etc., ou les attributs immanents ; l'autre, ceux qui se rapportent à la manifestation de l'essence par l'existence, tels que l'activité, la sensibilité et l'intelligence, ou les attributs de relation. Les uns comme les autres résident dans l'essence qu'ils constituent ; mais les premiers y sont toujours en puissance, tandis que les seconds sont destinés à passer de la puissance à l'acte. Pour justifier la distinction que nous venons d'établir, il suffit d'observer que la perception interne nous fournit deux ordres de connaissances : 1° celle des faits psychologiques, c'est-à-dire qui se passent dans le moi; et 2° celle du moi lui-même. C'est la première, celle des faits psychologiques, qui nous révèle les trois pouvoirs de l'activité, de la sensibilité et de l'intelligence, par leurs produits; et la seconde, celle du moi, qui nous fait connaître les attributs immanents d'unité, d'identité, d'immutabilité, etc., et en elles-mêmes les trois puissances dont nous venons de parler. Tous sont des attributs essentiels, quoique les premiers ne soient conçus par l'être intelligent, dans son existence, que dans les limites de leur manifestation, limites qu'il franchit néanmoins quand il place ces mêmes attributs dans l'être absolu, chez lequel l'existence est sans limite, aussi bien que l'essence.

Nous devons toutefois avertir nos lecteurs que la distinction que nous venons d'établir entre ces deux espèces d'attributs, en nous basant sur l'aptitude à se manifester absente chez les uns et présente chez les autres, n'a rien d'absolu et n'est pas rigoureusement exacte. Nous aurons occasion de montrer que les attributs immanents ont eux aussi leur espèce de manifestation. Mais il suffit, pour justifier notre division, que cette manifestation se distingue de l'autre par des différences caractéristiques.

Dans ce qui va suivre, nous nous occuperons des attributs destinés à se manifester, considérés surtout dans les êtres contingents. Nous verrons dans la suite que cette manifestation n'est pas exclusivement propre à ces êtres, mais qu'elle se produit aussi dans l'être absolu.

Passons en revue chacune de ces deux espèces d'attributs.

§ 3. Attributs de relation ou de manifestation de l'essence.

L'activité, la sensibilité et l'intelligence sont trois attributs de l'essence dont la manifestation constitue ce que nous appelons l'existence. En les considérant à ce point de vue, on pourrait les appeler attributs de l'existence. Mais, à notre avis, on doit les reconnaître pour de véritables attributs de l'essence, lorsqu'on réfléchit qu'ils ont leur source, leur soutien, leur possibilité de réalisation dans l'essence, et que leur apparition dans l'être n'est qu'une manifestation de l'essence de cet être, manifestation qui constitue l'existence, comme nous l'avons déjà dit. Nous ajouterons cependant que, si l'on voulait à toute force concilier ces deux opinions, on pourrait admettre qu'ils sont à la fois et les attributs de l'essence et ceux de l'existence; qu'ils sont primitivement, et d'une manière fondamentale, les attributs de l'essence, et qu'ils deviennent ceux de l'existence du moment qu'ils se manifestent. Et en effet, l'existence n'étant que la manifestation de l'essence, il faut bien que la première ait quelque chose de commun avec la seconde. D'ailleurs, le moi connaissant ses modifications, et la connaissance étant la constatation d'une identité partielle entre les deux objets en rapport, cette identité partielle doit exister entre le moi et ses modifications, c'est-à-dire entre l'essence et ses manifestations. Remarquons en outre qu'en admettant cette manière de voir, il n'y a aucune difficulté à considérer ces attributs comme des attributs de l'être, si l'on entend par ce mot *être*, comme on doit le faire pour une parfaite exactitude, non pas l'existence abstraite toute seule, mais bien l'ensemble de l'existence et de l'essence, unies d'une manière indissoluble dans une unité concrète.

Quoi qu'il en soit, il n'y a pas existence où il n'y a pas manifestation de ces attributs. Cette manifestation au suprême degré constitue l'existence de l'être absolu ; à un degré moindre, elle est une lutte, un effort de l'être à existence finie tendant vers l'existence infinie. Le degré de puissance de cette manifestation constitue la dignité plus ou moins grande de l'être, ou sa position plus ou moins élevée sur l'échelle des êtres Mais, quelque place qu'il occupe sur cette échelle, son essence n'en possède pas moins ces trois attributs. La manifestation d'un ou de deux de ces attributs peut nous échapper à cause de l'exiguïté de son développement et de son peu d'énergie, quoique assurément elle existe dans tout être, bien que souvent à un degré tellement infime qu'elle reste pour nous insaisissable. L'absence absolue de toute manifestation entraînerait nécessairement la non-existence de l'être. Il faut, en effet, qu'au moins un de ces trois attributs se manifeste à nous pour que nous concevions l'existence d'un être quelconque; et cet attribut, le premier de tous dans le développement de l'être, le fondement des deux autres, c'est l'activité: pas d'activité ou de force, pas d'être possible. En l'absence de cette manifestation, il ne reste devant nous que la pure possibilité ou l'essence de l'être, mais nous ne sommes plus en présence d'aucun être.

Prenons l'être au plus bas degré de l'échelle, c'est-à-dire dans la matière inorganique: nous y trouvons cet attribut fondamental, sans lequel on ne saurait concevoir aucun être comme existant ou réel, mais seulement comme possible. Que nous appelions cet attribut impénétrabilité, solidité, cohésion, pesanteur, résistance, peu importe; les corps sont toujours pour nous une agglomération de forces, et par conséquent d'éléments simples. Ces éléments, nous les considérons comme existants, c'est-à-dire comme étant la manifestation d'un des attributs de leur essence, l'énergie ou l'activité. Mais quoique cet attribut seul de l'activité se manifeste pour nous dans la matière inorganique, il ne faut pas en conclure que les deux autres, à savoir : la sensibilité et l'intelligence, soient absolument absents des éléments simples dont elle se compose. Nous croyons, au contraire, qu'ils s'y trouvent, quoique à l'état latent, et qu'ils n'attendent qu'une occasion favorable de se manifester clairement en se développant. Pour nous, en effet, tout être fini, dans quelque étroites limites que soient renfermées ses manifestations ou son existence actuelle, porte en lui virtuellement l'infini de l'existence vers lequel il tend; c'est-à-dire qu'il tend à développer à l'infini, sans jamais y arriver, les manifestations de son essence absolue et nécessaire. S'il n'en était pas ainsi, cet être n'aurait pas de fin, car toute fin doit être infinie ; et un être qui n'aurait pas de fin ne saurait exister. Si donc la matière inorganique était, à tout jamais, renfermée dans les limites étroites que nous lui supposons, c'est-à-dire bornée à n'avoir d'autre attribut que celui de force ou d'activité inconsciente, elle n'existerait pas. Ces idées, que nous présentons ici pour ainsi dire en tas, nous aurons soin plus tard de les distinguer et de les développer, à mesure que l'occasion s'en présentera.

D'ailleurs, l'existence d'un de ces trois attributs implique l'existence des autres ; d'où aussi, puisque existence et manifestation sont termes synonymes, la manifestation de l'un doit impliquer la manifestation des autres. Ainsi, celle de l'activité dans la matière dite inerte entraîne nécessairement celle de la sensibilité et de l'intelligence, bien que ces deux facultés puissent rester tout aussi insaisissables à une intelligence finie qu'elles le sont pour l'être lui-même en qui elles résident. Il est en effet des êtres, comme par exemple le moi, où nous saisissons clairement la manifestation des trois attributs, activité, sensibilité, intelligence ; il en est d'autres où nous ne saisissons que les deux premiers, et où le dernier nous échappe ; et d'autres enfin, où nous n'atteignons que le premier. De plus, tout semble nous autoriser à penser qu'il en est même dont tous les attributs se dérobent à nous, bien que leur existence soit réelle ; car nous ne devons pas prendre notre perception seule comme critérium de la réalité d'un être, ni de telle ou telle faculté dans cet être. Ainsi donc, de ce que cette sensibilité et cette intelligence sourdes et inconscientes ne peuvent être aperçues par nous dans les éléments de la matière inorganique, et de ce qu'il nous est impossible d'en constater directement la présence, il ne résulte nullement qu'elles ne s'y trouvent pas : ce serait prendre la limite de notre connaissance pour la limite des choses.

N'y a-t-il pas d'ailleurs comme une espèce de manifestation de la sensibilité et de l'intelligence dans la matière inanimée ? Ne reçoit-elle pas certaines impressions des divers agents qui l'entourent et n'y cède-t-elle pas à la manière des êtres sensibles ? N'est-elle pas soumise à des règles invariables que nous nommons les lois de la nature ? Et l'observation, inconsciente aussi bien que consciente, d'une règle fixe n'est-elle pas le fait propre d'une intelligence ? Nous le sentons bien dans nos actes spontanés : ils s'accomplissent, sans qu'il semble qu'elle intervienne ; mais, à peine achevés, nous reconnaissons aussitôt les traces de son action sourde, complètement voilée aux yeux de notre conscience le moment d'auparavant.

On a depuis longtemps démontré en psychologie que l'exercice de l'une des trois facultés générales du moi, sensibilité, intelligence, volonté, entraîne nécessairement l'exercice des deux autres et serait impossible sans lui. Nous croyons qu'on pourrait de même démontrer que l'existence de la force ou activité dans les éléments de la matière inorganique suppose aussi nécessairement en eux l'existence ou la manifestation de la sensibilité et de l'intelligence, aussi obscures et à un degré aussi minime qu'on voudra, mais cependant réelles ; car il ne faut pas oublier qu'entre le plein exercice de l'intelligence et son absence totale et absolue, se trouve l'infini. Essayons de fournir cette démonstration.

Nous avons dit que la manifestation des attributs d'un être, ou son existence à un degré quelconque, pourvu qu'il soit inférieur au suprême, est une lutte, un effort de cet être à existence finie tendant vers l'existence infinie. Mais cette lutte ou cet effort, résultat de l'attribut d'activité propre aux éléments des corps inorganiques, et dont les effets sont une sorte de rayonnement ou d'expansion, doit imprimer à ces éléments un ébranlement qui les atteint et les pénètre chacun dans sa totalité, puisqu'ils sont simples, et qui fait par conséquent vibrer tous les attributs de leur essence ; de même que la corde d'un instrument, dès qu'on la pince, émet, avec le son fondamental, les sons harmoniques produits par la vibration de certaines de ces parties. Il doit donc s'effectuer en eux comme une répercussion, un retentissement interne, qui n'est plus l'ébranlement primitif de l'activité, lequel tend à exercer son influence au dehors, mais bien une modification intrinsèque de l'élément simple. C'est cette modification intrinsèque et passagère qui constitue cette sensibilité rudimentaire dont nous parlons, et qui est la conséquence nécessaire de l'exercice de l'activité.

Ce n'est pas tout. Ces deux phénomènes en entraînent un autre, qui en est la conséquence directe et nécessaire : ils doivent éveiller, chez l'être où ils se produisent, comme une espèce d'instinct aveugle, rudiment de l'intelligence, lequel réagit sur l'activité de cet être et l'entretient dans une action constante. Ainsi la sensibilité naît de l'activité ; ces deux facultés, par leur union, mettent en mouvement l'intelligence, qui elle aussi stimule à son tour l'activité ; et c'est cette influence réciproque, simultanée et pour ainsi dire circulaire de ces trois attributs élémentaires, dont le jeu fomente dans les êtres cette série continue et incessante de manifestations qui constitue l'existence. De là, la permanence de ces êtres et des lois qui les régissent. Voilà pourquoi l'existence, une fois donnée, ne peut plus prendre fin naturellement. La force nue et séparée de toute sensibilité et de toute intelligence à un degré quelconque, ne saurait se concevoir, si ce n'est par abstraction ; dans cet état, elle n'aurait rien en elle-même qui fût capable de l'entretenir et de l'alimenter. Il serait également impossible de concevoir dans un être la sensibilité et l'intelligence dépouillées de toute activité.

Ajoutons encore à ces considérations que les idées d'activité, de sensibilité, d'intelligence sont des idées abstraites, que notre entendement, par une opération qui lui est propre, a tirées d'un objet concret, et qu'à ce titre elles ne peuvent exister par elles-mêmes ; leur réalisation n'est possible et ne peut être conçue comme telle qu'au sein de cet objet concret, ou de tout autre analogue, auquel nous devons toujours les rapporter. Mais qui dit objet concret, dit par cela même objet composé de divers éléments : un objet concret ne peut donc être constitué par un seul attribut, puisqu'alors il ne serait plus concret. Il n'est donc pas possible qu'un être ne possède que le seul prédicat d'activité. Un être qui se trouverait dans ces conditions serait un être abstrait, si l'on peut s'exprimer ainsi, et n'aurait par conséquent rien de réel. Il est donc nécessaire que d'autres éléments viennent en lui s'ajouter à celui de l'activité, pour constituer un être véritable. Or la perception interne, qui nous révèle les vrais attributs de l'être, nous montre la sensibilité et l'intelligence unies à l'activité. Nous sommes donc forcément conduits à admettre dans tout objet que ses rapports avec nous-mêmes nous montrent comme un être, les éléments constitutifs de l'être. Dans les premiers temps de notre existence dans cette vie, nous faisons même cette assimilation beaucoup trop complète, en attribuant aux objets inanimés une sensibilité vive, une intelligence nette et consciente, et une volonté libre, en un mot des facultés en tout semblables aux nôtres. Mais bientôt l'expérience nous éclaire, nous désabuse, et alors, tombant dans l'excès contraire, nous ne laissons plus dans les êtres inanimés qu'une activité tout aveugle et inconsciente, sans aucun rudiment de sensibilité et d'intelligence, même au plus infime degré. Nous croyons que c'est là une erreur; erreur profonde, et dont les conséquences sont plus graves qu'on ne saurait l'imaginer au premier abord. C'est elle qui, poussée jusqu'à ses dernières limites, a conduit Descartes à considérer les animaux comme de pures machines.

CONCLUSION. — 1° L'essence de tout être, quel qu'il soit, possède trois éléments se rapportant à la manifestation de cette essence, à savoir: l'activité, la sensibilité, l'intelligence. 2° La manifestation de ces attributs est plus ou moins accentuée dans les divers êtres, et c'est le plus ou le moins de développement de ces attributs, indiqué par le plus ou le moins d'ampleur de cette manifestation, qui distingue les diverses espèces d'êtres les unes des autres, et non pas la diversité de leurs essences. En sorte que les êtres diffèrent entre eux par le degré du développement de leurs attributs, et non par leur essence.

Voilà pour ce qui regarde les attributs de relation ou de manifestation de l'essence. Il nous reste à étudier les attributs de sa nature intime.

§ 4. Éléments immanents de l'essence.

Les éléments de l'essence relatifs à sa manifestation nous sont révélés, dans leur exercice, par cette même manifestation, et nous sont ainsi connus par expérience. Il n'en est pas de même de ceux qui n'ont rapport qu'à la nature intime de l'essence; nous ne les connaissons point par leur manifestation extérieure, qui n'existe pas, mais directement et sans l'intervention d'aucun intermédiaire. On pourrait, au premier abord, croire que cette proposition contredit ce que nous avons dit plus haut, que tout ce qui ne se manifeste pas n'existe pas; mais on verra facilement que cette prétendue contradiction n'est qu'apparente, si l'on veut réfléchir qu'en nous exprimant ainsi, nous entendions parler d'une existence réelle, métaphysique, et non pas d'une existence simplement logique. Ceci demande de plus amples explications.

Nous avons reconnu deux espèces d'attributs dans l'essence, les uns destinés à se manifester ou à passer de la puissance à l'acte, pour produire ce que nous appelons l'existence; les autres constituant la nature intime de l'essence, dans laquelle ils doivent toujours rester enfermés à l'état virtuel, sans en jamais sortir par cette espèce de rayonnement que nous avons nommé la manifestation. Tant que les uns et les autres demeurent en repos dans l'essence, ils n'ont tous qu'une pure existence logique. Mais lorsque les premiers en sortent, pour ainsi dire, par la manifestation, sans toutefois la quitter métaphysiquement parlant, ils revêtent alors une existence réelle ou actuelle, qui s'ajoute en quelque sorte à leur existence virtuelle. Quant aux seconds, ils résident toujours dans cette même essence, où ils sont la condition nécessaire de la manifestation des premiers. Sans eux, cette manifestation ne pourrait se produire, bien qu'eux-mêmes ne se manifestent pas extérieurement; semblables à un général qui du haut d'une éminence préside à tous les mouvements de ses divers corps d'armée, que sa volonté dirige vers tel ou tel point de la bataille, sans qu'il combatte de sa personne et se lance jamais lui-même dans la mêlée. Les premiers donnent naissance à des phénomènes au moyen desquels ils nous sont clairement révélés; les seconds ne produisent aucun phénomène qui nous les fasse connaître : ils n'en ont pas besoin, puisqu'ils sont toujours connus par leur propre nature, comme constituant notre essence et rendant possible la manifestation des autres. On pourrait dire qu'ils sont supérieurs à la connaissance elle-même, puisqu'ils sont les conditions essentielles et nécessaires de toute connaissance, dont ils font partie intégrante. S'ils ne se donnaient pas à nous d'eux-mêmes antérieurement d'une manière supérieure et absolue, toute connaissance serait impossible. Nous ne pouvons donc pas les avoir reçus par le canal de cette même faculté, la conscience psychologique, au moyen de laquelle nous atteignons ce qui se manifeste : il y aurait contradiction à ce qu'il en fût ainsi ; c'est un sens plus intime qui nous les révèle.

Ce que nous venons de dire, remarquez-le bien, ne renferme absolument rien de nouveau; nous n'avons fait que répéter en d'autres termes ce que l'on constate chaque jour, à savoir : qu'il y a deux sources où nous puisons toutes nos idées, l'une qu'on appelle expérimentale et l'autre rationnelle. Seulement nous avons affirmé le même fait d'une manière plus nette, plus tranchée, plus résolue. Les philosophes, qui nous apprennent de si belles choses touchant la raison, deviennent incertains et hésitants dès qu'il s'agit de comparer les produits que nous fournissent les facultés dites empiriques et celles qui découlent de la faculté dite rationnelle. Après nous avoir montré l'évidence, l'universalité, la nécessité des notions que nous devons à la raison, et avoir bien fait ressortir leur supériorité sur celles qui ont leur source dans l'expérience, ils leur refusent le nom même de connaissances, et proclament que nous ne connaissons que le contingent et le relatif, puisque le nécessaire et l'absolu dépassent notre portée intellectuelle et nous échappent complètement. Si bien qu'on dirait que ces notions si précieuses partagent le sort de la jument de Roland, laquelle possédait toutes les qualités et n'avait qu'un seul défaut, celui d'être morte. Il faudrait pourtant s'entendre, et décider une fois pour toutes si, oui ou non, nous connaissons ce que nous représentent les idées rationnelles. Sans doute nous savons et nous avouons sans difficulté que nous ne le connaissons pas de la même manière que l'objet des idées empiriques. Mais là n'est pas la question, car il peut y avoir plus d'un mode de connaissance. Demandons-nous seulement si nous avons l'idée bien nette et bien claire de l'infini, par exemple, et de tout ce qu'elle renferme. On ne saurait en douter : ne savons-nous pas en effet ce qu'est l'unité, l'identité, l'immutabilité et tous les autres attributs de l'essence ? Pourquoi donc refuser le nom de connaissance à l'ensemble de ces notions que nous devons à la raison[1] ? Proclamons plutôt hautement que c'est

---

[1] Nous nous servons ici du terme consacré de *raison* pour désigner la source des idées nécessaires. Nous devons toutefois avertir que, si la raison concourt à la production de ces idées, elle n'en est pas pour nous la véritable source. Mais un impérieux besoin de nous faire comprendre, sans entrer dans de trop longs détails, nous fait adopter la terminologie ordinaire.

là une connaissance plus pleine, plus entière, plus directe que toutes celles que nous devons aux facultés expérimentales. Qu'importe que nous n'ayons pas obtenu ces notions au moyen d'une manifestation que nous nommons existence, si elles font partie de nous-mêmes, si nous ne pouvons rien concevoir sans leur secours, si elles sont la condition indispensable de tout exercice de l'intelligence empirique, si elles sont l'intelligence elle-même? Voulons-nous repousser la raison comme source d'information, tout en l'admettant comme attestatrice irrécusable et garante de la réalité du nécessaire? Ce qu'elle nous annonce, l'admettrons-nous comme l'expression de la vérité absolue, tout en la déclarant incapable de nous donner aucune connaissance; et tiendrons pour vrai ce qu'elle nous donne, tout en proclamant que nous ne connaissons pas ce qu'elle nous donne? Quelle étrange contradiction !

La connaissance, nous dira-t-on, étant un rapport entre le sujet connaissant et l'objet connu, on conçoit très bien que ce rapport puisse s'établir entre le moi et les phénomènes dont il est le théâtre. Mais comment concevoir ce même rapport entre le moi et ce qui ne devient jamais phénomène, reste toujours à l'état virtuel et ne se manifeste jamais? Voilà l'objection, voici la réponse, pas peut-être aussi complète que nous le voudrions, mais suffisante, croyons-nous, jusqu'à ce que nous ayons achevé d'exposer un système dont les diverses parties, coordonnées entre elles, ne peuvent apparaître, dans toute leur force et leur clarté, que par la considération de l'ensemble.

Nous avons ci-dessus constaté un fait, qui, en cette qualité, devrait être admis, quand même on n'en pourrait donner aucune explication raisonnable, la philosophie n'ayant d'autre mission que d'expliquer les faits, quand elle le peut, et non de les supprimer d'office. Nous avons fait remarquer que le moi n'a pas seulement connaissance de ses modifications, mais encore de sa nature intime, puisqu'il sait qu'il est un, identique, etc. Ainsi donc, quand même on ne pourrait expliquer en aucune manière comment il se met de la sorte en rapport avec le fin fond de son être, on ne saurait arbitrairement éliminer un fait aussi patent; l'obligation de l'admettre s'impose. Quant à l'expliquer, comme on le fait souvent, en disant que c'est par la conscience de ses phénomènes internes qu'il arrive à cette connaissance, c'est invoquer une cause qui ne peut produire les effets qu'on lui demande, puisque les modifications du moi sont multiples, variables, et présentent tous les caractères opposés à ceux de son essence : la conscience psychologique, telle qu'on la définit, peut bien saisir des manifestations ; mais ce qui ne se manifeste pas doit nécessairement lui échapper. Il faut donc renoncer à cette manière de voir.

Faisons tout d'abord une observation qui nous paraît fondée. La valeur de l'objection qui nous occupe ne repose que sur la définition donnée de la connaissance. Or, s'il arrivait que cette objection fût absolument insoluble, il n'en pourrait, en bonne logique, résulter qu'une conséquence rigoureuse, c'est que la définition serait mauvaise : la définition est l'œuvre des hommes, qui se trompent ; le fait est l'ouvrage de la nature, qui ne se trompe pas. Nous ne voulons pas cependant accuser cette définition de fausseté ; nous la tenons pour bonne, au contraire, mais bonne seulement pour l'usage auquel on l'a destinée, c'est-à-dire à expliquer nettement et brièvement ce qu'on entend par connaissance d'un phénomène, et d'un phénomène seulement, en tant que phénomène. Mais du moment que vous sortez du phénomène, vous n'êtes plus dans les termes de la définition, vous ne sauriez plus l'invoquer ; elle ne peut plus vous servir à rien qu'à embrouiller les idées, en vous plaçant hors de la question.

Montrons en peu de mots que cette définition ne saurait s'appliquer à toute espèce de connaissance, et qu'il faudrait même l'élargir beaucoup pour qu'elle embrassât toutes les notions qui peuvent surgir dans notre entendement à l'occasion de sa mise en rapport avec un objet empirique quelconque. Quand nous appliquons notre esprit à un objet contingent, nous percevons un rapport entre nous, sujet de la connaissance, et l'objet connu. Mais la notion de ce rapport est-elle la seule chose qui nous soit donnée par cet acte de connaissance ? Assurément non. Il en est une foule d'autres qui n'ont pas, croyons-nous, suffisamment attiré, dans cette circonstance, l'attention des philosophes, et qu'ils ne comprennent pas sous ce terme de connaissance. Ces notions sont cependant bien réelles, et elles sont la conséquence et la suite nécessaire de ce rapport entre le sujet et l'objet. On peut leur refuser, si l'on veut, ce nom de connaissances ; nous y souscrivons sans peine, car nous ne tenons pas à telle ou à telle dénomination, pourvu qu'on nous mette à même de désigner leur existence par telle autre qu'on voudra.

Notre esprit ne perçoit pas seulement, dans l'acte de connaître, des rapports entre lui-même et l'objet connu, mais encore un nombre infini de rapports entre cet objet et une infinité d'autres objets. Qu'on en juge : tout être qui nous est connu nous apparaît dans une relation nécessaire avec sa raison d'être et avec sa fin, comme avec celles de tous les êtres différents de lui-même, c'est-à-dire qu'il apparaît en rapport avec l'infini. Si nous voulons donc que le nom de connaissance embrasse la notion de cette infinité de rapports que nous venons de signaler, il faut dire que la connaissance est un rapport perçu entre le sujet et l'objet qui nous révèle une infinité de rapports de cet objet avec tous les autres et avec l'infini ; et nous pourrions ajouter : et de plus une infinité de rapports du sujet lui-même, c'est-à-dire du moi, avec tous les autres êtres, et avec l'infini. La définition large de la connaissance, ainsi posée, rend impossible l'objection qu'on peut tirer de la définition restreinte. Revenons.

Comment le moi peut-il savoir qu'il est un et identique ? Évidemment, si le moi possède une telle connaissance, comme nous ne saurions en douter, elle est en lui le résultat de l'exercice d'un pouvoir propre et spécial. Quel est-il ? Nous en déterminerons quelque jour la nature et les fonctions telles que nous les comprenons : nous ne saurions pour le moment en dire davantage. Ce qu'il y a de certain, c'est que ce pouvoir lui permet d'atteindre ces attributs de son essence, au moyen d'une espèce de manifestation tout à fait interne et cachée dans ses profondeurs, desquels il ne prend possession que lorsque son essence passe pour la première fois de la puissance à l'acte, et inaugure pour ainsi dire son existence. Cette révélation est donc le résultat d'une manifestation sourde primordiale et fondamentale de ces attributs de l'essence et la compagne nécessaire de tous les ébranlements imprimés à cette essence ; révélation qu'on peut appeler, tout obscure qu'elle est, le fait primitif et initiateur de l'existence. Ce n'est pas sans doute qu'elle se produise seule et complètement isolée de toute manifestation des autres attributs, mais elle en est la condition *sine quâ non*, et, à ce titre, elle doit la précéder, ou tout au moins être rigoureusement concomitante et contemporaine avec elle. En effet, dès que l'un des attributs qui sont en puissance dans son essence passe à l'état d'acte, le moi, qui a conscience de cette manifestation, non seulement perçoit le rapport entre les deux termes de la connaissance, mais doit aussi percevoir chacun de ces deux termes ; car, comment pourrait-il en saisir le rapport, si l'un des deux lui échappait ? Il se connaît donc lui-même dans son essence, qui est l'un de ces deux termes; c'est-à-dire qu'il s'aperçoit avec ses attributs d'unité, de simplicité, d'identité et tous les autres qui en sont la conséquence. Remarquons que la perception d'un rapport, en général, n'est que l'affirmation d'une identité partielle entre deux choses. Dès lors, quand le moi connaît une manifestation en lui-même (la connaissance d'un phénomène étant un rapport), c'est qu'il affirme une identité partielle entre cette manifestation, objet de sa connaissance, et lui-même qui en est le sujet. Mais comment le moi pourrait-il constater cette identité partielle, s'il ne se connaissait lui-même antérieurement à la perception de ce rapport? Il faut donc admettre nécessairement que le moi doit toujours posséder la notion de son identité, de son unité et des autres attributs de son essence, pour qu'il puisse commencer à avoir conscience de ses phénomènes.

Ce qui semble jeter quelque obscurité sur l'explication que nous venons de donner, c'est cette notion d'antériorité que nous sommes obligé, pour parler le langage humain, d'introduire parmi des faits complètement étrangers à la catégorie de temps. En vue de dissiper autant que possible cette obscurité, sans supprimer tout à fait cette inévitable catégorie, on pourrait dire que la notion qu'a le moi de son unité, de son identité et de ses autres attributs, est absolument simultanée avec la conscience de ses manifestations. Cette difficulté, qu'entraîne l'application de la notion de temps, non seulement à la question qui nous occupe, mais à une foule d'autres, disparaîtrait complètement, ou plutôt ne saurait prendre naissance, si l'on adoptait, touchant cette notion, la théorie que nous avons très sommairement exposée dans nos *Études sur la raison*, et sur laquelle nous reviendrons ci-dessous. Du reste, que notre explication soit bonne ou mauvaise, c'est ce qui importe peu, puisque nous avons pris soin d'établir nous-même qu'aucun raisonnement ne peut jamais prévaloir contre un fait ; or le fait que le moi connaît ses attributs intimes ou immanents reste au-dessus de toute atteinte, et la faiblesse de nos raisons pour l'expliquer n'en saurait compromettre l'inaltérable évidence.

On nous fera peut-être encore une autre objection, en vue de démontrer l'impossibilité pour notre raison de connaître l'absolu. Comment, nous dira-t-on, le contingent pourrait-il saisir le nécessaire, qui le dépasse de toute la distance qu'il y a entre le fini et l'infini, c'est-à-dire infiniment?

Et d'abord, nous pouvons opposer à cette objection une fin de non-recevoir, qui doit la faire rejeter par tous ceux qui admettent que nous avons une notion claire et distincte de l'infini ; c'est qu'elle a le défaut de trop prouver. Nous demanderons en effet à ceux qui la formulent, tout en reconnaissant que nous avons la notion de l'infini, de nous dire si notre raison est, à leur avis, finie ou infinie. S'ils la déclarent finie, ils vont contre leur propre assertion que le fini ne peut connaître l'infini, car avoir une notion claire et distincte d'une chose, c'est bien la connaître, et, s'ils la proclament infinie, ils abondent dans notre sens, puisqu'ils reconnaissent un attribut de notre essence comme infini : et dès lors leur objection n'a plus de raison d'être.

En second lieu, pour réfuter l'objection directement, nous répondrons : Cette distance dont vous parlez, entre le fini et l'infini, où prétendez-vous la placer ? Est-ce à la fois dans l'essence et dans l'existence ? Dans ce cas, et en supposant votre prétention fondée, il n'y a plus à discuter : nous nous reconnaissons comme pleinement battu. Que si au contraire on admettait notre théorie de l'unité d'essence, et qu'il n'y eût plus lieu par suite à distinguer le fini de l'infini que dans l'existence seule ; dans ce cas, disons-nous, les rôles seraient intervertis, et l'on serait obligé de reconnaître que nous aurions prise sur l'infini, car alors nous pourrions le saisir en quelque sorte, non dans notre existence, mais dans notre essence, et par notre essence, dont la raison est un attribut. Or, ce que nous voulons établir en ce moment, c'est que, si notre existence est finie, notre essence est infinie. En conséquence, ceux qui ne partagent pas notre manière de voir à cet égard doivent tout au moins suspendre leur décision sur le point en litige, jusqu'à ce que nous ayons exposé toutes nos raisons à l'appui de notre doctrine, afin de savoir au préalable si elle doit être, en définitive, admise ou rejetée.

Pour nous, qui sommes profondément convaincu de la vérité d'une opinion que nous ne défendrions pas sans cela, nous n'hésiterons pas dès à présent à donner le nom de connaissance au résultat de cette intuition essentielle, de même, et peut-être à plus juste titre, qu'à tout ce qui nous est fourni par nos facultés expérimentales. Nous irons même plus loin, et nous dirons que les connaissances qui ont leur source dans la raison, en dehors de toute manifestation expérimentale, sont plus claires que celles que nous devons à n'importe laquelle de nos facultés empiriques. C'est là une conviction que nous avons l'espoir de faire partager à nos lecteurs, quand nous aurons exposé les considérations diverses qui militent en faveur de notre opinion.

Après ce que nous venons de dire, on comprend que nous ne soyons pas embarrassé en présence du fait que le moi connaît les attributs intimes de son essence, fait dont aucun système ne peut, selon nous, fournir l'explication. La plupart des auteurs admettent que nous connaissons le relatif et le contingent, mais point l'absolu et le nécessaire. Or, les modifications du moi étant toutes relatives et contingentes, on comprend très bien, dans leur système, qu'il en prenne connaissance. Mais comment pourra-t-il apprendre qu'il possède les attributs d'unité, d'identité, d'immutabilité, etc.? Ces auteurs ne peuvent se tirer de cette difficulté qu'en disant qu'il n'y a point en lui unité absolue, identité absolue, immutabilité absolue, lesquelles ne peuvent résider que dans l'être, qui, étant lui-même absolu, nécessaire, infini, imprime à tous ses attributs le caractère de sa propre existence. Qu'ici, au contraire, ces attributs étant connus par le moi en lui-même, et le moi n'étant qu'un être limité, contingent et relatif, ils doivent partager la nature de l'être dans lequel ils sont connus. Dès lors, à ce compte, nous n'avons connaissance en nous-mêmes que d'une unité, d'une identité, d'une immutabilité bornées, contingentes et relatives; et nous ne concevons ces attributs comme infinis, nécessaires et absolus que lorsque nous nous les représentons dans l'être infini, nécessaire et absolu.

Voilà l'opinion généralement reçue, et que nous avons longtemps professée nous-même telle qu'on nous l'avait transmise. Nous lui avons même donné asile, soit par inadvertance, soit par vieille habitude, soit pour éviter une discussion trop longue et hors de sa place dans nos *Études sur la raison*. Cependant nous croyons qu'il n'est pas difficile, si nous voulons l'étudier de près, de montrer qu'elle ne saurait soutenir l'examen.

En premier lieu, nous ferons observer que donner aux attributs immanents de l'être absolu le caractère de son existence, c'est faire dériver l'essence de l'existence et prendre le contre-pied de la vérité, puisque l'essence, étant évidemment la raison d'être de l'existence, c'est celle-ci qui découle de celle-là. En outre, dans la manière de voir que nous venons d'exposer, on considère les attributs fondamentaux de l'essence, c'est-à-dire ceux qui se rapportent à sa nature intime et non à sa manifestation, comme susceptibles de deux espèces de caractères bien distincts, ou pour mieux dire opposés et contradictoires, selon qu'il s'agit d'un être contingent ou de l'être nécessaire. Ainsi, pour les adeptes de cette doctrine, l'unité peut être, d'une part, relative, contingente et finie, dans l'être relatif, contingent et fini ; et d'autre part, absolue, nécessaire et infinie, dans l'être absolu, nécessaire et infini. Il en est de même de l'identité et des autres attributs de l'essence. Mais y a-t-on bien songé ? et comprend-on bien ce qu'on veut dire quand on accouple des mots plus étonnés de se trouver ensemble que ne le seraient des agneaux se voyant accueillis avec affabilité par des tigres ? Nous comprenons très bien ce qu'est un être relatif : c'est un être qui est dans de certaines conditions déterminées, et qui n'est pas dans d'autres. Mais que pourrait bien être une unité relative, c'est-à-dire qui serait une unité dans tel cas donné, et qui ne le serait plus dans un autre ? Si elle n'était plus une, elle serait donc une pluralité, et ne serait plus cette même unité précédemment conçue; d'autres unités auraient dû se joindre à elle pour former cette pluralité, et nous ne serions plus en présence de l'unité primitive, ou, si c'était bien l'unité primitive, elle n'aurait pas été primitivement une unité, mais bien une pluralité. On voit que d'absurdités résultent de la supposition d'une unité, peut-être relative. Comment s'en étonner, puisqu'une unité relative n'est autre chose qu'une unité qui n'est pas une unité, et qu'on se met ainsi en révolte contre le principe d'identité? Ce que nous venons de dire du caractère de relation s'applique avec la même justesse à ceux de contingence et de limitation. Qu'est-ce qu'une unité contingente? C'est une unité qui est une unité, mais pourrait n'être pas une unité. Nous déclarons ne pas comprendre, et par conséquent nous sentir hors d'état d'expliquer la nature d'un pareil monstre; et nous faisons l'honneur à ceux qui nous lisent de croire qu'ils ne le comprennent pas plus que nous. Même observation touchant l'unité finie et infinie; avec d'autant plus de raison qu'il n'y a que l'unité qui puisse être infinie, et que l'infini est nécessairement un. Il nous est donc impossible de saisir ce qu'on peut bien entendre par une unité finie et contingente, de quelque manière que nous tournions notre pensée. Il est évident pour nous qu'on a ici confondu deux choses bien distinctes, à savoir: l'attribut d'unité, et l'être dans lequel cet attribut réside. Sans doute un être peut être fini, contingent, relatif; mais l'attribut de l'unité ne peut avoir aucun de ces caractères; il faut nécessairement qu'il soit absolu, qu'il soit ou ne soit pas, logiquement parlant. Or, s'il est absolu, il est également nécessaire, infini, identique, etc., toujours au point de vue logique.

Nous n'avons examiné que l'attribut de l'unité; mais nous croyons qu'il est inutile de poursuivre, et d'exécuter le même travail sur les autres attributs; car il est trop évident que le résultat serait exactement le même, et ne viendrait que corroborer ce que nous avons dit relativement à l'unité. Nous n'abuserons donc pas de la patience du lecteur par une répétition inutile.

Faisons remarquer, du reste, que l'opinion que nous venons de réfuter, fausse quand il s'agit des attributs de la nature intime de l'essence, se trouve juste et vraie lorsqu'on l'applique à ceux qui sont relatifs à sa manifestation, à savoir: l'activité, la sensibilité, l'intelligence. Ces attributs ont bien le caractère d'unité, d'identité, d'immutabilité, quand on les considère dans l'essence à l'état de virtualité; mais quand ils passent à l'état d'actualité, et se réalisent par la manifestation pour constituer l'existence, ils deviennent, par le fait de ce passage, multiples, changeants et variables.

Il résulte donc évidemment de la discussion à laquelle nous venons de nous livrer, que l'unité, l'identité et les autres attributs virtuels de l'essence du moi sont absolus, nécessaires, infinis, aussi bien que ceux de l'essence de l'être absolu. D'où il faut conclure que l'essence de l'être relatif est identique à celle de l'être absolu.

A ceux qui s'étonneraient encore, malgré tous nos raisonnements, de nous voir attribuer le caractère d'absolu à l'essence d'un être relatif, nous ferons remarquer que, dans l'existence même de cet être, toute relative qu'elle est, se rencontrent des faits qui portent avec eux ce caractère. Ainsi, par exemple, la certitude qu'on a de son existence n'est-elle pas absolue, en tant que certitude ? Il peut donc y avoir quelque chose d'absolu dans un être relatif, non seulement envisagé au point de vue de son essence, mais en outre à celui de son existence. Et ce caractère de la certitude, unanimement reconnu par les logiciens, d'où lui vient-il ? Qu'est-ce qui le lui communique, si ce n'est la nature même de la faculté de connaître, absolue dans son principe, quoique relative dans ses applications ?

Peut-être que, non content des résultats auxquels nous sommes arrivé (car, nous l'avons dit, la curiosité humaine est insatiable), on nous dira que nous n'avons expliqué, tant bien que mal, notre connaissance de l'unité, de l'identité, de l'infinité qu'au point de vue de l'essence, ou dans l'ordre logique ; mais qu'il nous reste à l'expliquer dans l'ordre métaphysique, c'est-à-dire au point de vue de l'existence, de la réalité. En d'autres termes: Comment, nous dira-t-on, franchissant le passage de l'essence à l'existence, arrivons-nous à savoir que cette essence, dont les attributs nous sont connus, est pleinement réalisée dans un être éternel, infini, immuable ? C'est là une question difficile. Mais comme elle n'est pas intimement liée au but que nous poursuivons en cet instant, et qu'elle interromprait le fil de nos idées si nous nous arrêtions à la traiter, nous la laisserons dans l'ombre, sans renoncer à nous en occuper au moment opportun.

Nous n'avons constaté jusqu'ici la présence virtuelle de ces attributs immanents que dans l'essence du moi. Mais il est d'autres êtres que nous-mêmes, et nous devons nous demander si, relativement à ces attributs, leur essence est de même nature que la nôtre, ou si elle en diffère. Nous avons reconnu ci-dessus que les éléments de l'essence qui ont rapport à la manifestation doivent se trouver dans tout être, quel qu'il soit. Il y a donc identité, à ce point de vue, entre l'essence de tous les êtres. Cette constatation semble nous conduire par analogie à penser que cette identité existe également pour les attributs de l'essence relatifs à sa nature intime, c'est-à-dire que dans l'essence de tout être se trouvent les attributs d'unité, d'identité, etc., que nous avons reconnus dans le moi. C'est ce point qui nous reste à examiner.

Revenons à la matière inorganique, qui est, avons-nous dit, une agrégation de forces. Qu'est-ce qu'une force ? C'est une réalité essentiellement simple, et qu'il est impossible de concevoir autrement qu'avec ce caractère de simplicité. Essayons en effet pour un moment de supposer l'absurde, c'est-à-dire une force composée[1]. Que pourrons-nous faire entrer dans sa composition ? Uniquement et exclusivement des forces, puisque c'est le seul élément, la seule conception qu'embrasse cette idée. Mais ces forces multiples seront-elles individuellement simples ou composées ? Si elles sont simples, elles seules seront, chacune séparément, les véritables forces constituant la réalité multiple réunion de plusieurs forces; si elles sont composées, nous pourrons, sur chacune d'elles, faire le même raisonnement; et il faudra que nous arrivions, en dernière analyse, à un élément qui, lui, sera bien la véritable force, toutes les autres prétendues telles n'étant que des agrégations de cet élément primitif en plus ou moins grand nombre. Car nous ne supposons pas qu'on veuille admettre que la force soit le résultat d'agrégations successives à l'in-

---

[1] Est-il nécessaire d'avertir qu'il ne s'agit pas ici de la force considérée dans ses effets, comme par exemple la résultante en mécanique, mais prise métaphysiquement en elle-même ?

fini[1]. On ne peut donc la concevoir qu'avec l'attribut de simplicité. Or ce qui est simple est nécessairement un ; donc toute force est une par essence.

Ainsi s'établit invinciblement le caractère d'unité des êtres élémentaires entrant dans la composition de la matière inorganique. Mais nous avons montré ci-dessus que l'unité, en tant qu'unité, ne peut être relative, contingente, finie ; qu'elle est inévitablement absolue, nécessaire, infinie. Il y a donc dans l'essence des forces élémentaires composant la matière inorganique, comme dans le moi, quelque chose d'absolu, de nécessaire, d'infini. Donc l'essence de la matière est identique, au point de vue des attributs intimes, à l'essence du moi, comme l'essence du moi est identique à l'essence de l'être absolu.

Passons maintenant à l'examen du caractère d'identité. Chacun des éléments de la matière inorganique, étant une force simple, doit être identique à lui-même ; car, s'il ne l'était pas, il serait autre que lui-même, et il contiendrait alors deux choses : lui-même, et ce qui serait autre chose que lui-même. Or il est simple et ne peut par conséquent renfermer la dualité. Il faut donc nécessairement qu'il soit identique. Mais

---

[1] Voir ce que nous disons ci-dessous (à la fin du § 2 du chap. VII) touchant la divisibilité de l'étendue et de l'espace.

l'identité, pas plus que l'unité, ne peut être relative, contingente, finie ; elle doit au contraire être absolue, nécessaire, infinie. Nous pouvons tirer de ce caractère d'identité les mêmes conséquences que nous venons de tirer tout à l'heure de celui d'unité.

Nous laissons au lecteur le soin de faire, à propos de tous les attributs que nous avons constatés dans l'essence du moi, l'application de raisonnements analogues à ceux que nous venons de lui présenter ; nous avons la certitude qu'il retrouvera tous ces mêmes caractères, avec la même nécessité, dans l'essence de la matière, et qu'il sera forcé de conclure avec nous à l'identité de l'essence de tout ce qui existe.

Nous voici donc arrivé, à propos des attributs de la nature intime de l'essence, à des conséquences semblables à celles que nous a fournies l'examen des attributs relatifs à sa manifestation, à savoir : que l'essence de tout être, quel qu'il soit, possède les attributs d'unité, d'identité, d'immutabilité, d'infinité. Donc toute essence est identique, et une seule et même essence constitue le fond de tout être quelconque.

§ 5. Conséquence importante de l'unité d'essence.

Arrêtons-nous ici un instant pour envisager l'opinion que nous venons de soutenir, dans une de ses conséquences, importante par elle-même et par le vaste horizon qu'elle déroule à nos yeux. Cependant, quelque séduisante qu'elle nous apparaisse, sa beauté ne saurait certes suffire à prouver qu'elle découle d'un principe incontestable, et nous ne le prétendons pas; mais elle pourra tout au moins être pour nous un préjugé favorable, en même temps qu'un puissant aiguillon de recherche pour établir cette vérité sur des bases de plus en plus solides.

Quand nous promenons nos regards sur les phénomènes du monde physique, nous ne tardons pas à nous apercevoir qu'ils sont soumis à des lois identiques invariables, et nous arrivons de cette manière à constater l'accord merveilleux qui règne entre eux tous, en les voyant concourir au même but. L'unité de plan et de dessein de la nature éclate alors à nos yeux, et nous ne pouvons nous empêcher de la reconnaître. La concordance et l'harmonie du monde physique est une vérité tellement évidente qu'elle a vivement frappé ceux-là mêmes qui, ne pouvant la nier, ont prétendu attribuer cet ordre au hasard, mot vide de sens, ou tout au moins très ambigu, sous lequel nous voilons notre ignorance des causes. Auraient-ils jamais songé à nous proposer une telle explication de l'ordonnance de l'univers, si elle n'avait frappé leurs regards comme les nôtres? Quel besoin en effet, si le désordre régnait partout, de nous avertir que c'était là le résultat du hasard? Ne l'aurions-nous pas assez vu par nous-mêmes? A quoi bon, dans ce cas, partir du chaos, pour nous expliquer comment la nature en est sortie? De plus, que servirait, s'il en était ainsi, de nous soumettre à une pénible étude pour tâcher de découvrir les lois qui régissent le monde? Le hasard n'est-il pas l'absence et la négation de tout ordre, de toute règle, de toute loi? Toutes les recherches scientifiques, tous les résultats merveilleux auxquels elles ont abouti, sont donc la preuve, et de notre croyance absolue à l'ordre de l'univers et de l'évidente vérité de cet ordre.

Cette admirable coordination des phénomènes du monde physique, qui nous dévoile l'unité de plan de la nature, existe-t-elle uniquement dans l'univers matériel? Une juste analogie ne nous permet-elle pas de l'étendre au monde intellectuel? N'y a-t-il pas un ordre moral comme un ordre physique, et n'est-il pas également régi par des règles fixes et sûres? C'est ce dont il n'est pas permis de douter, pour peu qu'on veuille prêter son attention aux faits de cette catégorie. Les lois du monde moral sont l'objet de nos recherches, comme celles du monde physique. Il y a donc là aussi un rapport, une harmonie qui témoignent d'un plan et d'un dessein uniques. Voyez comme tout y conduit à un seul et même but, à une fin identique, savoir : la conservation et le développement des êtres : l'intelligence chez l'homme, l'instinct chez les animaux, et même (car la limite entre le moral et le physique est si délicate qu'on peut soupçonner qu'elle n'existe pas) cette espèce d'impulsion aveugle dans les végétaux, par exemple, laquelle dirige leurs branches vers l'air et la lumière et leurs racines vers la terre, c'est-à-dire là où les unes et les autres doivent trouver leur aliment. Si nous portons notre attention sur l'homme seul, n'y trouvons-nous pas, parmi la diversité multiple des esprits et des caractères, ces points de ressemblance et de contact qui forment les traits communs de l'humanité tout entière ? Où puisent les grands peintres de mœurs et de caractères, si ce n'est dans ce fonds commun ? Ne reconnaissons-nous pas des hommes semblables à ceux des temps modernes, dans ces anciens patriarches de la Bible, et dans ces héros d'Homère, si divers entre eux, et séparés de nous, les uns et les autres, par tant de siècles, par des mœurs si différentes, par des idées et des préjugés si opposés? L'homme est donc le même, en tout temps, dans ce qu'il a d'essentiel ; et ceux d'une époque ne ressemblent pas à ceux d'une autre uniquement par la forme extérieure de leurs corps et les traits de leurs visages, mais aussi par le fond de leur nature morale et intellectuelle. Il n'y a donc pas exclusivement entre eux parenté de sang, mais identité d'origine, d'essence et de fin.

Et remarquez que l'unité du monde physique n'existe pas seulement dans tout ce qui nous entoure immédiatement; nous l'avons aussi constatée dans tout l'univers, tant dans les corps célestes que dans les corps terrestres. Les anciens croyaient les phénomènes qui se passent dans le ciel, différents par leur nature et par leurs lois de ceux qui s'offrent à nous sur la terre. Les découvertes modernes ont démontré qu'il n'en est rien : les mêmes lois s'appliquent aux uns comme aux autres, et tous sont d'une nature identique. La gravitation est une loi universelle, et l'analyse spectrale a fait voir que les mêmes corps élémentaires que nous connaissons ici-bas se retrouvent dans le soleil, et y sont soumis aux mêmes lois chimiques. On peut donc dire que l'homme, par l'heureuse audace de son génie, a rattaché la terre au ciel, et montré par là que tout se tient dans le monde physique, et qu'il forme dans son ensemble, où se produisent tant de manifestations si diverses, une majestueuse et puissante unité.

Mais cette unité, devons-nous la borner à l'univers matériel? Ne pourrons-nous pas aussi rattacher l'ordre moral terrestre à l'ordre moral céleste, en montrant qu'ici comme là les mêmes lois régissent les deux ordres, qu'ils ont la même origine, la même nature, la même fin? Voilà précisément les liens qu'établirait l'unité d'essence, si elle était démontrée. Elle ferait plus encore : elle fonderait, non pas seulement l'unité du monde moral d'une part et du monde physique d'autre part, considéré chacun séparément, mais aussi l'unité des deux mondes pris dans leur ensemble, en nous expliquant la nature des liens qui rattachent le contingent au nécessaire, le fini à l'infini, le relatif à l'absolu.

Avions-nous tort de vanter la beauté de cette conséquence, qui découle naturellement de notre opinion, en la supposant fondée ?

§ 6. Réponse a quelques objections contre l'idée d'une essence commune a tous les êtres.

La conclusion à laquelle nous avons précédemment abouti, à savoir : que toute essence est identique, ou qu'une seule et même essence constitue le fond de tout être quel qu'il soit, cette conclusion, disons-nous, est en plein désaccord avec l'opinion généralement reçue, et doit, à ce titre, rencontrer la plus vive opposition. Aussi faut-il, si nous voulons qu'elle soit, non pas acceptée, mais simplement admise aux honneurs de l'examen et de la discussion, mettre en ligne pour la soutenir, et grouper en colonnes d'attaque ou en corps de réserve tous les arguments dont nous pourrons invoquer le secours.

Les opinions humaines, surtout en des matières si ardues, sont toutes sujettes à des objections, et les auteurs de ces opinions sont souvent les premiers que frappent ces difficultés. Qu'ont-ils à faire alors, s'ils sont les amis sincères de la vérité, et tout dévoués à sa recherche ? Bien loin de les dissimuler, ils doivent les mettre en lumière, en les exposant dans toute leur force, et tâcher d'en offrir la solution, s'ils le jugent possible ; sinon reconnaître et avouer loyalement leur impuissance, dût cet aveu affaiblir la créance en leur théorie, ou même la détruire complètement. Indiquer cette conduite comme un devoir, c'est annoncer que nous allons essayer de la suivre, autant qu'il nous sera donné de le faire.

1re *Objection.* — L'essence d'un être est l'ensemble de ses attributs considérés virtuellement en eux-mêmes et abstraction faite de l'existence. L'essence infinie est donc l'ensemble des attributs infinis de l'être. Parmi ces attributs, se trouve l'activité absolue, qui implique et entraîne nécessairement l'acte absolu, c'est-à-dire la réalisation infinie de tous les attributs de l'être ; car l'activité absolue ne saurait être conçue comme une pure virtualité sans cesser par cela même d'être ce qu'elle est. En conséquence, la réalisation de l'essence infinie ne peut être elle-même qu'infinie. Dès lors, comment concevoir, dans l'être contingent, la réalisation finie d'une essence infinie, la réalisation devant avoir le même caractère que l'essence dont elle est l'acte ?

Réponse. — Nous accordons tout dans cet argument, hormis la conclusion qu'on voudrait en tirer. Assurément on a raison de dire que la réalisation d'une essence infinie doit nécessairement être infinie. Mais on ne peut tirer de là qu'une conclusion légitime, c'est qu'une fois la condition remplie, il n'y a plus à la remplir, et que par suite une seconde manifestation infinie est impossible. Or, de ce que cette seconde manifestation est impossible, découle-t-il nécessairement qu'une autre manifestation, différente de la première, puisqu'elle est finie et l'autre infinie, soit également impossible ? Non, certainement. Nous accorderons, si l'on veut, qu'elle n'est pas aisée à concevoir, mais jamais qu'elle soit absurde. La réalisation est un acte : un acte peut toujours être distinct d'un autre, quand ils ont un caractère différent ; un acte fini peut donc être distinct d'un acte infini, précisément à cause de sa limitation ; au contraire, s'il n'était pas limité, il ne pourrait se distinguer de l'acte infini, avec lequel il serait identique. Une réalisation infinie empêche donc toute autre réalisation de même nature, mais laisse encore la place à une réalisation d'une nature différente, c'est-à-dire finie.

2ᵉ *Objection.* — Deux infinis s'excluant nécéssairement l'un l'autre, deux essences infinies doivent s'exclure comme deux existences infinies. L'essence de l'être nécessaire exclut donc l'essence infinie de l'être contingent, et dès lors l'être contingent est sans essence s'il n'a pas une essence finie. Or un être sans essence ne saurait exister, puisque l'existence est la réalisation de l'essence ; donc l'être contingent n'existe pas s'il n'a pas une essence finie.

Réponse. — Sans doute deux essences infinies s'excluent comme deux existences infinies ; aussi ne disons-nous pas qu'il y ait deux essences de cette nature, puisqu'au contraire nous n'en admettons qu'une, mais bien deux manifestations de cette essence unique, ce qui est fort différent. L'une de ces manifestations est infinie, l'autre finie, et par là elles se distinguent l'une de l'autre et peuvent coexister.

3° *Objection.* — Un être ne peut se distinguer d'un autre être que par son essence : si donc l'essence de l'être contingent est identique à celle de l'être nécessaire, ces deux essences ne peuvent plus se distinguer l'une de l'autre ; il est dès lors impossible de distinguer l'être contingent de l'être nécessaire, et par suite ils ne font qu'un seul et même être.

Réponse. — Dans cet argument, nous contestons à la fois et le principe et la conséquence. Puisqu'il y a deux choses dans un être, l'essence et l'existence, il suffit que deux êtres diffèrent dans une de ces deux choses pour qu'on puisse les distinguer l'un de l'autre. Or l'existence de l'être nécessaire, en tant qu'infinie, diffère de celle de l'être contingent, qui est finie ; ces deux êtres diffèrent donc entre eux, et peuvent se distinguer l'un de l'autre.

4° *Objection.* — Vous soutenez que l'existence infinie n'est pas exclusive de l'existence finie. Ne peut-on pas dire également que l'essence infinie n'est pas exclusive de l'essence finie ? Quelle raison y a-t-il de porter deux jugements si divers sur deux cas semblables, ou tout au moins fort analogues ?

Réponse. — Ces deux cas peuvent paraître analogues, ou même semblables, et cependant ils ne le sont pas : autre chose est l'essence, autre chose est l'existence. Ainsi que nous l'avons déjà fait remarquer, l'existence est un acte, et un acte est susceptible d'une foule de modifications : il peut varier, et passer du degré le plus infime au degré le plus élevé. L'essence, au contraire, est quelque chose de fixe, d'invariable, d'identique, d'absolu ; elle est la condition de tout acte quel qu'il soit, à quelque degré que ce soit. Cette condition ne peut être ni plus ni moins que ce qu'elle est. Supposer une essence finie serait supposer une essence qui ne serait pas une essence, parce qu'elle n'en aurait pas les caractères. Autre différence : l'existence nécessaire n'est que l'existence nécessaire, et n'est pas par conséquent l'existence contingente, dont elle se distingue métaphysiquement. L'essence, au contraire, contient virtuellement en soi autant l'être contingent que l'être nécessaire. Il est en effet, qu'on y fasse attention, deux choses dans l'essence : 1º la nécessité de sa réalisation infinie par l'existence nécessaire; 2º la possibilité de sa réalisation finie par l'existence contingente. Cette possibilité, fait d'expérience qu'on ne saurait mettre en doute, est antérieure à l'existence, et ne peut avoir résidé virtuellement que dans l'essence absolue. Essayez de la placer ailleurs, vous l'anéantissez du même coup. Or admettre une essence finie, ce n'est autre chose que placer cette possibilité en dehors de l'essence absolue, et par conséquent la détruire. L'essence infinie est donc exclusive de l'essence finie, sans que l'existence infinie le soit également de l'existence finie.

On pourrait élever encore sans doute beaucoup d'autres objections; mais nous ne croyons pas qu'on puisse en formuler de complètement insoluble.

§ 7. DE QUELQUES CONSIDÉRATIONS CONFIRMANT LA DOCTRINE DE L'UNITÉ D'ESSENCE.

Il est dans la nature de la vérité de devenir plus éclatante à mesure qu'on la considère davantage.

Au contraire, l'erreur, qui nous a séduits un instant par un faux semblant de vérité, se dissipe par degrés sous l'influence d'un examen plus attentif : pareille en cela à ces fantômes aperçus à travers les lueurs obscures de la nuit, lesquels se fondent peu à peu à mesure que le soleil monte vers l'horizon, et s'évanouissent complètement dès qu'il est sur le point de montrer sa tête radieuse. Les logiciens ne nous donnent pas d'autre signe caractéristique de la vraie et de la fausse évidence.

Lors donc qu'on propose à notre créance, ou que nous avons conçu nous-mêmes une opinion nouvelle, et par conséquent non encore corroborée par l'assentiment unanime de plusieurs générations de philosophes, nous devons l'éprouver, afin de l'épurer, comme l'affineur purifie l'or, et, dans ce but, la considérer sous ses divers aspects, et dans les rapports qu'elle peut avoir avec d'autres vérités déjà reconnues et admises comme évidentes. C'est cet examen critique de notre théorie nouvelle de l'unité d'essence que nous allons accomplir, en l'envisageant dans ses rapports avec certaines vérités reconnues.

Tout être est nécessairement conçu par nous avec certains attributs. Un être sans attributs est une impossibilité logique et métaphysique, une absurdité que notre intelligence se refuse absolument à concevoir, et à laquelle jamais elle ne peut donner son assentiment. Les attributs sont donc la condition logique de la possibilité de l'existence : pas d'attributs, pas d'existence. Or l'essence d'un être n'est que l'ensemble de ses attributs. L'essence est donc la condition nécessaire de la possibilité de l'existence. Dans l'être absolu, ces deux termes, essence et existence, sont inséparables, parce que sa réalisation ne dépend pas de quelque chose qui lui soit étranger, mais au contraire a sa source ou sa raison d'être en lui-même, et par conséquent est concomitante avec son essence, ou, pour mieux dire, il n'y a pas en lui réalisation, car ce terme, emportant l'idée d'un changement, ne saurait lui être appliqué ; il ne se réalise pas, il est. On ne saurait en dire autant de l'être contingent, par la raison opposée. L'essence chez lui, avant sa réalisation, est une pure possibilité de cette réalisation restreinte ou partielle, tandis que chez l'être nécessaire elle n'est jamais une possibilité, mais bien la réalité absolue.

L'essence de l'être contingent ne commence pas, en tant qu'essence, avec son existence, puisque cette essence ne saurait commencer, par plusieurs raisons que nous allons indiquer sommairement. En premier lieu, elle est la condition logique de l'existence qui doit la réaliser et ne peut conséquemment se produire sans son concours, puisqu'elle en dépend nécessairement.

L'essence ne commence donc pas, c'est l'existence qui commence en elle, et vient en quelque sorte s'y ajouter pour la réaliser, c'est-à-dire pour la manifester, et non pour la faire ce qu'elle était déjà par elle-même et indépendamment de l'existence. En deuxième lieu, nous avons dit que l'essence est une possibilité, et à ce titre elle n'a pu commencer à être, en tant que possibilité : pour qu'elle eût pu commencer, il aurait fallu qu'avant de devenir possible elle eût été impossible, et alors elle le serait toujours restée, en vertu du principe de contradiction qui ne permet pas qu'une chose soit autre que ce qu'elle est. En troisième lieu, l'essence, étant nécessaire, comme nous l'avons établi ci-dessus, et comme nous l'établirons de plus fort tout à l'heure, ne saurait avoir de commencement, puisque le nécessaire est ce qui ne peut pas ne pas être, et par conséquent a toujours été.

Dans nos *Études sur la raison* (2ᵉ partie), nous avons reconnu et constaté qu'il existe deux catégories bien distinctes d'axiomes : la première, celle des axiomes absolument nécessaires, qui s'appliquent seulement à l'être absolu, tant au point de vue de son existence qu'à celui de son essence ; la seconde, celle des axiomes relativement nécessaires, lesquels s'appliquent aux êtres contingents, non au point de vue de leur existence, mais uniquement à celui de leur essence. La raison de cette différence tient à ce que, dans l'être absolu, tout est également nécessaire, essence et existence; dans les êtres contingents, au contraire, il n'y a de nécessaire que l'essence; l'existence ne l'est point. Si l'on admet ce fait indéniable que des axiomes nécessaires sont applicables à des êtres contingents, il faut bien admettre cette conséquence rigoureuse qu'il y a dans ces êtres quelque chose de nécessaire. Or l'existence chez eux est évidemment contingente, et, comme il n'y a chez tous les êtres que ces deux choses, l'essence et l'existence, on est obligé de reconnaître que ce quelque chose de nécessaire en eux ne peut être que l'essence. L'essence des êtres contingents est donc nécessaire. Et la nécessité entraîne avec elle tous les autres caractères que nous avons ci-dessus attribués à l'essence, tels que l'unité, l'immutabilité, l'éternité, etc.

La tendance vers l'infini a été également constatée, dans l'être contingent, par tous les philosophes. Or, si nous admettons ce développement sans limites de l'existence chez les êtres contingents, il faut nécessairement (l'existence n'étant que la manifestation de l'essence) que cette essence soit inépuisable pour être en état de s'y prêter et de le supporter. C'est-à-dire que l'essence doit être infinie pour rendre possible à l'infini ce développement de l'existence, ou, si l'on veut, que ce développement de l'existence n'est possible que dans une essence infinie, car il ne peut y avoir de manifestation infinie, même en puissance, que dans ce qui est infini.

On n'ira pas sans doute nous objecter ici que le développement infini de l'existence chez l'être contingent serait rendu possible s'il avait pour pendant un développement analogue et parallèle dans son essence finie; car la réponse est trop facile pour qu'elle ne vînt pas aussitôt à l'esprit de ceux qui seraient tentés de formuler une pareille objection. En effet, qui ne voit que l'essence doit être immuable, sous peine de n'être plus l'essence, et de se confondre immédiatement avec l'existence? Il nous paraît donc inutile d'insister davantage sur une vérité trop incontestable pour avoir besoin d'être mise dans un plus grand jour.

Nous avons établi, et, à ce que nous croyons, d'une manière solide, dans l'opuscule déjà indiqué, que la réalisation d'une essence finie serait impossible, parce qu'il manquerait à un être ainsi constitué une des conditions indispensables de l'existence, à savoir: une fin. Or un être qui n'aurait pas de fin ne saurait pas plus exister qu'un être qui n'aurait pas de raison d'être ou pas d'essence. Nous y avons également prouvé que la fin d'un être quelconque doit être absolue, infinie, sans quoi elle serait comme si elle n'était pas. Nous ne referons donc pas ici cette preuve. Nous aurions pu même aller plus loin, en étendant à la raison d'être ce que nous avons dit de la fin ; et par un raisonnement analogue, montrer qu'un être ne saurait exister sans une raison d'être absolue et infinie. Ce que nous ne faisons qu'indiquer, le lecteur pourra l'achever, s'il désire approfondir la force de nos arguments.

Quant à nous, nous avons hâte d'arriver à la fin d'un chapitre déjà bien long, que nous pouvons résumer en ces quelques mots :

Il n'y a qu'une seule essence, dont l'être absolu est la réalisation adéquate et nécessaire, et l'être relatif la réalisation partielle et contingente.

Cette conclusion une fois admise, la question de la conciliation du relatif et de l'absolu se trouve ramenée à ces termes : La réalisation adéquate et nécessaire empêche-t-elle, comme contradictoire, la réalisation partielle et contingente ?

C'est ce que nous allons examiner dans le chapitre suivant.

CHAPITRE IV.

ÉTUDE COMPARÉE DES ATTRIBUTS MANIFESTÉS DANS L'ÊTRE ABSOLU ET DANS L'ÊTRE RELATIF

§ 1er. MÉTHODE A SUIVRE DANS CETTE COMPARAISON.

Pour résoudre la question du relatif et de l'absolu, telle que nous venons de la poser à la fin du chapitre précédent, ou pour apprécier jusqu'à quel point elle peut être résolue, il faut rapprocher l'être nécessaire de l'être contingent, et les comparer successivement au point de vue de leurs divers caractères, ou de leurs attributs. Il y a lieu toutefois, à cet égard, d'établir une distinction entre les deux catégories d'attributs ci-dessus mentionnées : l'essence de ces deux sortes d'êtres étant identique, nous n'aurons pas besoin de soumettre à cet examen les attributs immanents, puisqu'ils sont exactement les mêmes des deux parts, et ne s'offrent à nous qu'au seul point de vue logique. Mais il n'en est pas de même de ceux qui sont destinés à se manifester, ou à passer de la puissance à l'acte, et qu'on peut envisager à deux points de vue différents. En effet, bien qu'ils appartiennent aussi à l'essence, comme nous l'avons dit, et que, considérés en elle seule, ils soient identiques en tout être, ils diffèrent dans leurs manifestations, et constituent par là deux espèces d'existences complètement distinctes, puisque l'existence est nécessaire et partant infinie chez le premier, au contraire contingente et par suite limitée chez le second. Il faut donc examiner si ces deux espèces de manifestations peuvent être conçues comme coexistant, ou si elles sont, non seulement opposées ou contraires, mais encore contradictoires, en sorte qu'admettre l'une des deux serait absolument exclure l'autre. Ce n'est donc qu'en décomposant chacune de ces deux existences ou manifestations en leurs divers éléments, que nous pourrons arriver peut-être à la conciliation désirée, ou à la constatation qu'elle n'est possible qu'en partie ou complètement impossible, ou enfin découvrir tout au moins, si faire se peut, la raison de cette impossibilité. C'est en suivant un procédé analogue à celui que nous venons d'exposer, que le vieillard de Lafontaine parvint à briser, en les attaquant un à un, les dards qui, réunis en faisceau, auraient résisté à tous ses efforts.

Nous avons constaté que les trois attributs de l'essence destinés par leur manifestation à constituer l'existence, sont : l'activité, la sensibilité et l'intelligence. Nous allons donc prendre successivement chacun de ces trois attributs, et les considérer, en les comparant chacun à chacun, chez l'être absolu et chez l'être relatif, dans leurs modes respectivement divers de l'infini d'une part, et du fini de l'autre.

§ 2. Comparaison de l'activité considérée dans l'être absolu et dans l'être relatif.

L'activité est l'élément fondamental des attributs de l'essence destinés à se manifester, ou à passer de la puissance à l'acte. Considérée dans l'essence exclusivement, elle est identique dans tous les êtres quelle que soit leur modalité, contingente ou nécessaire. Mais il n'en est plus de même quand on l'envisage au point de vue de sa manifestation ou de l'existence, laquelle peut être absolue ou relative.

Dans l'être contingent, l'activité, avons-nous dit, est un effort, une lutte de cet être tendant vers une existence infinie. Mais dans l'être infini, l'activité n'est pas et ne peut pas être une lutte, un effort : cet être, possédant la plénitude de l'existence, n'a aucun effort à accomplir pour y arriver. Il y a chez lui jouissance paisible, complète, absolue de la totalité de l'existence, avec tout le développement et toute l'énergie qu'elle comporte. Ici, point de distinction possible entre la puissance et l'acte ; tout y est acte pur et absolu. L'intégrité de son essence est réalisée ou, pour mieux dire, n'est pas réalisée, ce terme impliquant un changement d'état incompatible avec son immutabilité absolue, mais existe nécessairement et indivisiblement unie dans toute sa compréhension à une existence adéquate; en sorte qu'il y a pour ainsi dire identification de l'une avec l'autre. C'est là un résultat nécessaire de l'activité infinie de l'essence, une telle activité excluant l'idée d'une simple virtualité, et emportant avec soi l'idée d'une réalité éternellement permanente. C'est un point sur lequel nous aurons occasion de revenir, pour le mieux mettre en lumière. Il ne saurait donc y avoir effort ou contention d'aucune espèce, de la part de cet être, pour passer d'un état à l'autre, ce passage n'ayant jamais à s'effectuer en lui. Une pareille contention ne peut exister que chez l'être contingent, qui lutte sans cesse pour passer de la puissance à l'acte ou à la réalisation de ce qui est contenu dans son essence, c'est-à-dire pour arriver à l'existence pleine, entière, infinie, absolue, à laquelle il aspire, comme par une espèce d'attraction ou d'impulsion de cette même essence absolue.

Est-il besoin de prouver la réalité de cette lutte incessante de l'homme, dont les ingénieuses fictions de la Grèce nous ont offert un saisissant tableau dans les immenses efforts des géants pour escalader le ciel? Sans recourir à ces allégories antiques, nos yeux ne sont-ils pas frappés tous les jours du spectacle trop réel de ces pygmées (car l'ambition ne se mesure ni à la taille ni à la vigueur) s'efforçant d'entasser Pélion sur Ossa pour parvenir à des hauteurs d'où, maîtres d'un plus vaste horizon, ils espèrent enrichir leur existence de tout ce qu'ils domineront du regard? Insensés, qui, tout dégénérés que vous êtes, osez tenter la folle entreprise de vos puissants ancêtres de la Thessalie, et vous laissez duper par le même mirage! Ce n'est pas un Olympe terrestre qui pourra jamais satisfaire vos insatiables désirs : il n'est point ici-bas de montagne assez élevée pour vous porter à la hauteur des secrètes aspirations de votre âme ; et toutes vos vaines agitations n'auront d'autre résultat que de rappeler aux témoins de votre ruine l'admirable peinture, tracée par le poète, de la chute épouvantable de vos prédécesseurs :

> Ils sont ensevelis sous la masse pesante
> Des monts qu'ils entassaient pour attaquer les cieux.
> Nous avons vu tomber..., etc.

Telle est la profonde différence que nous remarquons entre l'activité chez l'être contingent et chez l'être nécessaire. Mais cette différence, tout immense qu'elle est, nous autorise-t-elle à décider qu'il y a incompatibilité, contradiction entre l'une et l'autre? Une manifestation complète peut, à toute force, rendre inutile ou superflue une manifestation incomplète; mais, à coup sûr, elle ne saurait la rendre absurde, contradictoire. Le plus contient le moins, il est vrai; mais on doit reconnaître qu'il ne le rend pas impossible. Peut-être même pourrait-on aller jusqu'à soutenir que c'est l'infinité elle-même qui, par la limitation qu'elle lui impose, donne à l'être fini toute la réalité dont il est susceptible, en lui imprimant un certain caractère de distinction, de propriété, et même de personnalité. La personnalité, chez l'être contingent, c'est la limitation qui se connaît; comme chez l'être nécessaire, c'est l'infini qui se connaît. La connaissance de sa propre limitation est donc le seul moyen qu'ait l'être borné de se distinguer de l'être sans limites, et de constituer ainsi sa personnalité; comme c'est en outre le seul moyen d'être distingué, par la suprême intelligence, au sein de la suprême existence. Or, sans cette distinction, il ne saurait y avoir aucun être contingent.

La coexistence de l'activité relative et de l'activité absolue n'est donc pas radicalement incompréhensible, comme le serait celle de deux êtres dont l'un serait doué d'une essence et d'une existence nécessaires, et l'autre d'une essence et d'une existence contingentes; car on ne saurait distinguer une essence finie d'une essence infinie, comme il est possible de distinguer l'acte fini de l'acte infini. L'essence est invariable et pour ainsi dire immobile, quel que soit l'être chez lequel on la considère, soit qu'on la conçoive comme absolue ou comme relative, bien qu'à vrai dire l'idée d'une essence de cette dernière espèce nous semble contradictoire; l'acte au contraire, chez l'être relatif, est un passage d'un état à un autre, mais n'est pas un passage chez l'être absolument immuable. Or ce caractère différent permet de discerner l'activité de l'un de l'activité de l'autre, et de concevoir que l'activité relative ne soit pas absorbée par l'activité absolue. De même qu'on peut concevoir le mouvement dans le sein du repos, ou la mobilité dans le sein de l'immobilité; mais non pas l'immobilité dans le sein de l'immobilité, car alors rien ne distinguerait l'une de l'autre.

Avons-nous réussi, par notre argumentation, à briser ou simplement entamer ce premier dard, l'un des éléments du redoutable faisceau qui a défié par sa résistance les efforts de tous les philosophes? C'est ce qu'il ne nous appartient pas de décider. Mais on nous dirait qu'il a résisté à toutes nos attaques, sans même fléchir le moins du monde, que cet échec ne saurait nous décourager : à défaut d'une pleine victoire, nous saurons nous contenter de quelques avantages partiels.

Bien loin donc de tourner le dos à l'ennemi, nous allons lui courir sus, comme si nous étions certain d'assurer à notre drapeau l'honneur de la journée.

§ 3. Comparaison de la sensibilité dans l'être absolu et dans l'être relatif.

L'être absolu et l'être relatif, étant l'un et l'autre doués d'une essence identique, doivent posséder tous deux l'attribut de la sensibilité. Nous répéterons, à propos de cette faculté, ce que nous avons dit touchant l'activité. Si on la considère exclusivement dans l'essence, elle est identique dans tous les êtres ; mais dès qu'un acte vient la réaliser, et la faire en quelque sorte passer dans l'existence, elle doit nécessairement prendre la nature de l'activité de l'être dans lequel elle se manifeste avec l'intelligence : c'est ainsi qu'elle est absolue dans l'être nécessaire, relative dans l'être contingent.

Nous avons vu ci-dessus que la sensibilité est la compagne nécessaire de l'activité, et qu'elle est la conséquence de l'ébranlement produit dans les attributs de l'être par cette même activité. Chez l'être contingent, cet ébranlement est limité, et de là une sensibilité finie ; chez l'être nécessaire, il est au contraire sans limites, et de là une sensibilité infinie. Nous devons donc trouver entre ces deux sensibilités, l'une finie, l'autre infinie, la même différence que nous avons constatée entre l'activité finie et l'activité infinie. En effet, de même qu'il y a un mode de l'activité, dont nous avons constaté la présence dans l'être contingent et l'absence dans l'être nécessaire, il est aussi un mode de la sensibilité que nous rencontrons dans l'être contingent, sans le retrouver dans l'être nécessaire, à savoir : la douleur, laquelle forme avec le plaisir les deux modes fondamentaux de notre sensibilité. Quand nous aurons expliqué l'origine et la nature du plaisir et de la douleur, on comprendra tout de suite pourquoi le second de ces deux modes n'a pas de place dans l'être absolu.

L'effort accompagne tout déploiement d'activité dans notre existence bornée. Quand l'obstacle contre lequel nous luttons, cède à cet effort, l'ébranlement produit en nous est agréable, et semble l'expression du contentement et de la joie intime que nous cause la victoire remportée par notre énergie : notre être s'est dilaté, sa richesse est accrue, nous avons marché dans la voie qui conduit à notre fin, c'est-à-dire au développement infini de notre existence. Quand au contraire notre effort est infructueux, la défaite de notre activité nous afflige, et nous ressentons une douleur, expression de la tristesse que nous fait éprouver cette infériorité : notre être se contracte, sa réalité nous semble amoindrie, nous sommes arrêtés court sur le chemin du développement infini, but de notre existence. Dès lors, on conçoit qu'il n'y ait point de douleur chez l'être absolu, puisqu'il n'y a jamais en lui place pour l'effort, mais uniquement pour le sentiment continu du triomphe perpétuel d'une activité qui, ne pouvant rencontrer aucun obstacle, s'épanouit à l'infini, ou, pour parler plus exactement, embrasse l'infini dans son expansion toujours actuelle.

Mais la présence de la douleur chez l'être contingent, mise en opposition avec l'absence de cette douleur chez l'être nécessaire, n'est pas la seule caractéristique de la différence entre la sensibilité de l'un et celle de l'autre. La distinction entre ces deux sensibilités n'éclate pas moins dans le plaisir qu'elles sont toutes les deux susceptibles de goûter : l'un, en effet, celui de l'être contingent, est un plaisir toujours renfermé dans des limites qu'il ne nous est que trop facile d'apercevoir, et dont la vue seule suffit pour nous faire trouver dans la joie la plus grande que nous puissions éprouver, un arrière-goût d'amertume et de douleur. Quant à l'autre, celui de l'être nécessaire, la raison nous dit qu'il ne peut être qu'un plaisir pur, sans bornes, que rien ne peut altérer ni troubler, en un mot un plaisir absolu. Cette différence résulte de la nature diverse des deux existences, dont l'une est finie et l'autre infinie, ou plutôt, c'est cette différence qui les constitue et les caractérise.

Ces deux genres de plaisirs peuvent-ils co-exister ? Dans le même être, non assurément ; mais, dans des êtres doués chacun d'une existence différente, nous ne voyons pas en quoi ils se repousseraient et s'excluraient mutuellement. Si l'activité de l'être contingent et celle de l'être nécessaire sont parfaitement distinctes l'une de l'autre dans leurs manifestations, et peuvent être conçues comme respectivement coexistantes, sans aucune contradiction, il faut en conclure qu'il en est de même de la sensibilité de ces deux êtres. En effet, nous avons vu que l'activité est dans un rapport parfaitement exact avec la sensibilité ; que la seconde est inséparablement unie à la première ; qu'elles sont la condition rigoureuse l'une de l'autre, et doivent par conséquent se comporter de la même manière. Ce qui est vrai de l'une doit être également vrai de l'autre, et nous n'avons pas à craindre de nous tromper en appliquant à l'une ce qui peut exactement s'appliquer à l'autre.

Le lecteur n'a donc qu'à se rappeler ce que nous venons de dire à propos de l'activité, pour en faire l'adaptation à la sensibilité, sans attendre de notre part une répétition fastidieuse.

§ 4. Comparaison de l'intelligence dans l'être absolu et dans l'être relatif.

Nous voici maintenant arrivés au plus noble des attributs de notre essence destinés à se manifester, à celui dont l'exercice nous rapproche le plus de l'être absolu, autant qu'un être fini puisse se rapprocher d'un être infini. Nous avons souvent remarqué qu'il existe une gradation dans le développement de l'existence. L'activité forme la première étape de cette progression. Cet attribut est le seul que nous puissions découvrir chez certains êtres; mais, comme il ne peut, à lui seul, constituer une réalité métaphysique, un être véritable, les autres attributs se trouvent aussi dans ces êtres, comme nous l'avons démontré, mais à l'état rudimentaire, et avec une manifestation si minime qu'elle nous échappe complètement. Chez d'autres, nous apercevons ce même attribut de l'activité accompagné de celui de la sensibilité, l'intelligence en eux restant, en totalité ou en partie, voilée à notre aperception. Ce n'est enfin qu'en nous-mêmes que nous constatons distinctement les trois attributs de l'activité, de la sensibilité et de l'intelligence.

Cette dernière se révèle en nous sous les deux modes distincts de la contingence et de la nécessité : par le premier, nous connaissons le fini et toutes les modifications de notre être, c'est la connaissance expérimentale ; par le second, l'infini et tous les autres attributs intimes de notre essence, c'est la connaissance rationnelle. Le premier, en tant que fini, est sujet à l'erreur; le second, en tant qu'infini, en est exempt. L'erreur, pour cette faculté, forme le pendant de la douleur dans la sensibilité, et de l'effort dans l'activité. L'erreur, pas plus que la douleur et l'effort, ne peut se trouver dans l'être absolu, puisqu'il n'y a pas en lui de connaissance limitée, et qu'au contraire tout acte de connaissance n'y peut être qu'infini.

Tout acte de connaissance dans l'être absolu étant infini, embrasse l'universalité des objets compris dans la sphère de l'intelligible. Il n'y a donc en lui qu'un seul acte de connaissance contenant tout le nécessaire et tout le possible, l'infini et le fini. Nous comprenons, autant qu'il nous est donné de le faire, nous dira-t-on, que l'infini connaisse l'infini, ou, ce qui est tout un, se connaisse lui-même; mais comment s'expliquer qu'il connaisse le fini, le contingent, le relatif ? Que peut bien être, en un mot, la connaissance infinie d'un objet fini ? Rien, selon nous, de plus facile à comprendre : c'est la connaissance d'un être contingent embrassé dans la totalité de ses rapports, au triple point de vue de sa raison d'être, de son essence et de sa fin, avec toute clarté et toute évidence ; et comme tout être soutient des rapports avec l'infini, et le porte en puissance dans son sein, l'intelligence infinie trouve en lui un objet adéquat à son acte de connaissance.

On a dû remarquer une différence importante entre notre intelligence, d'une part, et notre activité et notre sensibilité, de l'autre : elle consiste en ce que ces deux dernières restent toujours dans les limites du fini, tandis que l'autre les franchit et atteint l'infini. Nous aurons occasion plus loin de fournir l'explication de cette différence, qui peut paraître extraordinaire, et n'a rien cependant que de très naturel. Ce n'est donc pas en vain que nous avons appelé l'intelligence la plus noble de nos facultés. Mais il résulte aussi de ce que nous avons dit, que la différence établie entre l'activité et la sensibilité de l'être contingent, d'une part, et l'activité et la sensibilité de l'être nécessaire, d'autre part, n'existe pas relativement à l'intelligence, ou tout au moins n'existe que pour l'intelligence expérimentale, et nullement pour l'intelligence rationnelle.

Est-ce à dire pour cela qu'il n'y ait aucune distinction à faire entre l'intelligence infinie et notre raison, sous prétexte qu'elle atteint l'infini ? Non, assurément. Nous avons montré tout à l'heure qu'une connaissance infinie peut s'exercer sur un objet fini ; or nous croyons que la réciproque est vraie, et qu'une connaissance limitée dans son exercice, mais virtuellement infinie, peut avoir prise avec quelque efficacité sur un objet infini, et s'en mettre en possession d'une manière suffisante pour s'en former une idée claire, sinon tout à fait adéquate. L'expérience est là pour prouver que nous sommes dans le vrai: c'est un fait hors de doute, et que rien ne saurait ébranler, que notre raison atteint l'infini, puisque nous en avons une idée claire et distincte. Quand même ce fait resterait pour nous complètement incompréhensible, malgré toutes les explications que nous nous efforcerions d'en donner, il n'en conserverait pas moins son caractère d'évidence, et continuerait à s'imposer à nous, après comme avant cette inutile tentative.

Ce point une fois bien établi et mis à l'abri de tout débat, faisons remarquer que la connaissance elle-même des faits d'expérience n'est jamais adéquate, puisque toute connaissance expérimentale repose nécessairement sur des notions *a priori*, notions dont l'objet ne nous est assurément pas connu d'une manière adéquate. Si bien qu'on peut dire qu'aucune connaissance en nous, soit *a priori*, soit *a posteriori*, n'est une connaissance adéquate. Nous pouvons donc affirmer que la différence entre une intelligence finie, soit qu'elle s'applique au contingent ou au nécessaire, et l'intelligence infinie, consiste en ce que la connaissance de celle-ci est adéquate, et que celle de la première ne l'est pas.

Mais qu'est-ce qui distingue, d'une manière bien caractéristique, une connaissance adéquate d'une connaissance non adéquate? C'est que la première embrasse son objet comme actuel, c'est-à-dire dans toute la réalité de sa manifestation pleine et entière; et l'autre, comme virtuel, c'est-à-dire avec un caractère de manifestation possible. Cependant ces deux espèces de manifestations, l'une actuelle, l'autre virtuelle ou possible, n'en ont pas moins toutes les deux un caractère commun, celui d'infinité. Ce caractère se rencontre aussi bien dans la manifestation des faits contingents que dans celle des faits nécessaires. Nous venons de voir en effet que les faits contingents embrassent l'infini dans leurs rapports, et que c'est pour cela que nous ne pouvons jamais en avoir une notion adéquate.

Maintenant voudrait-on nier que nous ayons connaissance des faits contingents, sous prétexte qu'ils embrassent l'infini, et que nous ne pouvons dès lors en acquérir une connaissance adéquate? Qui l'oserait? Adéquate ou non, il est certain et évident pour tous que nous avons cette connaissance. Mais ce qu'on ne ferait pas pour la connaissance *a posteriori*, à quel titre voudrait-on le faire pour la connaissance *a priori*? Il faut donc de toute nécessité, ou tomber dans le scepticisme complet, ou admettre que notre faculté rationnelle peut aussi bien prendre connaissance de l'absolu que notre faculté expérimentale du relatif; car nous n'avons pas plus de raison pour admettre ou rejeter l'une que l'autre de ces deux manières de connaître. Or nous admettons l'une : nous devons donc logiquement admettre l'autre ; et nous pouvons ajouter que, si nous comprenons l'une, nous devons aussi bien comprendre l'autre.

Ce n'est certes pas que nous trouvions cette compréhension facile à expliquer ; mais il nous semble qu'il convient d'appliquer tout au moins à ces deux moyens de connaître la même mesure, la même appréciation, et n'être pas plus exigeant pour l'explication de l'un que pour celle de l'autre. Or, comprendre un objet, c'est, nous semble-t-il, appliquer son esprit à cet objet ; c'est apercevoir un rapport entre cet objet compris et notre intelligence qui le comprend. Ne peut-on pas dès lors dire également que comprendre un objet nécessaire, c'est appliquer notre intelligence à cet objet et apercevoir un rapport entre cet objet compris et notre intelligence qui le comprend ? Mais, nous dira-t-on, comprendre signifie embrasser; or notre intelligence, étant limitée, peut bien embrasser un objet limité, dans la totalité de sa réalisation actuelle, tandis qu'elle ne saurait embrasser également un objet illimité. D'abord notre intelligence n'est pas limitée en un certain sens, puisqu'elle est virtuellement infinie, comme étant un des éléments de notre essence. En second lieu, l'objet contingent lui-même est infini dans ses rapports, comme nous venons de l'établir, et à ce titre il devrait, aussi bien qu'un objet nécessaire et absolu, échapper à notre intelligence, si elle était limitée. C'est aussi, insistera-t-on encore, pour cette raison que nous ne le saisissons que d'une manière limitée, puisque nous n'en saurions apercevoir tous les rapports. Mais, reprendrons-nous à notre tour, quoique nous n'apercevions pas tous les rapports d'un objet contingent, il n'en est pas moins vrai que nous concevons très nettement et très distinctement que ces rapports s'étendent à l'infini ; et cela parce que, se trouvant tous représentés en puissance dans notre esprit, et non en acte, nous ne les y voyons que d'une vue confuse, indistincte, quasi inconsciente. Nous apercevons donc très nettement et très distinctement l'infini dans cet objet fini, quoique nous n'y apercevions pas nettement et distinctement tous les rapports qu'il soutient. Il n'y a donc aucune raison pour établir, à ce point de vue, une différence tranchée entre la connaissance du relatif et celle de l'absolu.

Il résulte donc, en résumé, de notre discussion que la différence caractéristique entre l'intelligence infinie et l'intelligence finie, c'est bien, comme nous l'avons déjà dit, que la première a une connaissance adéquate, et la seconde une connaissance inadéquate, soit de l'absolu, soit du relatif.

Le moment nous semble venu de traiter incidemment la question dont nous avons, plus haut, renvoyé l'examen à un temps plus opportun. Comment, avons-nous dit, franchissant le passage de l'essence à l'existence, arrivons-nous à savoir que cette essence, dont les attributs nous sont logiquement connus, est pleinement réalisée dans un être éternel, infini, immuable ?

Constatons avant tout un fait indéniable : non seulement nous avons l'idée de cet être nécessaire, mais en outre nous possédons la certitude absolue de son existence, et nous l'affirmons avec la dernière énergie, puisque sans elle nous ne pourrions affirmer l'existence de quoi que ce soit. La réalité de ce fait est complètement indépendante, ne l'oublions pas, de l'explication que nous allons essayer d'en donner.

Nous avons vu que le moi se connaît lui-même à tous les points de vue, c'est-à-dire à celui de son existence et à celui de son essence ; et que cette essence, il la connaît avec tous ses attributs absolus. Or plusieurs de ces attributs peuvent être conçus comme de pures puissances, virtualités infinies, dont il n'aperçoit en lui-même qu'une réalisation incomplète, bien qu'elles semblent appeler, et appellent en effet, en vertu de leur nature, une réalisation complète et absolue. Il pourrait déjà tirer de là une présomption très forte que cette réalisation infinie, absente de lui-même, doit se trouver ailleurs. Mais ce n'est encore là qu'une présomption, qui, quelque grave et puissante qu'elle soit, ne saurait engendrer l'entière certitude de l'existence de l'être nécessaire, certitude qui se manifeste en nous par une affirmation absolue. Il faut donc chercher la source de cette certitude.

Presque tous les attributs de l'être, avons-nous dit, peuvent être conçus au point de vue abstrait de la virtualité : il en est un cependant qui fait exception, c'est l'activité. Cet attribut ne saurait, sans être anéanti logiquement, être réduit à l'état de simple puissance : une activité infinie conçue comme une simple possibilité d'activité infinie ne serait, qu'on y réfléchisse bien, qu'une idée contradictoire et absurde, car une telle activité ne serait au fond qu'une activité infinie qui ne serait pas une activité infinie. Qui dit activité, dit le contraire de possibilité, puisqu'on ne saurait concevoir l'activité que comme une tendance, une impulsion, un élan ; et l'on ne peut considérer un élan comme une pure possibilité sans le dépouiller de son caractère, sans le nier absolument. On ne peut même considérer l'activité comme une simple puissance, puisque, agir et exister étant termes synonymes, l'activité et l'existence sont une seule et même chose. L'énergie qui met en branle la manifestation des puissances de l'être, et produit ainsi l'existence d'une réalité métaphysique, ne peut elle-même n'être qu'en puissance, parce qu'il faudrait alors, pour la faire passer en acte, une impulsion étrangère prenant naissance hors d'elle-même ; celle-ci, à son tour, en exigerait une autre de même sorte ; et ainsi de suite à l'infini. Il faut donc qu'elle porte dans son propre sein cette motion première, indispensable pour la constituer. Tout moteur est mouvement, et doit l'être nécessairement pour engendrer son semblable. Une impulsion est d'elle-même ce qu'elle est, et ne saurait emprunter d'ailleurs sa nature d'actualité par excellence : elle est toujours un acte, jamais une puissance. Ce raisonnement est inapplicable à la sensibilité et à l'intelligence, car ces deux facultés ne peuvent s'exercer qu'à la condition que les êtres où elles se trouvent, existeront, c'est-à-dire agiront. Serait-il permis de dire la même chose de l'activité ? Assurément, non, puisque l'activité est l'activité, c'est-à-dire le fait constitutif de l'existence elle-même. Elle ne peut donc jamais passer de la puissance à l'acte, parce qu'elle contient l'acte en elle-même, le porte dans son sein, en est inséparable. La sensibilité et l'intelligence, au contraire, ont besoin du concours de l'activité, ne peuvent rien sans ce concours, et sans lui resteraient stagnantes, à l'état de pures virtualités.

On nous fera peut-être ici cette objection. L'activité éveille nécessairement la sensibilité et l'intelligence, les fait entrer en exercice, et n'opère jamais sans les mettre en œuvre; de même, la sensibilité et l'intelligence sont inséparables de l'activité; et ainsi ces trois facultés sont entre elles liées de telle sorte, qu'elles ne sauraient exister séparément. Si donc l'activité ne peut jamais n'être qu'en puissance, il en résulte qu'il devrait en être de même des deux autres.

Oui, assurément, ces trois facultés ne peuvent entrer en exercice que simultanément; mais qu'en conclure, si ce n'est qu'elles ont toujours été toutes les trois en exercice, et que leur fonctionnement en commun n'a jamais eu de commencement, qu'il est éternel[1]? Mais ne faut-il pas cependant qu'une de ces trois facultés prenne l'initiative, pour parler le langage humain soumis à la catégorie de temps? Or c'est dans l'activité, à cause de sa nature même, que se trouve cette initiative. De ce caractère de faculté motrice ou de pouvoir initiateur, propre à l'activité, il résulte qu'on ne peut la concevoir comme une simple virtualité, parce qu'une virtualité est le

---

[1] Voir, au chapitre VI, ce que sont le temps et l'éternité.

contraire d'une actualité, et par conséquent le contraire aussi d'une tendance, d'une impulsion, d'un élan, d'une initiative. L'acte, ou le produit de cette force première que nous appelons l'activité, est la réalisation de la sensibilité et de l'intelligence. Quant à lui, il n'est la réalisation de rien d'étranger à lui : il est à lui-même sa propre réalité. La sensibilité et l'intelligence viennent déterminer la nature de l'acte, mais ne lui donnent pas l'être, tandis que l'acte donne l'être, la réalité à la sensibilité et à l'intelligence, mais sans les déterminer, cette détermination se trouvant en elles-mêmes. L'essence, en qui réside cet élan initiateur, ne peut l'attendre que d'elle-même, que le puiser dans son propre fonds pour arriver à la réalisation de ses attributs. Oserait-on dire de même que le fait intelligent ou sensible, ou le produit de la sensibilité et de l'intelligence, soit la réalisation ou l'existence de l'activité ? Certainement non, puisque ces deux sortes de faits impliquent l'activité, et ne seraient rien sans elle. En un mot, l'activité réalise la sensibilité et l'intelligence ; la sensibilité et l'intelligence ne réalisent pas l'activité, puisqu'elles sont au contraire réalisées par elle. L'activité est donc toujours réelle et actuelle.

Il nous semble qu'en se pénétrant bien de ces considérations, on peut arriver aisément à comprendre comment le moi, du moment qu'il connaît l'essence absolue et son attribut d'activité, passe aisément et nécessairement de l'ordre logique à l'ordre métaphysique, et affirme un être absolu, éternel, immuable, réalisation de cette essence absolue, éternelle, immuable. On peut même dire qu'il n'y a pas en ceci passage, à proprement parler, de l'ordre logique à l'ordre métaphysique, puisque l'affirmation de l'activité infinie est, non pas l'affirmation d'une simple possibilité, ni même d'une virtualité, mais d'une réalité absolue, et que par cette affirmation l'on se trouve nécessairement de plain-pied dans l'ordre métaphysique.

Eh quoi! nous dira-t-on, tous les hommes, même les plus grossiers et les plus ignorants, ont, d'après vous, l'idée de l'existence de l'être absolu, ils en ont même la certitude; et vous voulez nous faire accroire que cette ferme conviction est en eux le produit de ces opérations subtiles et multiples que vous venez d'analyser! qu'ils se meuvent avec aisance et se dirigent sans broncher à travers ce dédale métaphysique, dans lequel vous ne pouvez marcher vous-même sans regarder avec soin, à chaque pas, où vous allez poser le pied!

Une pareille objection ne peut être opposée ou accueillie que par ceux qui ne connaissent pas les merveilles accomplies par la raison inconsciente, incomparablement plus sûre dans ses procédés que la raison consciente, ou pour mieux dire tout à fait infaillible. Nous en fournirons ci-dessous des exemples stupéfiants, à propos de l'instinct des animaux et de l'homme lui-même.

Après cette digression, qui se rattache cependant à notre sujet, il ne nous reste, pour achever l'examen comparatif de l'intelligence relative et de l'intelligence absolue, qu'à nous demander si nous pouvons en concevoir la coexistence chez des êtres respectivement différents, ou bien si cette coexistence nous apparaît comme absurde et contradictoire. Or ne pouvons-nous pas, dans ce cas, appliquer à l'intelligence ce que nous avons dit plus haut à propos de l'activité ? Le plus contient le moins, mais ne le rend point impossible, quand il s'agit de l'acte et non de la puissance. Sans doute, s'il était question de l'essence même de l'intelligence, nous serions obligés d'admettre qu'une intelligence infinie absorbe nécessairement une intelligence finie ; mais ici nous considérons simplement l'existence de cette faculté, c'est-à-dire l'application, la pure mise en œuvre de cet attribut de l'essence virtuellement infini, ou, autrement dit, susceptible d'une application infinie. Or, qu'y a-t-il de contradictoire à concevoir plus d'une application, plus d'une mise en œuvre à divers degrés, et par conséquent différentes entre elles, du même attribut ; et au-dessus de toutes ces manifestations, qui s'avancent plus ou moins vers l'infini, la manifestation suprême, qui les dépasse toutes, et qu'aucune n'atteindra jamais? Ne concevons-nous pas que diverses intelligences, identiques au fond au point de vue de leur essence, peuvent s'appliquer au même objet, et le pénétrer plus ou moins profondément, selon leur plus ou moins d'énergie et de contention? L'acte de celle qui s'y enfonce davantage, et saisit une portion plus considérable de vérité, empêche-t-il l'acte de celle qui en aura conquis une moindre partie? Les actes, en effet, sont indépendants les uns des autres, peuvent coexister séparément, chacun dans sa sphère, et sont parfaitement distincts entre eux, tandis qu'au contraire, considérés dans leur essence, ils ne peuvent plus être distingués, comme étant de même nature. Une intelligence infinie, envisagée en puissance, absorberait donc une intelligence finie, prise au même point de vue ; mais une intelligence infinie en acte n'absorbe ni n'empêche l'acte d'une intelligence finie.

§ 5. Conclusion générale du chapitre.

La conclusion de l'étude comparative, à laquelle nous venons de nous livrer, des facultés qui se manifestent dans l'être nécessaire et dans les êtres contingents, est donc celle-ci : on peut parfaitement concevoir la coexistence d'une activité, d'une sensibilité, d'une intelligence infinies, d'une part, et d'une activité, d'une sensibilité, d'une intelligence finies, d'autre part. D'où il résulte que la coexistence d'un être absolu et nécessaire avec un être relatif et contingent n'offre à notre raison rien d'absolument contradictoire, ni d'absolument incompréhensible.

CHAPITRE V.

NÉCESSITÉ MORALE DE L'EXISTENCE DES ÊTRES CONTINGENTS.

Nous avons tâché d'établir dans le chapitre précédent qu'il n'est pas impossible de concevoir la coexistence d'un être absolu et nécessaire avec celle d'êtres relatifs et contingents. Nous voulons démontrer dans celui-ci que nous sommes obligés de concevoir les êtres finis comme doués d'une existence moralement nécessaire, et que, dès lors, loin d'être contradictoire à celle de l'être infini, elle est au contraire une conséquence logique de l'idée que nous avons de cet être, et en découle tout naturellement. Cette démonstration ne nous sera pas, croyons-nous, bien difficile, car il nous paraît presque évident de soi que tout ce qui se produit, soit être, soit phénomène, ne peut être que le résultat d'une nécessité métaphysique ou morale, c'est-à-dire que toutes choses se relient entre elles par des rapports logiques ou moraux, car tout ce qui existe est nécessaire ou contingent.

Rendons-nous un compte bien exact de ce qui

distingue la nécessité absolue ou métaphysique, de la nécessité morale, en établissant la différence d'origine de l'une et de l'autre. Il nous semble, sauf erreur de notre part, que la distinction entre ces deux nécessités a été bien clairement posée par les philosophes ; mais peut-être ne l'ont-ils pas aussi fortement accentuée qu'il était possible, faute d'avoir songé à remonter jusqu'à la source de toutes les deux, ou faute de l'avoir voulu faire. Ce qu'ils ont négligé, par une raison ou par une autre, est précisément ce que nous nous proposons d'exécuter.

Nous avons reconnu ci-dessus qu'il y a dans l'essence deux espèces d'attributs, les uns relatifs à sa nature intime, ou immanents, les autres relatifs à sa manifestation. Les premiers constituent, pour ainsi parler, l'essence intérieure ; les seconds, l'essence extérieure. Gardons-nous bien cependant de croire qu'on puisse les séparer métaphysiquement les uns des autres ; ils ont au contraire entre eux des rapports si intimes, ou plutôt, si nous osions hasarder cette expression, une telle cohésion d'identité, que la logique rationnelle la plus subtile peut seule venir à bout de les distinguer : c'est une unité absolue, envisagée à des points de vue différents, il est vrai, mais ce n'en est pas moins toujours une unité. Tout ce qui résulte des premiers constitue la nécessité absolue ; par contre, ce qui résulte des seconds constitue la nécessité simplement morale. Ainsi l'existence, ou la réalisation infinie de l'essence infinie, résulte de cet attribut même d'infinité, et cette existence est absolument nécessaire. Mais l'existence finie des êtres contingents, bien que leur essence soit infinie en soi, ne résulte pas directement de cette infinité, elle n'en dérive que par un intermédiaire, et en quelque sorte de seconde main ; l'acte qui la produit et réalise leur essence infinie d'une manière limitée, découle des attributs de l'être nécessaire relatifs à la manifestation, ou, pour parler plus exactement, constitue la manifestation extérieure de ces attributs. Le premier résultat est une espèce de manifestation intrinsèque, et le rapport qu'elle établit, nous le désignons par le nom de *raison d'être* ; le second résultat est une manifestation extrinsèque, et le rapport qu'elle nous révèle, nous l'appelons *causalité*, comme nous appelons *cause* les attributs ou les facultés dont elle nous fait connaître l'existence. Sans cette manifestation, ces attributs resteraient enfermés dans l'essence infinie, à l'état de manifestation intrinsèque, laquelle ne serait qu'une espèce de puissance ou de virtualité relativement à une manifestation totale, c'est-à-dire à la fois intrinsèque et extrinsèque. Or, c'est ce qui est impossible, puisque l'activité de l'être, étant infinie, doit nécessairement manifester ces attributs d'une manière complète, absolue, et avec le caractère d'infinité qui leur est propre, comme à tous les attributs de l'être.

Mais si cette manifestation est absolument nécessaire, il n'en est pas de même de ses modes, dans l'être contingent : ils sont tels, il est vrai ; cependant il ne serait pas absurde qu'ils fussent autres que ce qu'ils sont. C'est-à-dire qu'il y a d'autres modes possibles, et que, si ceux-ci ont été réalisés, ce n'est pas qu'ils fussent les seuls à pouvoir arriver à l'existence. Il ne faudrait pas croire toutefois qu'ils aient été choisis arbitrairement : la préférence qu'ils ont obtenue a été déterminée par la nature même des attributs de l'être nécessaire réalisant la possibilité des êtres contingents. Ces attributs, étant infinis, doivent être dirigés dans leur choix par la considération d'une réalisation plus pleine, plus entière, plus parfaite, en un mot se rapprochant le plus possible de l'infini à tous les points de vue. C'est cette impulsion vers le meilleur, le plus parfait, qui constitue la nécessité morale. En sorte qu'on peut dire que la nécessité absolue est celle qui découle des attributs intimes de l'essence, et la nécessité morale celle qui résulte des attributs réalisables de l'essence, tels qu'ils se trouvent dans l'être infini : la première est fondée sur une raison d'être, la seconde sur une simple causalité.

On voit donc qu'entre les attributs intimes de

l'essence infinie et les attributs relatifs à la manifestation dans l'être infini, il existe un rapport d'absolue nécessité, tandis qu'entre ces derniers et les manifestations limitées des êtres contingents, dont ils sont la source et l'origine, il n'y a qu'un rapport de nécessité morale. C'est ce que nous exprimons en disant que l'existence de l'être infini est nécessaire, tandis que celle des êtres finis est contingente. Car le contingent est ce qui est moralement nécessaire, mais ce dont la non-réalisation n'aurait rien d'absurde, c'est-à-dire rien qui fût contraire aux attributs intimes de l'essence nécessaire.

Ainsi le contingent est la réalisation du possible, qui est le corrélatif du nécessaire, l'un ne pouvant être conçu sans l'autre. S'il y a donc un être nécessaire, il faut qu'il y ait des êtres possibles, et, s'il y a des êtres possibles, ils doivent être réalisés, sans quoi l'activité de l'être absolu ne serait plus pleine, entière, absolue : il aurait pu agir, et n'aurait pas agi ; ce qui serait contradictoire avec son caractère d'essence infinie.

L'existence des êtres contingents est donc la conséquence moralement nécessaire des attributs de l'être infini, et par suite elle n'est pas en opposition avec l'existence de cet être.

Nous aurons du reste occasion de revenir sur ces questions, avec plus de détail, dans le chapitre que nous consacrerons à la création.

CHAPITRE VI.

DU TEMPS ET DE L'ÉTERNITÉ.

§ 1ᵉʳ. Considérations générales.

Les plus puissants esprits ont échoué dans leurs tentatives mille fois répétées de conciliation entre le temps et l'éternité. D'où proviennent ces échecs multipliés ? C'est ce qu'il y a lieu d'examiner attentivement.

Les deux mots de temps et d'éternité semblent représenter à l'esprit de tous les hommes des idées parfaitement claires et distinctes, tandis qu'il n'en est pas, au contraire, de plus obscure, de plus mal déterminée. Demandez au premier venu ce que c'est que le temps, il vous répondra que c'est une durée limitée, qui a commencé et qui peut-être finira :

« Sur les mondes détruits, le temps dort immobile. »

Demandez-lui ce que c'est que l'éternité, il vous dira que c'est une durée illimitée, qui n'a ni commencement ni fin. Poursuivez vos investigations : pressez-le de vous apprendre ce que c'est qu'une durée ; comment une durée a pu commencer, et comment elle pourrait finir ; comment une autre durée a pu ne jamais commencer, et ne finira jamais ; vous le verrez se troubler, balbutier, et se résoudre enfin, s'il est de bonne foi, à vous avouer qu'il lui est impossible de satisfaire à vos questions. Preuve certaine qu'il n'a aucune idée claire de ce que sont la durée, le temps, l'éternité. Hé ! comment pourrait-il avoir une idée claire de choses aussi contradictoires qu'un temps fini, qui est une partie du temps infini, comme si l'infini pouvait avoir des parties ; d'un temps infini qui coexiste avec un temps fini, qu'il contient en lui-même, quoiqu'il en soit distinct, quoique l'un s'écoule successivement, et que l'autre ne s'écoule pas, mais persiste toujours ; quoique l'un soit changeant et l'autre immuable :

> « Le temps, cette image mobile
> De l'immobile éternité ; »

quoique l'un ait commencé, et que l'autre n'ait pas de commencement ? Peut-on s'entendre soi-même, quand on parle du commencement ou du non-commencement du temps ? Il y a plus que lieu d'en douter. Il nous semble que nous comprenons aussi peu l'un que l'autre, et qu'il nous est aussi difficile, dans la manière de voir ordinaire, de concevoir séparément le temps et l'éternité que de les concevoir dans leur coexistence. Ce n'est donc pas seulement ici la conciliation du temps relatif et du temps absolu qui doit nous embarrasser, mais encore la compréhension bien claire et bien nette de l'un et de l'autre, chacun pris à part. Nous pouvons même ajouter que, si nous les comprenions bien séparément, leur conciliation ne devrait nous offrir aucune difficulté.

Si donc, en présence de notions aussi confuses, aussi contradictoires, on va se croire en face de réalités bien nettement constatées, et qu'on cherche à les expliquer, à les concilier, ne faut-il pas s'attendre à un échec complet? Ne vous semble-t-il pas voir, armé de sa rondache ébréchée, de son casque de carton, de sa lance rouillée, le héros de la Manche, qui, malgré le bon sens lui criant de s'arrêter par l'organe de Sancho son écuyer, charge des moulins à vent pris pour des géants? Lui seul peut s'étonner ensuite de se sentir tout à coup, avec sa maigre monture, lancé rudement à plusieurs mètres de distance.

Pour nous garantir de pareille mésaventure, suivons le précepte élémentaire dans l'art de la guerre. Si l'on veut vaincre un ennemi, il faut commencer par le connaître, et, dans ce but, lancer des éclaireurs, pousser des reconnaissances, et s'informer par là des forces dont il dispose et des positions qu'il occupe. La première mesure à prendre est donc de bien examiner ce qu'est en soi le temps et ce qu'est l'éternité. C'est là une étude que nous avons déjà ébauchée, ou plutôt simplement indiquée dans nos *Études sur la raison*, et que nous tâcherons aujourd'hui de pousser un peu plus loin. Commençons par l'idée de temps.

§ 2. Du temps.

On a cru jusqu'à présent que l'idée de temps était simple, et par conséquent indécomposable. Or, si nous montrons qu'il n'en est rien et qu'elle contient deux éléments, dont l'un est dû à l'expérience et l'autre à la raison, on comprendra tout de suite d'où vient l'obscurité profonde dans laquelle se sont débattus tous ceux qui ont traité ce sujet délicat. Nous savons bien que nous allons nous heurter à l'obstacle le plus redoutable, à celui des idées préconçues et arrêtées. Mais nous ne nous adressons qu'aux esprits rompus aux mâles pratiques d'une saine et forte philosophie, et partant accoutumés à ne se prononcer qu'après un examen attentif et libre de toute préoccupation.

Quand on prononce ce mot de temps, on réveille, dans l'esprit de tous les hommes, deux idées distinctes : 1° l'idée de durée, 2° l'idée de succession. Chacune de ces idées, prise à part, se distingue, comme nous le montrerons, de celle de temps, et elles ne se distinguent pas moins entre elles l'une de l'autre. Cependant bien des philosophes n'établissent aucune différence entre la durée et le temps; pour eux, temps et durée sont deux termes synonymes, et ils se servent indifféremment de l'un ou de l'autre. Il faut néanmoins reconnaître qu'ils n'ont pas l'usage pour eux : le langage ordinaire n'admet pas cette synonymie parfaite ; on ne s'y fait pas scrupule de parler de la durée du temps. *Le temps lui dure, le temps ne vous dure guère*, a dit Pascal. Une pareille alliance de mots serait intolérable, si les deux termes de temps et de durée avaient exactement la même signification.

Mais en quoi diffèrent-ils, et quelle est la nuance qui les sépare ? On entend par durée la persistance d'un être dans un même état, et par temps on entend à la fois et la persistance de cet être, ou sa durée, et la succession, ou le changement des phénomènes en lui. Selon nous, cette idée de la persistance d'un être, qui constitue sa durée, n'est autre chose que la notion rationnelle de l'identité et de l'immutabilité de son essence. Il est vrai qu'on applique parfois cette idée de durée ou de permanence à une série de phénomènes ; mais c'est qu'alors on rapporte ces phénomènes successifs, dont la durée est toujours relative, à la durée absolue, pour les apprécier par une espèce de comparaison ; de même que nous rapportons souvent, dans un but identique, la durée absolue ou la permanence et l'immutabilité de notre essence, à la succession des phénomènes, soit du moi, soit du monde externe représentés dans le moi. Il ne s'agit plus, dans ce cas, c'est-à-dire lorsque nous appliquons l'idée de permanence aux phénomènes, que d'une permanence fictive et non réelle. C'est ainsi que, par un procédé semblable, ou fort analogue, nous appelons parfois unité, non l'unité réelle ou métaphysique, mais l'unité fictive ou mathématique, qui n'est que le produit d'un acte logique de notre intelligence. Tout cela se passe en nous en vertu d'une tendance naturelle à comparer et à mettre en harmonie les notions que nous devons à notre faculté rationnelle et à nos facultés empiriques, et à établir une relation constante entre le fini et l'infini, le contingent et le nécessaire, le relatif et l'absolu, qui se trouvent d'une part dans notre existence, et de l'autre dans notre essence. Si donc l'idée de la durée est bien ce que nous venons de dire, à savoir : celle de l'immutabilité, il est évident qu'on ne doit pas la confondre avec la notion de temps, qui contient en outre celle de changement, d'écoulement, de succession, entièrement opposée à celle de permanence.

D'autres ont confondu et identifié le temps avec la succession des phénomènes, confusion aussi peu justifiable que celle de la durée avec le temps. L'idée de succession peut se ramener aux deux idées d'antériorité et de postériorité, qu'elle embrasse. Or, nous ne pouvons concevoir l'antériorité et la postériorité que dans le temps qui les contient, et qu'elles supposent nécessairement. En effet, ces deux idées représentent l'ordre suivant lequel s'effectue le passage d'un phénomène à un autre ; mais cet ordre n'a pour nous sa réalité que dans le temps : la succession ne peut donc se produire que dans le temps. Comment dès lors en confondre l'idée avec celle du temps, qui réveille également en nous l'idée de durée ou de permanence, unie à celle de changement ?

Nous avons distingué les deux idées de durée et de succession de celle de temps ; montrons maintenant qu'elles ne sont pas moins distinctes l'une de l'autre. Le fond de l'idée de durée est la persistance ou la permanence ; le fond de l'idée de succession est le changement. Ces deux idées sont donc profondément distinctes par leur nature. Elles ne le sont pas moins par la manière dont elles nous sont connues. Au sein de ce mouvement, de cette évolution perpétuelle qui s'opère autour de nous et en nous-mêmes, à quel point fixe nous attacher pour y puiser cette idée de permanence ? Ne la trouvons-nous pas dans le sentiment intérieur de l'identité du moi et de l'immutabilité de son essence ? L'être est permanent et ne peut être conçu que comme tel ; un être passager, transitoire et variable ne serait plus un être, mais un pur phénomène. D'un autre côté, d'où pourrait nous venir l'idée de changement, si ce n'est de cette variété perpétuelle des phénomènes qui se produisent en nous et autour de nous ? Voilà donc deux idées parfaitement distinctes, qui cependant sont corrélatives l'une à l'autre, et sont toujours conçues ensemble. On ne peut en effet concevoir la permanence qu'en opposition au changement, et le changement qu'en opposition à la permanence. Nous avons vu de même qu'il est impossible de concevoir le fini sans l'infini, le relatif sans l'absolu, le contingent sans le nécessaire. Cette indivisibilité du permanent et du variable dans notre pensée nous est révélée par une expérience de tous les instants : la succession, qui n'est que le passage d'un phénomène à un autre, nous sert à mesurer la durée; et la durée, qui n'est que la permanence de l'être, nous sert à mesurer la succession. Le variable sert donc de mesure au permanent, et le permanent au variable ; nous les comparons sans cesse l'un à l'autre, et nous les apprécions l'un par l'autre. Remarquez bien que nous n'expliquons rien en ce moment, nous ne faisons que constater ce qui se passe.

La durée et la succession sont distinctes entre elles, comme elles le sont du temps. Mais le temps lui-même, qu'est-il ? Il est l'idée qui les embrasse toutes les deux, bien que différentes l'une de l'autre. En un mot, l'idée que nous en avons est le produit d'une synthèse de l'esprit, unissant les deux idées corrélatives de permanence et de changement; en sorte que nous retrouvons ici les trois moments, qu'on nomme dans la philosophie allemande : la *thèse*, l'*antithèse* et la *synthèse*, nomenclature qui n'a que le tort, pour des Français, de rappeler un peu la *protase*, l'*épitase* et la *péripétie* de M. Lysidas. Quand nous pensons à la durée, nous la distinguons du temps, parce qu'avec la durée il embrasse la succession ; quand nous pensons à la succession, nous la distinguons également du temps, parce qu'avec la succession, il embrasse aussi la durée. Pourquoi dit-on que la succession est dans le temps? Parce qu'on ne peut concevoir des phénomènes qui changent, ou successifs, que dans des êtres qui durent, ou permanents. Cette nécessité découle de l'impossibilité de concevoir des phénomènes existant en dehors de toute substance ; elle est la conséquence directe du principe de substance. L'idée du temps contient donc en elle les deux idées opposées d'immutabilité et de changement, et nous les présente simultanément en opposition l'une avec l'autre. Et si nous ne pouvons concevoir aucun être contingent hors du temps, c'est parce que nous ne saurions en concevoir aucun qu'au double point de vue du permanent et du changeant, c'est-à-dire de la substance et du phénomène. Telle est, croyons-nous, l'idée, quoique très vague et très confuse, que les hommes se font communément du temps. Cette idée nous paraît, en gros, assez juste ; mais elle manque d'exactitude sur bien des points. C'est ce que nous allons tâcher de faire voir.

Si l'analyse que nous venons de présenter est bien l'expression de la réalité, il en résulte évidemment que l'idée de temps, qu'on a toujours acceptée comme une idée simple, renferme deux éléments bien distincts, qu'on a confondus entre eux et avec l'idée de temps qui nous les représente dans leur union. C'est de cette confusion que sont nées ces difficultés inextricables, où tous ceux qui se sont occupés de l'idée de temps sont demeurés arrêtés, comme dans son buisson le bélier destiné à monter en holocauste sur l'autel, à la place d'Isaac. Cette idée est-elle expérimentale ou rationnelle ? Pour nous, elle contient deux éléments, dont l'un relève de la raison et l'autre de l'expérience. C'est à les bien caractériser l'un et l'autre que nous allons nous appliquer.

L'idée de durée n'étant au fond, comme nous l'avons constaté, qu'une notion de permanence, d'immutabilité absolue, est une idée rationnelle qu'aucune de nos facultés dites expérimentales ne saurait nous fournir. En effet, si la durée est bien ce que nous venons de dire, et si elle nous a été révélée par la notion de l'immutabilité de l'essence du moi, ou, pour mieux dire, si elle n'est autre chose que cette notion elle-même, elle repousse toute idée de limitation, qui lui est contradictoire, puisqu'elle est absolue et nécessaire. Cependant on nous objectera que nous avons l'idée d'une durée limitée; mais nous ferons observer que ce n'est pas là une véritable idée de durée, puisque cette dernière espèce d'idée ne peut s'appliquer qu'à un être, mais bien celle de changement, de modification, qui ne s'adapte qu'aux phénomènes, et n'est en somme qu'une pure notion de succession, ou d'antériorité et de postériorité de phénomènes variables, considérés dans leurs rapports avec l'essence invariable. Tout ce qu'il y a de muable dans l'être ne tient pas à son essence, mais à ses manifestations ou à son existence ; et nous avons vu que le temps, appliqué aux phénomènes, n'est que l'idée de succession. Le phénomène, c'est-à-dire la mise en acte de ce qui se trouve en puissance dans l'essence, est le propre de l'être contingent et le caractère qui le distingue de l'être nécessaire, chez qui, comme nous l'avons dit bien souvent, tout est en acte, rien en puissance.

Quant à cette idée de succession, ou d'antériorité et de postériorité, elle est très confuse dans notre esprit, parce que nous y mêlons toujours l'idée de durée ou de permanence, qui n'a rien à voir avec elle. Le caractère propre du phénomène est la variabilité, et par conséquent l'opposé de la permanence : supposer un phénomène permanent, c'est supposer un phénomène qui ne serait pas un phénomène. Mais il importe de se bien fixer sur le sens précis de ce mot de variabilité, qui n'offre que trop souvent une idée peu nette à l'esprit de bien des hommes. Est variable tout ce qui peut être en puissance et en acte, et le changement est constitué par le passage de l'un de ces états à l'autre. Cette variabilité ne peut exister dans l'essence, qui est immuable en tant que puissance pure. La succession, ou le passage de la puissance à l'acte, est la condition de la possibilité de phénomènes multiples chez les êtres contingents ; sans elle, il ne pourrait exister en nous qu'un seul phénomène, celui qu'on appelle, dans le langage ordinaire, le phénomène présent, et qui est dans la réalité le phénomène en acte. Qu'est donc la succession en elle-même ? Elle n'est autre chose que le rapport entre la puissance et l'acte, et l'idée de succession n'est en nous que la notion de ce rapport. L'être contingent est l'acte perpétuel, mêlé de puissance; l'être nécessaire est l'acte pur, sans mélange de puissance. Voilà pourquoi la succession ne saurait se concevoir que dans l'être contingent. Cela est si vrai, que ce qu'il y a de nécessaire dans les êtres contingents, c'est-à-dire leur essence, échappe à cette notion, et en est conçu comme tout à fait indépendant.

Il résulte de ce que nous venons de dire que l'idée de temps, embrassant à la fois et l'idée de durée, ou de permanence, et l'idée de succession, ou d'antériorité et de postériorité, contient deux éléments divers : l'un rationnel et l'autre expérimental. Or il arrive que, confondant ces deux éléments énoncés ensemble dans un seul et même terme, nous appliquons le premier quand il n'y aurait lieu que d'appliquer le second, et réciproquement. De là naissent une foule de difficultés et de questions insolubles, dans lesquelles la raison semble en opposition avec elle-même, comme nous le ferons voir ci-dessous. Ainsi donc le mot de temps peut être pris en deux sens : dans le premier, que nous appellerons le sens *passif*, ce terme signifie la permanence de l'être, ou la durée absolue ; dans le second, que nous appellerons le sens *actif*, il signifie la succession des phénomènes, ou l'antériorité et la postériorité.

Pour éclaircir et confirmer les observations précédentes, faisons-en l'application à quelques locutions usuelles.

On dit que le temps n'a pas de limites, qu'il est infini. Il est bien évident qu'en parlant ainsi, on prend le terme de temps dans le sens passif, c'est-à-dire dans celui de permanence de l'être ou de durée absolue. Mais si l'on dit : *Je n'ai pas le temps d'y penser, j'y songerai quand j'aurai le temps* ; ces paroles signifient évidemment : *D'autres pensées appellent l'activité de mon esprit, et l'absorbent tout entière ; quand je pourrai la porter sur d'autres objets, je le ferai.* Ici, le terme de temps est pris dans le sens actif et se rapporte à l'ordre des phénomènes de mon entendement. Et quelle est la nature de cet ordre, en quoi consiste-t-il ? Le voici, ce nous semble : ces objets, auxquels je ne puis accorder mon attention, n'en sont pas moins présents à mon esprit, quoique je ne puisse les envisager avec tout le soin et le détail que je voudrais. Et d'où vient mon impuissance ? De ce que mon attention étant occupée ailleurs, et ne pouvant se partager, je ne vois ces objets que d'une manière trouble et confuse. Cependant on ne peut pas dire, absolument parlant, qu'ils *seront* présents à mon esprit, puisqu'ils y *sont* au moment même, et toujours, mais seulement en puissance ; l'effort qui transformera cette puissance en acte ne fera pas apparaître ces objets, il ne fera que leur donner ce degré de clarté qui leur manque, et que leur donnera l'attention, nom désignant cet effort de notre activité. Le temps, voilà le mot dont nous nous servons pour traduire l'idée qui résulte pour nous de la comparaison entre des notions obscures simplement entrevues et des notions claires, nettes et précises. Si notre intelligence n'était pas limitée dans son usage, si nous pouvions l'appliquer à plusieurs objets avec la même énergie, est-ce que toute idée de temps, pris dans le sens actif, ne disparaîtrait pas immédiatement de notre esprit ? L'idée de temps, en ce sens, tient donc essentiellement à notre limitation et au sentiment intime que nous en avons. Elle n'est donc en quelque sorte qu'une idée limitative, et par conséquent négative, et ne contient absolument rien de positif.

Autre exemple :

«Patience et longueur de temps
Font plus que force ni que rage,»

d'après le Fabuliste. *Longueur de temps* ne veut-il pas dire ici un effort soutenu de nos facultés actives ? Le temps tout seul, pris dans son sens passif, ne produit absolument rien : il faut donc l'entendre ici dans le sens actif, comme exprimant une énergie accumulée capable de transformer la puissance en acte.

Pour faire mieux saisir l'idée d'activité ou d'énergie qu'on attache à ce mot, voyons comment la même pensée est exprimée dans d'autres idiomes que le nôtre. *Opera et impensa periit*, répète, avec un à-propos très comique, le corbeau du pauvre cordonnier dont Auguste a dédaigné le présent. En français, il eût dit : *J'ai perdu mon temps et mes frais* ; ce qui signifierait, exactement comme le latin : *J'ai perdu le fruit de toute l'énergie intellectuelle qu'il m'a fallu déployer, pour faire passer certains phénomènes de la puissance à l'acte.* Autre exemple : *Mihi vivere non licet*, fait dire Sénèque à un ambitieux succombant sous le poids de ce qu'il appelle ses honorifiques misères. On traduirait en français : *Je n'ai pas le temps de vivre.* C'est également dans le sens actif qu'il faut entendre le mot de temps dans ce proverbe italien : *Il tempo è un galantuomo*, « le temps est un brave homme ».

Ainsi donc, pour conclure, les actes qu'on appelle communément successifs ne sont, à nos yeux, que des actes coexistants, que nous distinguons les uns des autres par leur degré de clarté ou d'obscurité ; et ce sont ces degrés divers qui constituent pour nous l'antériorité et la postériorité, ou, en un seul mot, la succession. Succession ne signifie donc pas : *fait qui n'est pas encore, et qui est ensuite, ou plus tard* ; mais bien : *fait qui est tantôt obscur ou en puissance, tantôt clair ou en acte.*

On nous accordera peut-être que l'idée de temps, signifiant succession, entraîne celle d'une certaine activité. Cependant, nous dira-t-on, nous distinguons très nettement cette activité ou cette succession de phénomènes, du temps lui-même dans lequel elle se déroule. Nous reconnaissons aussi que le temps, pris dans le sens actif, n'existe que dans l'être contingent, qu'il n'y existe que parce que cet être ne peut pas appliquer son énergie intellectuelle à plusieurs objets à la fois. Mais cela ne prouve pas que la succession ne soit quelque chose de réel, logiquement parlant, pour l'être contingent. Supposons, avec vous, toutes les modifications possibles existant simultanément chez cet être; cette coexistence ne fera pas, puisqu'il est contingent, et par suite limité, qu'il puisse connaître toutes ces modifications instantanément, de la même manière, avec la même netteté; il ne pourra les connaître ainsi que l'une après l'autre : de la sorte, l'idée de succession, bannie de l'existence même de ses modes, se réfugie dans la connaissance qu'il en a; car cette connaissance n'est pas toujours identique à elle-même, elle se modifie, elle change; en elle un état succède à un autre, et cette succession est assurément quelque chose de réel, toujours au point de vue logique.

Cette objection puise toute sa force apparente dans une habitude invétérée de notre esprit; mais bien des raisons peuvent la combattre et la renverser. Et d'abord, en nous opposant que toute antériorité et postériorité, ou toute succession, existe dans le temps, on ne s'aperçoit pas qu'on prend alors le mot de temps dans le sens passif; car dans le sens actif, la succession n'est pas seulement dans le temps, mais est le temps lui-même. Ainsi affirmer que toute succession est dans le temps, ou ne signifie rien du tout, ou revient simplement à dire que toute succession, de quelque manière qu'on l'entende, est dans une essence immuable, c'est-à-dire douée d'une durée absolue; ce dont nous tombons parfaitement d'accord, mais dont on ne peut tirer aucun avantage contre notre thèse. Nous ferons observer en outre que, si l'on admet par hypothèse la coexistence de tous ses modes, dans un être contingent, il ne faut pas ensuite retirer de la main gauche ce qu'on a donné de la droite, car, nous disent les jurisconsultes, donner et retenir ne vaut. Si donc on a supposé ces modes coexistants, on a reconnu par là implicitement qu'ils ne peuvent être successifs, dans le sens ordinaire qu'on donne à ce mot, et qu'ils sont au contraire simultanés. Dès lors on ne peut plus les distinguer les uns des autres par l'antériorité et la postériorité, mais seulement par le caractère de confusion et d'obscurité des uns, de netteté et de clarté des autres. De plus, la succession, telle qu'on la conçoit habituellement, est un rapport entre des phénomènes différents, et, pour concevoir ce rapport, il faut que ces phénomènes soient coexistants dans un même esprit, sans quoi il serait impossible de les comparer : point de coexistence, point de comparaison. Or, s'ils sont coexistants, ils ne sont pas successifs. A cela on nous répondra que les phénomènes antérieurs nous sont présents par la mémoire. Mais la mémoire elle-même, qu'est-elle, si ce n'est la puissance ? L'idée confiée à ma mémoire est donc dans mon esprit en puissance, et se change en acte toutes les fois qu'elle se montre avec netteté. De sorte que, si, pour expliquer l'idée de succession, vous êtes obligé de recourir à la mémoire, c'est que vous ne pouvez expliquer l'idée de succession que par la puissance, opposée à l'acte ; et alors vous abondez dans notre sens.

La preuve que la mémoire n'est que la puissance, ou autrement dit l'acte latent et permanent, c'est qu'elle est la trace et la suite d'un acte de conscience. En effet, tout ce qui passe inaperçu de la conscience, par n'avoir éveillé son attention ou son activité à aucun degré, est comme non avenu pour la mémoire; c'est la répétition des actes et l'attention que nous leur donnons, c'est-à-dire l'énergique développement de notre activité, qui donne son efficacité à la mémoire, laquelle atteint son apogée lorsque le passage de la puissance à l'acte devient si facile que nous cessons, pour ainsi dire, d'en avoir conscience : c'est ce qu'on nomme l'habitude. Or, la trace et la suite d'un acte en portent le caractère : l'habitude est donc un acte latent et permanent, ou une puissance. On la définit ordinairement une facilité acquise par la répétition ou la persistance des actes. On dit aussi communément que l'habitude s'acquiert avec le temps; ce qui, dans nos idées, revient à dire que l'activité, par son énergie propre, influe sur le mode d'existence des phénomènes, proposition qui nous semble parfaitement logique et compréhensible, puisque c'est l'activité qui est la source et la cause des phénomènes. En sorte que, pour nous servir d'une expression déjà employée, l'habitude n'est autre chose qu'une énergie accumulée. On voit que notre manière de concevoir le temps peut jeter un grand jour sur la question de l'habitude.

La coexistence des phénomènes, dans leurs modes respectivement divers de puissance et d'acte, est donc pour nous ce qui constitue le temps, dans son sens actif; et l'idée de succession, telle qu'on l'entend communément, y est complètement étrangère, puisque la succession, prise en ce sens, est précisément le contraire de la coexistence et son exclusion radicale.

Bannir la succession, c'est aussi bannir toute idée de commencement, puisque le commencement n'est que le premier anneau de la chaîne formée par la succession. Par sa nature, le temps, entendu dans tous les sens, ne peut ni commencer ni finir; pris dans le sens actif, il peut être ou n'être pas, logiquement parlant, selon que les phénomènes dont les rapports le constituent, sont ou ne sont pas, métaphysiquement parlant : et voilà en quoi consiste le caractère de contingence du temps, toujours pris en ce sens, caractère qu'il tient des phénomènes eux-mêmes, dont l'existence est contingente. Dans le système ordinaire, au contraire, on accouple l'idée de succession, et par conséquent celle de commencement, avec celle de temps, bien que ces idées ne puissent pas aller ensemble. En effet, si l'on prend le temps dans le sens passif, il est par trop évident qu'il n'a pas eu de commencement, pour qu'il soit nécessaire de l'établir ; que si on l'entend dans le sens actif, c'est-à-dire comme constitué par la succession des phénomènes, il ne peut avoir commencé qu'avec cette succession ; or, cette succession elle-même n'a jamais pu commencer : il n'a donc jamais pu commencer lui-même. Faut-il maintenant prouver qu'une succession de phénomènes ne peut avoir de commencement ? Rien de plus facile que cette démonstration ; qu'on en juge. Un phénomène isolé ne peut constituer une succession de phénomènes ; or le temps, ne pouvant être constitué que par cette succession, n'a pas commencé avec ce premier phénomène, qui ne succède à rien, et se trouve par conséquent hors du temps. Il n'a pas davantage pu commencer avec le second, qui se trouve complètement isolé du premier, puisque ce premier n'est pas dans le temps, et ne peut, par suite, avoir aucune connexion avec le second : car, remarquez bien que, selon les idées communes, toute succession doit avoir lieu dans le temps ; placez-vous hors du temps, vous vous mettez hors de toute succession possible. Ce que nous venons de dire du deuxième phénomène, nous pouvons le répéter du troisième, et ainsi de suite indéfiniment de tout phénomène possible. Donc aucune succession ne peut avoir commencé.

Que doit-on conclure de là ? C'est qu'il faut absolument renoncer à ces idées de succession et de commencement, qui sont au fond inintelligibles, et réduire la première à cette notion tout à fait simple et parfaitement compréhensible du temps au sens actif, telle que nous l'avons expliquée. L'idée de temps, au sens actif, ou de succession, n'est pas autre chose qu'une notion de rapport entre plusieurs phénomènes du moi, dont les uns sont en acte, les autres en puissance ; les premiers nets et distincts, parce qu'ils attirent et absorbent toute l'activité de l'esprit ; les seconds vagues et confus, par la raison contraire. Si bien que les idées sont toutes à la fois présentes à l'esprit, mais avec des caractères différents : l'idée actuelle (que nous appelons *présente*), d'une manière nette et distincte ; et les idées virtuelles (que nous appelons *passées* ou *futures*, selon leur plus ou moins de facilité à être *actualisées*), d'une manière vague et confuse. La succession n'est donc que la constatation des divers modes d'existence des phénomènes dans les êtres contingents.

On trouvera peut-être que nous venons de traiter, bien à la légère, d'inintelligible une idée reçue, acceptée et reconnue par tous les hommes comme admirablement claire, une des plus familières à leur intelligence, et qui n'a jamais présenté la moindre difficulté, à savoir : l'idée de succession. Comme nous tenons à n'être pas mis au ban du sens commun de l'humanité, nous devons aux lecteurs quelques explications justificatives. Nous les prions de suspendre la sentence qu'ils pourraient être tentés de lancer contre nous, pour méditer pendant quelques instants sur les réflexions suivantes.

Ce qu'il y a de plus familier à notre intelligence est parfois ce que nous comprenons le moins ; il suffit qu'un fait se produise souvent devant nous, pour qu'il n'attire plus notre attention, que nous le trouvions tout simple, tout naturel, et que nous croyions le comprendre parfaitement, quoique au fond nous n'y comprenions absolument rien. Les exemples se présentent en foule à l'appui de cette thèse ; nous n'en citerons qu'un. Demandez à un homme tout à fait ignorant des lois de la nature, s'il comprend pourquoi la pierre qu'il tient à la main tombera vers la terre, s'il vient à lâcher prise. Il vous répondra qu'il connaît à fond la cause de ce fait. Demandez-lui encore s'il ne trouve là rien d'extraordinaire; il se mettra à sourire, d'un air qui signifie : Pour qui me prenez-vous ? Croyez-vous qu'on peut se moquer de moi à si bon marché ? Il est cependant bien clair qu'il ne sait pas le premier mot de ce qu'il croit parfaitement saisir. Voulez-vous le frapper d'étonnement, de stupeur ? Faites qu'une pierre reste suspendue en équilibre dans l'air, sans aucun support apparent. C'est alors, pour le coup, qu'il croira ne rien comprendre à ce qu'il comprend parfaitement. L'étonnement, a-t-on dit, est un sentiment philosophique ; et en effet, il a fallu un grand philosophe pour s'étonner de la chute d'une pomme. Qu'on nous condamne maintenant, si l'on est parfaitement assuré de n'être pas la dupe, à propos de l'idée de temps, d'une illusion analogue à celle de l'ignorant qui voit tomber un corps sans en être surpris.

Il va sans dire que nous ne prétendons en aucune manière changer les habitudes du langage humain : une telle prétention serait amplement ridicule et absurde. Les hommes s'exprimeront toujours comme ils se sont toujours exprimés. Ne dit-on pas encore aujourd'hui que le soleil se lève et qu'il se couche, bien qu'on sache depuis longtemps que cet astre est relativement immobile, et que c'est la terre qui se meut à son entour?

§ 3. De l'éternité.

Après avoir déterminé ce qu'est le temps en soi, et quelle idée nous devons nous en faire, il faut nous demander ce qu'est l'éternité, qu'on y oppose si souvent. Si l'on a bien compris les explications précédentes, on doit avoir déjà pressenti que, pour nous, cette opposition n'existe que lorsqu'on prend le mot de temps dans le sens par nous qualifié d'actif. Dans ce sens, en effet, le temps est purement contingent, et l'idée qui le représente nous est fournie par l'expérience. Quant au temps entendu dans le sens passif, c'est une idée rationnelle, puisqu'elle n'est que la notion de l'attribut d'immutabilité inhérent à l'essence, notion qui constitue ce que nous appelons l'éternité. Dans ce cas, pas de distinction possible entre le temps et l'éternité : il y a entre ces deux termes identité parfaite d'objet. Mais tâchons d'abord d'exposer l'idée qu'on se fait généralement de l'éternité, et de la manière dont cette notion nous est révélée. Nous en ferons ensuite la critique.

On définit ordinairement l'éternité un temps ou une durée infinie, de même qu'on définit le temps une durée finie. Quant à l'apparition de l'idée d'éternité dans notre esprit, voici comment on l'explique. L'expérience nous fait connaître un temps ou une durée finie; la raison s'empare de cette idée, la creuse, s'aperçoit qu'elle n'a point de bornes, et affirme cette absence de toute limitation, ou, pour nous servir de la locution usitée en pareille circonstance, élève cette idée à l'infini.

En supposant bien fondée la distinction que nous avons établie entre les deux sens du mot de temps, la définition précédente de l'éternité est tout à fait inexacte, et l'éternité ne saurait être un temps infini. Le temps, au sens actif, est une succession de phénomènes; or, une succession n'étant, de quelque manière qu'on veuille l'entendre, qu'une constatation de rapports entre des phénomènes finis, ne peut jamais être infinie ; et si l'on prend le temps au sens passif comme signifiant une durée absolue, la durée n'étant autre chose que l'immutabilité, on n'a pas besoin d'y ajouter la qualification d'infinie, déjà renfermée implicitement dans l'idée de durée.

Quant à l'explication de la manière dont se forme cette idée d'éternité dans notre esprit, nous ne saurions l'admettre. Nous avons montré ailleurs que cette prétendue action de la raison, élevant une idée finie à l'infini, est absurde et incompréhensible : nous regardons en conséquence comme fausse une telle théorie. Ce n'est pas que nous adoptions davantage celle qui voit dans ces idées absolues un produit inné de la raison les portant toutes faites en elle-même, et les mettant au jour indépendamment de toute perception de leur objet, par la nécessité d'y rapporter les phénomènes dont elles expriment les conditions. Mais le moment n'est pas encore venu pour nous d'exposer le fond de notre pensée sur ce point capital : chaque œuvre doit venir dans son temps, et comme dit le proverbe, Paris ne s'est pas bâti en un jour.

Nous avons établi ci-dessus deux catégories des attributs de l'essence : la première, celle des attributs intrinsèques ou immanents, qui résident dans l'essence, sans jamais se manifester à nos facultés dites expérimentales ; la seconde, celle des attributs de relation, destinés à se manifester. Cette distinction va nous servir à déterminer nettement, d'un côté l'objet de l'idée de temps pris au sens actif, et de l'autre l'objet de l'idée d'éternité, ou de temps pris au sens passif. La notion de temps, qui ne s'applique qu'aux phénomènes ou aux manifestations, ne convient qu'aux attributs de la seconde catégorie, et n'est qu'une notion empirique. Au contraire, les attributs de la première catégorie, nous étant connus seulement par la raison, nous donnent l'idée d'une permanence absolue, ou de l'immutabilité, qui n'est autre chose que l'idée d'éternité, dont on chercherait vainement l'origine dans l'idée expérimentale de temps. Cette diversité d'objet est bien propre à confirmer les vues précédemment exposées, en nous faisant encore plus clairement distinguer les deux idées de temps et d'éternité; distinction très obscurément conçue, sinon tout à fait insaisissable, dans la manière ordinaire de les envisager.

Ainsi donc, en résumé, l'idée de temps, prise au sens actif, n'est que la notion des modifications diverses des phénomènes, variation caractéristique de l'être contingent, ou la notion des rapports de ces phénomènes entre eux; et l'idée d'éternité, ou de temps au sens passif, n'est que la notion de l'immutabilité de l'essence de l'être. La première nous représente le mode d'existence de l'être contingent; la seconde, l'immutabilité de l'essence. Il y a entre ces deux idées toute la distance qui sépare le contingent du nécessaire, le fini de l'infini, le relatif de l'absolu. Peut-on dès lors les confondre en quoi que ce soit l'une avec l'autre, ou voir dans la première la source de la seconde?

Si nous avons porté la conviction dans l'esprit du lecteur, et qu'il reconnaisse avec nous la différence profonde qui sépare l'idée de temps de celle d'éternité, il comprendra que la confusion qu'on en a faite est la cause principale de l'échec des plus éminents esprits, dans leurs tentatives de conciliation entre le temps et l'éternité. Mais outre celle-là, il en est encore une autre qui en dérive, qui en est la conséquence : c'est que, tout en proclamant que le temps et l'éternité ne sont pas des réalités métaphysiques, ils en ont fait des espèces de réalités hybrides. Nous allons le montrer en peu de mots.

Remarquons d'abord que les hommes, faisant toujours intervenir leur imagination dans les notions les plus abstraites de leur intelligence, se forment généralement en eux-mêmes comme une espèce d'image matérielle du temps. N'est-on pas, en effet, allé jusqu'à dire que le temps était l'étoffe dont la vie était faite? Tant les métaphores ont de puissance ! Tant elles peuvent engendrer d'erreurs ! Le mal ne serait pas grand, si elles s'arrêtaient au seuil de la philosophie ; mais il n'en est rien, et les fantômes, ou, pour parler comme Bacon, les idoles de la vie commune (*idola fori*) assaillent de toutes parts le métaphysicien, et s'imposent à son esprit. Aussi, lorsqu'il devrait ne raisonner qu'au moyen de son intelligence pure et dégagée de tout commerce avec les sens, il en subit l'influence, courbe la tête sous leur joug et creuse un pénible sillon dans la terre, au moment où il croit planer dans les espaces libres du ciel, et les scruter pour y faire des découvertes. N'avons-nous pas vu les intelligences les plus puissantes, les plus dégagées des liens du corps, proclamer que le temps avait commencé, qu'il avait été créé? Or, n'est-ce pas là faire du temps un être véritable, et lui donner, non pas seulement une existence hybride, comme nous avons dit, mais une existence effective et réelle? Ce n'est pas tout encore : en imaginant la création du temps, ils concevaient une autre espèce de temps immobile, l'éternité, antérieure au temps créé, laquelle n'était pour eux qu'un temps infini, et greffaient ainsi une erreur sur une erreur. N'avons-nous pas entendu dire par d'autres que le temps est une quantité continue composée de parties homogènes; qu'il est une espèce d'étendue qui n'a qu'une dimension, et dont les parties sont successives et non simultanées; qu'il est divisible à l'infini? N'avons-nous pas souvent entendu parler d'un temps plein, d'un temps vide? N'affirme-t-on pas, comme une chose toute simple, que le temps se compose de séries et qu'il s'écoule comme un fleuve? D'où l'on devrait rigoureusement inférer que, si l'éternité n'est qu'un temps sans limites, elle se compose également de séries et s'écoule comme le temps. Que conclure de tout cet amas, que nous pourrions bien grossir encore, d'affirmations bizarres, hétérogènes, contradictoires? Il nous semble qu'il en résulte ceci : en premier lieu, ces philosophes ignoraient profondément la nature de ce dont ils parlaient ; en deuxième lieu, ils regardaient le temps comme autre chose qu'une simple conception de rapports résultant de la comparaison de nos idées entre elles, et l'éternité comme autre chose que l'immutabilité des attributs de l'être ; enfin, en troisième lieu, le temps et l'éternité étaient, à leurs yeux, des réalités métaphysiques, puisqu'ils leur reconnaissaient tant d'attributs. Nous n'avons pas fait mention, dans notre rapide revue, de ceux qui font du temps un attribut de l'être absolu : il est évident que ceux-là donnent à cette catégorie le plus haut degré de réalité.

Toutes ces fausses manières d'envisager cet indéchiffrable concept, ne pouvaient qu'égarer les esprits. Nous avons tâché de secouer le joug des erreurs où elles les ont entraînés, en ramenant la notion du temps à ce qu'elle est en réalité, une pure conception logique de l'entendement, dont nous avons déterminé la nature autrement qu'on ne l'a fait jusqu'ici.

On nous dira peut-être que notre manière de voir revient à la théorie de Kant, qui regarde l'idée de temps comme une forme de notre intelligence, une pure nécessité subjective, ou comme un moule dans lequel nous sommes obligés de jeter toutes nos pensées. Il n'en est rien. Kant, à la suite de tous les philosophes, identifie, dans leur nature intime, le temps avec l'éternité ; tandis que nous distinguons soigneusement ces

deux idées, qui pour nous n'ont presque rien de
commun l'une avec l'autre. Or, si cette distinction est exacte et fondée, elle ruine la théorie du
philosophe allemand ; car, dans ce cas, il faudrait
admettre deux formes de l'intelligence, ou deux
moules différents, l'un pour le temps, l'autre pour
l'éternité. En réalité, nous n'avons pas plus besoin
d'une forme particulière pour ces deux notions
que pour toute autre ; la forme générale de l'entendement y suffit de reste. Bannissons tout attirail inutile.

§ 4. De l'antinomie relative au temps
et a l'éternité.

Nous avons expliqué ci-dessus comment il arrive que, relativement à l'idée de temps et d'éternité, la raison semble se trouver en opposition
avec elle-même, et nous avons promis de revenir
sur ce sujet. Nous sommes donc naturellement
amené à parler des antinomies, dont l'illustre
métaphysicien de Kœnigsberg s'est armé pour
battre en brèche la raison, et à nous en occuper
en ce qui touche à la question actuelle. Nous
allons, en conséquence, porter notre examen sur
la première de ces antinomies, mais seulement
au point de vue des idées de temps et d'éternité.
Rien ne sera plus propre, croyons-nous, à mettre
dans tout son jour la justesse de nos observations

à propos des fausses notions des métaphysiciens sur le temps : on va voir sur quelles idées vagues, obscures, confuses, mal définies, reposent les arguments antinomiques, dont nous allons faire la revue.

Thèse. — *Le monde a un commencement ; il est limité, quant au temps.*

Antithèse. — *Le monde n'a point de commencement ; il est infini, quant au temps.*

Preuve de la thèse. — « Si l'on suppose que le monde n'a aucun commencement, une éternité est donc écoulée à tout moment donné, et par conséquent une série infinie d'états successifs des choses dans le monde est aussi écoulée. Or l'infinité d'une série consiste précisément en ce qu'elle ne peut jamais être accomplie par une synthèse successive. Par conséquent, une série cosmique ne peut être infinie ; par conséquent, un commencement du monde est une condition nécessaire à son existence. »

Preuve de l'antithèse. — « Supposez que le monde ait un commencement : puisque le commencement est une existence précédée d'un temps dans lequel le monde n'était pas, un temps doit avoir précédé, dans lequel le monde n'était pas, c'est-à-dire un temps vide. Or rien ne peut commencer dans un temps vide, parce qu'aucune partie d'un pareil temps ne renferme en soi, plutôt qu'une autre, une condition distinctive de l'existence, de préférence à la condition de la non-existence (tout en supposant du reste que cette condition existe par elle-même ou par une autre cause). Plusieurs séries de choses peuvent donc bien commencer dans le monde, mais le monde lui-même ne peut avoir de commencement, et par conséquent est infini par rapport au temps passé [1]. »

Les deux raisonnements contenus dans la preuve de la thèse et de l'antithèse se fondent respectivement sur deux principes de raison également évidents : d'un côté, sur le principe qu'un nombre infini actuel est une conception contradictoire ; de l'autre, sur le principe de la raison suffisante. Ils aboutissent cependant à deux conclusions qui s'excluent réciproquement, et semblent ainsi mettre la raison en opposition avec elle-même. En présence d'un pareil résultat, il n'y a que trois partis à prendre : ou reconnaître l'impuissance de la raison ; ou tâcher de démontrer que, les principes sur lesquels se

---

[1] Ces deux démonstrations ne sont pas directes ou ostensives, mais indirectes ou apagogiques. On sait que ces dernières n'ont pas le même degré d'autorité et d'excellence que les premières, parce qu'elles ne font que convaincre l'esprit sans l'éclairer. Nous ne prétendons toutefois tirer aucun avantage de cette observation, suivant en cela l'exemple des géomètres, qui admettent la démonstration par l'absurde, toutes les fois que la démonstration directe est impossible.

fondent ces raisonnements étant vrais, les conséquences qu'on en tire sont fausses, par quelque vice caché de dialectique ; ou bien enfin montrer qu'on n'arrive à des conséquences contradictoires que parce qu'on raisonne sur des choses qu'on ne connaît pas, et que, croyant avoir affaire à des réalités, on n'a devant soi que des chimères.

Prendre le premier parti serait se lancer à corps perdu dans le scepticisme. Or le scepticisme est une doctrine de désespoir, puisque la conséquence logique en est le renoncement à toute recherche scientifique, et la conclusion un nihilisme absolu. «Le seul usage légitime qu'on puisse faire de son esprit, dit excellemment Bacon [1], est de travailler à convertir le doute en certitude, et non à révoquer en doute les choses plus certaines.» Se jette qui voudra dans ce gouffre de la négation à outrance, mais ce ne sera pas nous. Du reste, il nous semble que ce rôle d'Empédocle ne doit plus tenter personne aujourd'hui : l'espèce de renommée qui pouvait s'attacher dès le début à l'audacieuse nouveauté d'une pareille conception, a été depuis longtemps occupée, pour parler la langue des jurisconsultes, et nul ne saurait plus en jouir qu'à titre précaire.

Quant au second, il serait, croyons-nous, inutile de tenter un effort pour démontrer que les

---

[1] *De dign. et aug. sc.*, lib. 3, cap. IV.

conséquences sont mal déduites des prémisses :
ce n'est pas à l'extérieur de ces raisonnements
qu'il faut se prendre pour en montrer l'inanité,
mais aux termes mêmes qu'ils mettent en œuvre ;
sans cela ils nous opposeront toujours une barrière infranchissable. En procédant ainsi, nous
n'aurons même pas besoin d'essayer de la franchir, car nous pouvons espérer, à bon droit, que
ce rempart, qui paraît si solide, s'écroulera de
lui-même, comme tombèrent, au son des trompettes, les murs de Jéricho, sans donner aux
Juifs la peine de monter à l'assaut de la place.

Cette légitime espérance, les vues exposées
jusqu'ici nous permettent de la concevoir ; et
voilà pourquoi nous aurons recours au troisième
parti. En prenant cette résolution, nous n'attendons pas notre succès de l'intervention d'un miracle, mais d'un phénomène tout naturel, et
parfaitement conforme aux lois qui régissent le
monde. Une armée entière qui rencontrerait sur
son chemin un immense amas de glaces aussi
haut que le mont Blanc, serait invinciblement
arrêtée dans sa marche. Il ne faudrait pas songer
à forcer cette barrière, à travers laquelle la plus
formidable artillerie ne saurait ouvrir une brèche
capable de livrer passage. Mais si, par bonheur,
un brillant soleil venait épancher toute l'ardeur
de ses flammes sur ces blocs inabordables, on les
verrait bientôt se fondre, s'écouler, s'évaporer et

disparaître. Ainsi la redoutable barricade élevée par le philosophe allemand, doit, non pas s'écrouler sous la balistique d'un raisonnement quelconque, mais s'évanouir sous la douce et victorieuse influence des rayons de la vérité. Essayons de la faire luire.

Dans la preuve de la thèse, on débute par supposer que le monde n'a pas eu de commencement. Or un commencement, d'après la définition de ce terme donnée dans la preuve de l'antithèse, est une existence précédée d'un temps dans lequel la chose n'est pas. Mettons la définition à la place du défini, nous obtenons cette proposition : « Si l'on suppose que le monde a une existence non précédée d'un temps dans lequel il n'était pas. » Que conclure de là? La conclusion dépendra du sens donné au mot de temps. Si l'on entend par temps, comme nous le faisons, l'existence elle-même considérée dans la variété de ses phénomènes, la proposition n'offre aucun sens, est absolument inintelligible, et ne peut servir de base à aucune espèce de conclusion. Si l'on entend par temps une série de phénomènes, cette supposition est très claire en elle-même, et elle signifie que le monde a une existence qui n'a pas été précédée par une série de phénomènes, pendant laquelle il n'était pas. Mais qu'en pourrait-on déduire? Rien, à ce qu'il nous semble, que l'affirmation de la proposition elle-même. Or nous avons vu qu'on en tire une conclusion extraordinaire et tout à fait inattendue, à savoir : qu'une éternité est écoulée à tout moment donné. On passe donc brusquement de l'idée de temps à celle d'éternité, sans fournir la moindre raison de ce passage. Ces deux idées seraient-elles absolument identiques? Il n'y aurait plus, dans ce cas, de problème à résoudre : le monde, étant dans le temps, serait également dans l'éternité ; nous comprendrions parfaitement ce que cela veut dire, et comment cela peut être ; on serait tous d'accord, et chacun se retirerait satisfait. En sommes-nous là? Toute difficulté et toute dissidence ont-elles disparu? Hélas ! non. D'où cela vient-il, sinon de l'impossibilité de concilier le temps avec l'éternité? Ces deux termes ne signifient donc pas la même chose, et vous n'êtes pas fondé à prendre l'un pour l'autre, ni à conclure de ce qu'un temps en a précédé un autre, que ce premier temps est l'éternité.

Nous savons très bien ce qu'on va nous dire, et le voici : un temps supposant toujours un temps antérieur, nous sommes ainsi amenés à une série de temps sans fin, qui est ce que nous appelons l'éternité. Que vous appeliez cela l'éternité, c'est possible ; mais que ce soit là l'éternité, c'est ce que nous nions, et, qui plus est, c'est ce que vous niez vous-même, car vous reconnaissez avec nous que l'éternité ne saurait être la série infinie, c'est-à-dire la somme de tous les temps finis. En effet, vous allez nous dire tout à l'heure que l'infinité d'une série ne peut jamais être accomplie par une synthèse successive. Le temps n'est donc pas l'éternité ; et de ce qu'un temps a précédé un autre temps, vous ne sauriez conclure que l'antécédent soit l'éternité, et le conséquent le temps.

En bonne foi, que déduire de pareilles données? Rien que ce qu'on pourrait déduire d'une apparence de raisonnement, où l'on aurait entassé toute espèce de termes obscurs, incompréhensibles, contradictoires. Telle est, à nos yeux, la valeur de la conséquence finale, dans laquelle on affirme qu'un commencement est la condition nécessaire de l'existence du monde.

Passons maintenant à l'antithèse, c'est-à-dire d'un chaos dans un autre. « Supposez, nous dit-on, que le monde ait un commencement, ce commencement a été précédé d'un temps vide ». Acceptons la supposition, et, supposant aussi de notre part que nous comprenons ce que c'est qu'un temps vide, comme nous comprenons ce que c'est qu'un tonneau vide, nous aurons au moins le droit de demander comment il se fait qu'on appelle vide un temps, parce que le monde n'existe pas, alors que cependant l'être absolu existe sans doute, on nous l'accordera. Mais, nous dira-t-on, l'être absolu existe dans l'éternité, et le monde dans le temps. C'est-à-dire que vous faites à volonté du temps et de l'éternité deux choses distinctes ou une seule et même chose, au gré de votre caprice ou selon les besoins de votre cause. En changeant ainsi arbitrairement le sens des mots, il est impossible de jamais s'entendre, parce qu'il est impossible de bien raisonner. « Or, continue-t-on, rien ne peut commencer dans un temps vide, parce qu'aucune partie d'un pareil temps ne renferme en soi, plutôt qu'une autre, une condition distinctive de l'existence, de préférence à la condition de la non-existence ». Oui, sans doute, vous auriez raison si le temps était quelque chose en soi qui pût avoir des parties distinctes ; s'il concourait nécessairement, par une énergie propre, par quelque chose de réel qu'il possédât en lui-même, à la production de l'existence. Mais en est-il ainsi ? Si vous le croyez, prouvez-nous que vous êtes dans le vrai. On ne peut rien tirer d'un temps vide, dites-vous, Hé ! pourrait-on tirer quelque chose d'un temps plein ? Ce qui s'y trouve y est, mais on ne saurait en rien extraire de plus. Ainsi donc, que le temps soit plein ou vide, nous ne comprenons pas plus, dans un cas que dans l'autre, comment quelque chose peut commencer dans son sein. Mettre quelque chose dans le temps, ou tirer quelque chose du temps, plein ou vide, peu importe, est une de ces propositions vides de sens qu'on peut croire comprendre parce qu'on a l'intelligence des termes qui les composent, mais qu'en réalité l'on ne comprend nullement ; avec cette aggravation, dans le cas actuel, qu'il est un terme, celui de *temps*, dont on n'a qu'une fausse compréhension.

« Plusieurs séries de choses, ajoute-t-on, peuvent bien commencer dans le monde, mais le monde lui-même ne peut avoir aucun commencement ». Hé ! comment voulez-vous que des séries de choses aient pu commencer dans le monde, si le monde lui-même, qui n'est que l'ensemble de ces séries, n'a pu commencer ? Si vous niez quelque chose d'un tout, vous le niez de chacune de ses parties ; et si l'ensemble des séries n'a pu commencer, la même impossibilité atteint plusieurs ou une seule de ces séries. D'autre part, si une seule ou plusieurs de ces séries ont pu commencer, il n'est pas vrai que l'ensemble dont elles font partie ne l'ait pas pu. On voit si nous nous trompions en annonçant que nous allions passer d'un chaos dans un autre chaos.

Conclusion : « Le monde est infini par rapport au temps passé ».

En vérité, s'il ne s'agissait pas de matières aussi sérieuses, on serait tenté de s'écrier, avec le personnage de la comédie :

« Belle conclusion, et digne de l'exorde ! »

Ainsi la preuve de l'antithèse est aussi bien fondée que celle de la thèse, et les deux conséquences opposées qu'on en tire nous semblent d'une valeur égale, c'est-à-dire nulle.

Nous pourrions, à l'appui de ce jugement, qu'on qualifiera peut-être de sévère et qui ne nous paraît que juste, invoquer une opinion d'un grand poids, celle de l'auteur des antinomies : il reconnaît avec nous, ou, pour mieux dire, nous ne faisons que reconnaître après lui, que tous ces arguments ne prouvent absolument rien. Mais si nous sommes d'accord sur ce point, nous cessons de nous entendre sur la cause qui les dépouille de toute espèce de puissance et d'autorité : pour lui, c'est l'incompétence de la raison humaine ; pour nous, c'est la confusion, l'obscurité et la fausseté des notions mises en œuvre dans ces raisonnements. Pour bien raisonner, il faut opérer sur des jugements exacts; et pour que les jugements aient cette qualité, ils ne doivent porter que sur des idées parfaitement définies et parfaitement comprises. Or peut-on mettre dans cette catégorie les idées de temps et d'éternité, telles qu'elles se trouvent ordinairement dans l'esprit des hommes ? Pas le moins du monde, à notre avis. C'est là ce que nous avons tâché d'établir précédemment en nous efforçant en même temps de déterminer la nature véritable de ces deux objets, et les idées justes et dégagées de tout préjugé que nous devons nous en faire [1].

Si notre manière de voir est fondée, il en résulte, en dehors du but que nous poursuivons et auquel nous reviendrons tout à l'heure, une conséquence très heureuse : c'est que les antinomies de Kant ne prouvent rien contre la raison. Que si cette conclusion paraît trop étendue, nous pouvons du moins, en la restreignant, l'appliquer pour le moment à la première antinomie en ce qui a rapport à l'idée de temps et à celle d'éternité. Cette première victoire, si elle n'est pas imaginaire, a de quoi nous réjouir comme présage de futurs triomphes sur le même terrain.

§ 5. Réponses a quelques objections, et conclusion du chapitre.

La manière dont nous venons de déterminer la nature du temps donnera lieu sans doute à une foule d'objections. Ne pouvant ni les prévoir ni les prévenir toutes, nous nous bornerons à répondre aux suivantes, qui se présentent à notre esprit.

On nous dira peut-être que concevoir le temps

---

[1] Quant à la réponse catégorique à cette question : Le monde est-il fini ou infini dans le temps et dans l'espace ? nous la renvoyons au chapitre dans lequel nous aurons à nous occuper spécialement de la création.

à notre manière, ce n'est pas l'expliquer, mais l'anéantir. Nous répondrons à cette observation que, pour anéantir le temps, il faudrait qu'il fût quelque chose de réel ; mais, de l'avis de tous les philosophes, du moins en théorie, il n'a pas d'existence métaphysique ; il n'a donc que la pure existence logique, qu'il tient de notre pensée s'appliquant aux phénomènes. Supprimez les phénomènes, supprimez l'intelligence qui les connaît, vous supprimerez le temps du même coup. Or, dans notre manière de voir, nous ne nous attaquons pas à l'existence des manifestations, nous ne détruisons pas la connaissance que nous en avons ; nous ne détruisons donc pas le temps. Que faisons-nous ? Nous considérons, à un autre point de vue qu'on ne le fait d'habitude, les rapports de ces manifestations ; et ce nouveau point de vue nous semble plus juste et bien préférable, ne serait-ce que parce qu'il lève une foule de difficultés insolubles dans tout autre. Dans la manière de concevoir ordinaire, on classe les phénomènes, on les subordonne les uns aux autres, au point de vue abstrait de l'ordre, comme premier, deuxième, troisième, etc.; c'est-à-dire qu'au lieu de considérer l'idée abstraite de nombre appliquée à ces faits comme une synthèse achevée, on la construit de cette manière : on observe que deux est engendré par l'unité ajoutée à l'unité, et le rapport entre ces deux unités constitue l'idée de premier et de second. On accomplit la même opération sur le nombre deux augmenté d'une unité, et ainsi de suite, en s'imaginant, à chaque pas en avant, que l'idée précédemment aperçue cesse d'être absolument, parce qu'on ne la voit plus avec la même distinction, tandis que, dans la réalité, elle ne cesse d'être qu'en acte. C'est l'idée généralisée de ces diverses opérations qui constitue la notion commune du temps. Nous, au contraire, nous classons et coordonnons les phénomènes les uns avec les autres, au point de vue réel de leur clarté et de leur obscurité, les uns comme actuels, les autres comme virtuels, mais tous comme présents, quoique avec un caractère différent. L'idée de temps ordinaire est donc une notion abstraite, et la nôtre une notion concrète. Nous croyons d'autant plus être dans le vrai, que ceux mêmes qui voudraient nous combattre sont obligés de reconnaître la simultanéité des phénomènes, puisqu'ils admettent des rapports entre eux; car si les phénomènes qu'ils appellent passés avaient cessé d'exister, quelle espèce de rapports, nous le demandons, pourraient-ils soutenir avec ceux qu'ils appellent présents? Ce qui n'est pas ne peut être en rapport avec rien. Les faits qu'ils qualifient de passés ne sont donc, pour eux comme pour nous, que des faits en puissance. Seulement, eux les croient anéantis (suprême inconséquence!); nous, au contraire, nous croyons qu'ils existent toujours. Ainsi donc, à notre sens, tout coexiste, rien ne passe, rien n'est anéanti ; comme aussi rien ne commence à être. Voilà qui nous conduit naturellement à une seconde objection.

Celle-ci ne s'adresse pas directement à notre manière de voir, mais aux conséquences qu'on peut en tirer, et se résume en ces quelques mots : si le monde n'a pas commencé, il est donc éternel ; dès lors, plus de distinction entre le contingent et le nécessaire, le relatif et l'absolu ; et nous retombons en plein dans le panthéisme. Nous reviendrons plus loin sur cette difficulté, lorsque nous nous occuperons de la création, et nous y répondrons avec détail. Contentons-nous, pour le moment, d'indiquer le principe de la réponse que nous avons à y faire. Ce principe, nous le trouvons dans l'opinion si remarquable du grand Leibnitz, que la création n'a pas rapport au temps, mais à la dépendance.

Revenons maintenant au fond même de notre sujet, en tournant nos regards vers le but que nous poursuivons, à savoir : la conciliation entre l'existence de l'être relatif et contingent, d'une part, et celle de l'être absolu et nécessaire, d'autre part.

On comprend très bien que cette conciliation est à tout jamais impossible, si l'on s'obstine à considérer le temps et l'éternité au point de vue dont nous avons tâché de démontrer la fausseté. Comment concevoir en effet une existence dans le temps en concurrence avec une existence dans l'éternité? La première sera-t-elle dans la seconde, ou hors de la seconde? Il y a autant de difficulté, ou plutôt d'impossibilité à concevoir l'une que l'autre de ces deux hypothèses. Dans notre système, au contraire, tout s'explique et se conçoit le plus aisément du monde. Et ce n'est pas là encore, répétons-le, la seule énigme dont il nous offre la solution facile; nous verrons qu'il peut nous rendre le même service à propos de plusieurs questions tout aussi ardues. Nous pouvons même ajouter qu'il n'est aucun des grands problèmes agités par la philosophie qu'il n'illumine d'une vive clarté. C'est là, ce nous semble, une considération qui milite puissamment en sa faveur, ou qui, tout au moins, exige qu'avant de le repousser absolument, on l'examine avec la plus sérieuse attention.

CHAPITRE VII.

DE L'ÉTENDUE ET DE L'ESPACE.

§ 1ᵉʳ. Considérations générales.

A peine sorti, avec plus ou moins de bonheur, des graves difficultés dont est hérissée de toutes parts la question du temps et de l'éternité, nous allons retomber encore dans les obscurs défilés d'un labyrinthe non moins inextricable. Tel, après avoir échappé à la tempête, le navigateur songe à regagner la haute mer :

> « Il radoube aussitôt son vaisseau maltraité,
> Et le monte, pour fuir l'affreuse pauvreté [1]. »

Qu'est l'espace en soi ? Quelle idée en avons-nous ? Quelle idée faut-il nous en former ? Ce sont là des questions qu'on s'est bien souvent posées, sans que les réponses aient jamais paru pleinement satisfaisantes. Il est cependant un point sur lequel tout le monde s'accorde, c'est

---

[1] Mox reficit rates
Quassas, indocilis pauperiem pati. (Horace.)

que l'espace n'est pas une réalité métaphysique ; et pourtant nous pourrions reprocher à certains philosophes, à propos de l'espace, comme nous l'avons fait à propos du temps, de lui avoir donné une espèce de réalité, et de ne l'avoir pas assez exclusivement considéré, dans leurs raisonnements, comme une pure idée de relation. Nous pourrions également leur reprocher de n'avoir pas suffisamment distingué l'étendue de l'espace, et d'avoir été entraînés dans plus d'une erreur par suite de cette confusion. C'est ce qu'il faut essayer de mettre en lumière.

Nous avons vu ci-dessus quelle notion vague et mal définie les hommes ont du temps ; or l'idée qu'ils se font de l'espace ne nous paraît avoir, ni plus d'exactitude ni plus de distinction. Une des causes de cette confusion multiple, et des erreurs qui en sont la suite, nous semble résider dans diverses associations d'idées arbitraires et nullement logiques : soit, d'une part, entre le temps et l'espace ; soit, d'autre part, entre le temps au sens actif et le temps au sens passif, et entre l'étendue et l'espace. Comme exemple des premières, nous pouvons citer l'attribution que nous faisons au temps d'une dimension en longueur, et l'application de l'idée d'antériorité et de postériorité à l'espace ; comme exemple des secondes, nous avons vu ci-dessus l'idée de succession faussement appliquée à la durée, qui n'est que la permanence, et l'idée de durée faussement appliquée à la succession, qui n'est que la modification du caractère des phénomènes. De même, dans le sujet qui nous occupe actuellement, nous verrons qu'on a, bien à tort selon nous, appliqué à l'espace ce qui ne convient qu'à l'étendue, en disant, par exemple, que l'espace a trois dimensions. Efforçons-nous donc de déterminer, aussi nettement qu'il nous sera donné de le faire, ce qu'est l'étendue, ce qu'est l'espace.

§ 2. Distinction entre l'étendue et l'espace.

Si le moi restait toujours enfermé en lui-même, il n'aurait jamais l'idée d'étendue ni celle d'espace. C'est donc par sa communication avec le monde externe que ces deux idées font leur apparition en lui. Il se connaît comme une force ou une activité intelligente et sensible ; et quand il entre en rapport avec l'extérieur, il s'aperçoit qu'il y a d'autres énergies que la sienne propre, par la résistance qu'elles lui opposent. Cette résistance n'est pas une pour lui, mais bien multiple ; et voici comment, à ce qu'il nous semble, il arrive à la connaissance de cette multiplicité. Il a une conscience très nette de son unité, et il conçoit clairement que ce caractère d'unité est inhérent à la force, dont la notion exclut toute idée de composition. Mais l'unité implique l'unité d'action; or il sent que l'énergie qui réagit à l'encontre de la sienne ne s'exerce pas sous un seul et même rapport, ou, autrement dit, en un seul sens, et que dès lors cette diversité d'action simultanée ne peut procéder d'une même force. En effet, une force identique, en vertu de son unité, ne saurait avoir qu'une seule tendance, et ne se déployer que dans une seule direction; ou, pour parler plus juste, n'avoir qu'une tendance ou une direction dominante, c'est-à-dire actuelle. C'est une vérité que le moi connaît très bien par l'expérience de son énergie personnelle, car il sait qu'il y a diverses tendances variables de son activité, mais qu'une seule est efficace à un moment donné; ce qui revient à dire qu'elles existent toutes en puissance, sauf une qui est en acte. Seulement il conçoit cette détermination comme dépendant en grande partie de sa volonté libre; et dans le monde externe, comme soumise à des lois fatales invariables. Il faut donc que ce soient des forces distinctes et multiples agissant simultanément et se dirigeant chacune vers un but propre, ou avec un rapport différent, qui font sentir leur influence à son activité toujours une. De là, l'idée d'un double rapport de ces forces à la sienne, et de ces forces diverses entre elles; d'où naît pour lui l'idée d'étendue. Et remarquez bien que ce n'est pas seulement l'existence simultanée de plusieurs forces, mais bien leurs rapports qui constituent l'étendue : des myriades de forces qui n'agiraient pas les unes sur les autres n'engendreraient jamais une telle idée. Elle n'est donc, on le voit, qu'une notion de rapport. Ceci demande quelques développements.

Puisque l'idée d'étendue nous est fournie par le monde externe, au moyen de la communication qui s'établit entre les corps et le moi par le canal des sens, et spécialement par l'exercice actif du sens du tact, il faut nous rendre compte, le plus clairement qu'il nous sera possible, de la manière dont le moi exerce le pouvoir qu'il a sur ses organes, pouvoir dont l'existence est pour nous un fait des plus certains et dont la réalité nous est attestée par une expérience de tous les instants. Nous voici donc arrivés en présence d'une question dont la solution a paru aux philosophes de la plus grande difficulté : celle de l'union de l'âme et du corps.

Est-ce une illusion de notre part? Il nous semble qu'ici toute la difficulté provient, non pas de la nature du sujet, mais des idées préconçues avec lesquelles on l'a abordé. Les Cartésiens, égarés par leur fausse définition de la substance, n'admettaient aucune communication possible entre la substance pensante et la substance étendue; nous le comprenons. Leibnitz, après avoir admirablement corrigé cette fausse définition, en y introduisant l'idée de force, a perdu tout le fruit de ce retour à la vérité, par poser comme un principe évident que les monades n'ont aucune action les unes sur les autres, alors que l'expérience et la raison semblaient l'inviter à proclamer le contraire. Quant à ceux dont l'esprit n'est pas obsédé par de telles préoccupations, ils cèdent, sans s'en apercevoir, à d'autres préjugés, qui ont pour effet de jeter un voile épais entre eux et la vérité. Les hommes demandent souvent qu'on leur explique ce qu'ils comprennent et croient ne pas comprendre, par ce qu'ils ne comprennent pas et croient comprendre. Ils veulent qu'on leur rende raison des phénomènes du moi, qu'ils connaissent d'une manière intime et directe, par les phénomènes extérieurs, qu'ils ne connaissent que d'une manière extrinsèque et indirecte, et qu'ils pensent néanmoins mieux comprendre que les premiers. C'est ainsi, par exemple, qu'ils s'imaginent saisir avec une lucidité parfaite pourquoi et comment un corps en mouvement communique, par son impulsion, le mouvement à un autre corps en repos. L'expérience leur montrant à chaque instant la production de ce phénomène, il semble ne leur offrir plus rien d'étonnant, et ils croient en posséder la pleine intelligence : l'impulsion devient par là, pour eux, la cause et l'explication d'un mouvement qu'elle n'explique pas du tout, à notre avis. Dès lors, s'agit-il de se rendre compte comment nous mouvons notre corps, ils ont tout de suite recours à cette idée de l'impulsion. Mais alors la difficulté commence : on comprend qu'un corps heurte un autre corps ; mais comment un esprit pourra-t-il heurter un corps ? Comment ce qui est immatériel, et à ce titre n'occupe aucune portion de l'espace, pourra-t-il être en contact avec ce qui est matériel, et par conséquent occupe une portion de l'espace ? En vain, pour aplanir cette difficulté, voudra-t-on nier l'immatérialité de l'esprit : si ce n'est pas l'esprit immatériel qui meut le corps, le mouvement n'en existe pas moins, qu'on le prenne dans le corps ou dans l'esprit lui-même, et la difficulté d'un moteur, pour être reculée, n'en reste pas moins debout tout entière. L'impulsion n'explique donc pas plus l'action de l'esprit sur le corps que celle d'un corps sur un autre corps.

Il semble cependant qu'un fait qui se passe au dedans de nous, et dont nous sommes les témoins continuels, devrait nous être mieux connu que quoi que ce soit. Assurément il en sera ainsi, du moment que nous consentirons à nous renfermer dans l'observation intime, sans aller mendier au-dehors des analogies trompeuses dans ce qui se passe en des substances dont les conditions sont tout autres que celles de la réalité interne appelée le moi. Laissons donc de côté ces idées malheureuses de contact et d'impulsion, pour n'interroger que les faits tels qu'ils nous sont fournis par la conscience.

Si l'on nous demandait : Qu'est-ce que la volonté ? Nous répondrions : c'est ce que vous savez aussi bien que nous. Car répondre que la volonté est la faculté de se déterminer, de choisir, d'être cause, ou toute autre expression analogue, c'est répondre au fond que la volonté est la volonté, ou ce que chacun sait. Dans l'exercice de cette faculté, le moi ne sort pas de lui-même. Aussi, la volonté n'est-elle pas l'acte volontaire, elle n'en est que l'origine ; pour passer du premier phénomène au second, il faut l'intervention ou le déploiement de cette sorte d'activité que nous appelons l'effort. Confondons-nous l'effort avec la volonté? Pas le moins du monde. Je veux remuer mon bras, et je le veux de toute l'énergie de ma volonté ; mon bras ne bouge pas, pourvu que je m'en tienne à la volonté toute pure. Mais si à cette volonté toute pure, impuissante pour l'action tant qu'elle est seule, j'ajoute l'effort musculaire, aussitôt le mouvement voulu s'exécute. La volonté engendre donc l'effort musculaire, et l'effort musculaire agit sur le corps. Si l'on nous demande maintenant : Qu'est-ce que cet effort ? Nous répondrons, comme pour la volonté : c'est-ce que vous savez; c'est ce dont vous avez une conscience claire, nette, distincte et entière. Et de quoi, insistera-t-on, avons-nous cette sorte de conscience ? Le voici : c'est que notre effort est l'acte ou la mise en œuvre d'une force en opposition avec une autre force. Qu'y a-t-il là, nous le demandons, de si difficile à comprendre, et qui nous oblige à recourir, soit à l'intervention divine, soit à deux mécanismes fonctionnant avec un accord merveilleux, soit à une assimilation quelconque avec un phénomène du monde externe, dont nous ne comprenons pas le premier mot ? Un pareil recours n'est-il pas en effet, comme nous venons de le dire, une tentative malheureuse d'expliquer ce que nous comprenons distinctement, par ce que nous ne comprenons pas du tout ?

Un résultat bien remarquable de ces observations et tout à fait digne d'être signalé en passant, c'est que, bien loin de trouver l'explication de l'influence réciproque de l'âme sur le corps et du corps sur l'âme dans l'impulsion physique, c'est la connaissance de cette influence qui doit nous faire comprendre les effets de cette impulsion, c'est-à-dire la transmission du mouvement d'un corps dans un autre.

Ainsi donc, l'étendue est constituée par les divers rapports des forces extérieures entre elles, et nous en acquérons l'idée par la relation établie entre ces forces et la nôtre. On voit par là que cette notion est une donnée de l'expérience. Ce caractère expérimental est important à remarquer, parce qu'il va concourir, avec bien d'autres considérations, à nous faire distinguer cette idée d'une autre, avec laquelle on l'a souvent confondue, à savoir : celle d'espace.

L'étendue, avons-nous dit, n'est pas l'espace : en effet, en premier lieu, l'étendue est un rapport entre des forces multiples ; or l'idée d'espace en soi ne réveille dans notre esprit, ni la notion de force, ni celle de multiplicité, ni celle de rapport. En deuxième lieu, nous affirmons que l'étendue est dans l'espace, puisque nous ne pouvons concevoir un corps, c'est-à-dire un solide étendu, que dans l'espace. Nous établissons donc, dans notre pensée, une distinction bien nette entre ces deux idées. Il ne faudrait pas cependant prendre cette assertion, que les corps sont dans l'espace, au pied de la lettre, et dans un sens tout à fait réel et métaphysique : nous verrons effectivement qu'elle n'est que l'affirmation du lien logique qui unit dans notre intelligence la notion de l'existence réelle avec celle de l'existence possible de l'étendue. Et ce qui prouve la vérité de cette observation, c'est qu'on pourrait aussi bien, sans choquer le sens commun, dire : l'espace est dans les corps, que dire : les corps sont dans l'espace. On sent bien en effet que les corps ne sont pas dans l'espace, comme le contenu est dans le contenant : entre ces deux réalités, contenant et contenu, il y a exclusion réciproque : l'une n'est pas et ne peut pas être là où est l'autre, l'une sert simplement de limite à l'autre ; cette incompatibilité n'existe pas entre le corps et l'espace, et loin de s'exclure réciproquement, ils se mêlent, ils se confondent, et pour ainsi dire ne font qu'un. En troisième lieu, nous acquérons la connaissance de l'étendue par l'expérience ; tandis qu'aucune faculté expérimentale ne saurait nous procurer la notion d'espace, puisque l'espace, par sa nature, ne peut donner prise à aucune faculté de cette espèce. Comment donc cette idée fait-elle en nous son apparition ? C'est ce que nous allons rechercher.

La connaissance du rapport des forces entre elles, ou de l'étendue, résulte pour nous de la manifestation d'une réalité ; et cette manifestation nous donne, en vertu de notre constitution physique et intellectuelle, la certitude absolue de l'existence de son objet : il serait puéril, croyons-nous, de le nier. On peut bien sans doute distinguer plusieurs espèces de certitudes, en se plaçant au point de vue de la source dont elles émanent, et de la manière de les acquérir ; mais, intrinsèquement et au fond, il n'y en a qu'une seule et unique, dont le caractère d'absolu, qui lui est propre, ne laisse place à aucune distinction quant à son degré : toute certitude est égale à une autre, c'est-à-dire à elle-même. Il faudrait donc, pour nier une certitude quelconque, nier la certitude en général, et se jeter dans l'absurdité d'un scepticisme à outrance.

Mais la certitude de l'existence d'un être ou d'un rapport en entraîne nécessairement une autre avec elle, à savoir : celle de la possibilité de cette existence ; et celle-ci n'a plus le caractère de contingence qui appartient à la première. Il est évident qu'un être ou qu'un rapport révélé par une faculté empirique est contingent, mais non la possibilité de son existence ; cette possibilité est nécessaire comme découlant de la faculté rationnelle, qui nous fait concevoir comme possible tout ce qui n'implique pas contradiction. Toute possibilité possède donc, en tant que possibilité, un caractère de nécessité logique, et comme telle est absolue et ne comporte aucune restriction d'aucune sorte. C'est cette possibilité, conçue par notre intelligence, qui constitue la notion d'espace. De là, tous les caractères que nous reconnaissons à l'espace : il est un, sans limites, nécessaire, immuable, incréé, indestructible ; le tout logiquement parlant, car il n'est rien au point de vue métaphysique. Aussi peut-on anéantir les corps par la pensée, mais non l'espace qui les contient ; car on ne saurait anéantir une possibilité, ainsi que nous l'avons démontré ci-dessus.

L'espace, dit-on, contient les corps ; mais, après les explications que nous venons d'exposer, on doit bien comprendre en quel sens cette proposition est vraie : elle signifie qu'il y a un rapport logique entre l'espace et les corps. L'espace contient donc les corps comme le possible contient le réel, c'est-à-dire que le possible est la condition de l'existence de la réalité, puisqu'en dehors du possible il ne saurait rien exister. En conséquence, dire que l'espace contient les corps, c'est énoncer une vérité logique et non métaphysique.

Ainsi donc, en résumé, l'étendue est un rapport réellement existant ; l'espace est la possibilité de l'existence de ce rapport.

Qu'on nous permette, en terminant ce paragraphe, de montrer en peu de mots comment notre manière de concevoir l'étendue et l'espace peut servir à résoudre certaines difficultés inexplicables, naissant de la manière ordinaire de les envisager. Cet exemple, parmi tant d'autres que nous pourrions invoquer, formera une forte présomption en faveur de la justesse de nos vues, en même temps qu'il servira de réfutation à une des antinomies de Kant.

L'espace est, nous dit-on, divisible à l'infini. L'étendue ou la matière, ce qui pour nous revient au même, l'est-elle également ? Si l'on admet l'affirmative, on se trouve en présence d'un composé divisible à l'infini, et qui n'a par conséquent aucun élément simple qui le compose, et par suite n'est plus un composé. De plus (bizarrerie étrange !), ce quelque chose, qui n'est ni composé ni simple, occupe une portion de l'espace conçu comme uniquement destiné à contenir tout composé. Si l'on adopte au contraire la négative, on n'y gagne rien ; on ne fait que tomber de Charybde en Scylla. Arrivé à l'extrême limite de la décomposition de la matière, qu'a-t-on devant soi ? Assurément un élément matériel, occupant certes en cette qualité une certaine parcelle de l'espace, mais cependant parfaitement indivisible, quoique l'espace qui le contient soit encore et toujours susceptible de division, et se prête par conséquent à toute une série de morcellements successifs de la matière, et cela dans la limite de sa propre nature, c'est-à-dire à l'infini. Ce point d'arrêt dans la division de l'agrégat matériel n'est-il pas absolument incompréhensible ? Ainsi donc, dans un cas comme dans l'autre, on aboutit à des conceptions absurdes tout à fait inintelligibles. On ne saurait nous accuser de nous livrer à des suppositions gratuites : c'est malheureusement de l'histoire que nous écrivons.

Maintenant laissons de côté toutes ces fausses idées communes pour ne voir dans l'étendue que ce qu'elle est réellement, c'est-à-dire un rapport de forces, et dans l'espace que la conception de la possibilité de ce rapport; tout va s'éclaircir. La matière est divisible, non plus à l'infini, mais jusqu'au moment où, toutes les forces étant séparées, il n'en reste plus qu'une isolée, qui n'est plus en rapport avec aucune autre, mais seulement avec elle-même. Nous nous trouvons alors en présence du véritable élément de l'étendue, qui lui-même n'a pas d'étendue, puisqu'il ne soutient aucun rapport avec aucun autre, et que l'étendue n'est autre chose qu'un rapport. On ne peut pas dire non plus qu'il soit dans l'espace, puisque l'espace n'est que la possibilité d'un rapport, lequel n'existe pas et ne saurait exister dans ce cas, tout rapport exigeant au moins deux termes, et un seul se trouvant alors devant nous.

Ainsi nous semble tranchée, ou plutôt heureusement dénouée la fameuse question de la divisibilité ou non-divisibilité de la matière à l'infini, source de tant d'altercations et de débats.

Encore une simple observation, avant d'en finir sur ce point. Qu'est la matière ? Elle est un solide étendu. Cet énoncé embrasse ce qu'on appelle ses qualités premières. Cependant certains philosophes ont voulu les ramener à une seule : la solidité. Notre système leur en offre les moyens et prouve en même temps la vérité de leur manière de voir. La matière n'est, à nos yeux, autre chose que des forces en relation réciproque, et c'est cette relation qui en constitue ensemble et du même coup l'étendue, la résistance et de plus le mouvement, que nous regardons comme un des attributs inhérents à sa nature. C'est ainsi que découle naturellement de cette idée mère la notion complète des corps dans tout ce qu'ils ont de fondamental, d'invariable et de vraiment essentiel.

§ 3. Antinomie relative a l'étendue et a l'espace.

La définition du sens qu'il convient d'attacher à ces termes d'espace et d'étendue doit nous permettre, à ce qu'il nous semble, de résoudre toutes les difficultés auxquelles ont donné naissance les notions fausses ou tout au moins vagues et confuses qu'on s'en fait généralement.

Revenons à la première antinomie de Kant, pour l'examiner dans sa seconde partie relative à l'idée d'espace. Nous y verrons qu'on a contradictoirement soutenu, en se fondant sur des principes de raison, d'une part que le monde est limité, et d'autre part qu'il est infini dans l'espace.

Thèse. — *Le monde est limité quant à l'espace.*

Antithèse. — *Le monde est infini quant à l'espace.*

Preuve de la thèse. — « Si nous supposons que le monde n'a pas de limite, alors le monde sera un tout infini donné de choses simultanément existantes. Or nous ne pouvons concevoir la grandeur d'une quantité qui n'est pas donnée en intuition dans de certaines limites, d'aucune autre manière que par la synthèse des parties, ni la totalité d'un tel *quantum*, que par la synthèse complète ou par l'addition répétée de l'unité à elle-même. Pour concevoir le monde comme un tout qui remplisse l'espace entier, la synthèse successive des parties d'un monde infini devrait être considérée comme complète, c'est-à-dire qu'un temps infini devrait être conçu dans l'énumération de toutes les choses coexistantes comme écoulé, ce qui est impossible. Un agrégat infini de choses réelles ne peut donc être considéré comme un tout donné, par conséquent pas non plus comme donné en *même temps*. Donc le monde, quant à son étendue dans l'espace, n'est pas infini, mais au contraire renfermé dans ses bornes. »

Preuve de l'antithèse. — « Supposons que le monde est limité : il se trouve alors dans un espace vide qui n'a point de bornes. Il n'y aurait par conséquent pas seulement rapport des choses *dans l'espace*, mais aussi des choses *à l'espace*. Mais comme le monde est un tout absolu, hors duquel il n'y a pas d'objet d'intuition, et par conséquent pas de corrélatif au monde, avec lequel le monde soit en rapport, alors le rapport du monde à l'espace vide serait un rapport du monde à *aucun objet*. Mais un tel rapport, par conséquent la limitation du monde par l'espace vide, n'est rien. Le monde n'est donc point limité quant à l'espace ; c'est-à-dire qu'il est infini en étendue. »

Portons d'abord notre attention sur les deux

énoncés de la thèse et de l'antithèse. Ils nous semblent à peu près inintelligibles, à cause du manque de précision et de clarté des termes qu'ils contiennent ; si bien qu'on peut, selon les différents sens qu'on voudra leur attribuer, considérer tour à tour ces deux propositions comme vraies ou fausses. *Le monde est limité quant à l'espace,* nous dit la thèse. Et d'abord qu'entendez-vous par le monde ? Sans doute l'ensemble des choses créées ; il faudrait nous apprendre si vous nous parlez du monde considéré en acte ou en puissance, précaution à laquelle un métaphysicien aussi profond, sinon aussi exact, que vous l'êtes, vous surtout, philosophe essentiellement critique, n'eût pas dû manquer ; car on pourrait répondre oui dans un cas, et non dans l'autre. Et puis qu'entendez-vous par l'espace ? Est-ce l'étendue, ou, autrement dit, les rapports entre elles des forces dont l'ensemble constitue le monde ? ou bien est-ce la possibilité de l'existence de ces rapports ? On sent bien, en effet, que la solution pourra varier, selon qu'on entendra ce terme dans un sens ou dans l'autre, sans qu'on puisse accuser celui qui la donnera de se contredire. Les mêmes observations s'appliquent avec la même justesse aux termes de l'antithèse. En sorte qu'on peut dire sans hésiter que nous ne savons pas au juste ce qu'on affirme, soit dans la thèse, soit dans l'antithèse ; et que nous sommes en conséquence dans l'impossibilité de nous prononcer sur la vérité ou la fausseté de l'une ou de l'autre de ces deux affirmations.

Telles sont les données dont on part pour se livrer à une discussion qui doit conduire, soit à l'affirmative, soit à la négative. Faudra-t-il dès lors s'étonner qu'on aboutisse à deux conclusions contradictoires? et y a-t-il là un motif légitime de mettre la raison humaine en suspicion?

Passons aux raisonnements à l'aide desquels on prétend prouver le oui et le non.

Toute l'argumentation à l'appui de la thèse repose sur l'impossibilité d'une synthèse successive complète des parties d'un monde infini. Supposons-la bien fondée, il en résultera uniquement que nous ne saurions connaître l'infinité du monde, et pas du tout que cette infinité ne soit pas réelle. En second lieu, pour que le raisonnement fût inattaquable, il faudrait que les termes qu'il contient, eussent un sens clair bien déterminé et tout à fait incontestable ; or il est bien certain que, si l'on considère le temps comme une succession de phénomènes, et l'espace comme quelque chose qui peut se remplir, à l'instar d'un immense bassin, une telle synthèse est impossible. Mais est-ce bien là la véritable idée du temps et de l'espace? C'est ce que nous nions formellement ; et si notre opinion est fondée, l'argumentation de la thèse, ébranlée dans sa base, ne peut plus se tenir debout, jusqu'à ce qu'on ait rétabli la solidité de ses fondements. Il n'y a donc pas de conclusion à tirer de pareilles prémisses, dépouillées de toutes les conditions exigées en pareille circonstance.

Voyons maintenant si nous trouverons un terrain plus ferme et plus résistant dans la preuve de l'antithèse. Ici, toujours même indétermination dans le sens du mot *monde*; et c'est ce monde indéterminé qu'on doit, dans l'hypothèse de sa limitation, supposer placé *dans un espace vide qui n'a point de bornes*. Mais comme un espace vide n'est **rien**, le monde serait en rapport avec *rien*; ce qui est absurde. D'où l'on conclut qu'il n'a point de limite, quant à l'espace. Que l'on eût conclu que le monde n'a point de limite quant à l'étendue, cela pourrait se concevoir; mais quant à l'espace, voilà qui est tout à fait incompréhensible, surtout après qu'on vient de nous déclarer catégoriquement que l'espace n'est rien. Oserait-on dire que le monde n'a point de limite, quant au néant? et si on l'osait, qu'est-ce que ces mots pourraient bien signifier? Il est vrai qu'on ajoute : *c'est-à-dire qu'il est infini en étendue*. Mais comme l'espace n'est que la possibilité de l'étendue, c'est là conclure du possible au réel. La preuve de l'antithèse n'est donc ni mieux assise ni plus solide que celle de la thèse, parce que le raisonnement destiné à l'établir ne porte que sur des idées vagues, confuses, mal définies.

Le reproche que nous avons adressé plus haut aux philosophes, n'est-il pas ici pleinement justifié? N'est-il pas évident qu'il y a en tout ceci une confusion perpétuelle entre l'étendue et l'espace, c'est-à-dire entre une idée empirique et relative, d'une part, et une idée nécessaire et absolue, d'autre part? N'est-il pas évident aussi qu'on y considère l'espace, en dépit de toute déclaration contraire, comme quelque chose de réel, qu'on vide ou qu'on remplit, qui soutient ou ne soutient pas des rapports avec d'autres choses, et qui par conséquent possède une certaine manière d'être? C'est donc ce défaut de netteté, et même de toute vérité dans les termes, qui permet de conclure en deux sens opposés, et l'on ne saurait argüer en rien de ces conclusions contradictoires contre la raison.

Nous pourrions, en conséquence, répéter ici ce que nous avons déjà dit ci-dessus, à savoir : que cette terrible machine de guerre qu'on nomme les antinomies de Kant, ou tout au moins celle de ces antinomies que ce philosophe a fondée sur les idées de temps et d'espace, n'ouvre aucune brèche dans la citadelle de la raison humaine, qu'elle menaçait de démanteler. Et si nous ne nous faisons illusion, nous pouvons nous féliciter de cette seconde victoire, comme nous nous sommes réjoui de la première.

§ 4. Conclusion résultant des paragraphes précédents.

Hé bien ! nous dira-t-on, nous vous écoutons maintenant : dites-nous, à votre tour, si, au point de vue du temps et de l'espace, le monde est fini ou infini ; car il faut bien qu'il soit l'un ou l'autre. Il serait trop commode de se contenter de démolir, sans rien mettre à la place de ce qu'on détruit.

Nous n'avons jamais songé à nous soustraire à cette obligation, quelque lourd fardeau qu'elle impose, et l'on doit nous rendre cette justice que, s'il est un reproche à nous adresser, ce n'est certes pas celui de fuir lâchement devant les questions les plus formidables. Se dérober devant un ennemi n'est pas le moyen de le réduire. Oui, si nous avons péché, c'est, jusqu'à présent, et peut-être pécherons-nous encore dans la suite, plutôt par excès d'audace que par excès de timidité. Seulement nous demandons au lecteur de nous permettre de différer notre réponse à l'alternative que nous venons de poser, jusqu'au moment où nous aurons à nous occuper de la question de la création : c'est alors que nous nous expliquerons en détail sur des difficultés dont l'examen ne ferait ici qu'interrompre hors de propos notre discussion.

En attendant, nous pouvons tirer la conclusion qui découle naturellement de tout ce que nous venons d'exposer. Si nous sommes dans le vrai, si l'étendue n'est qu'un rapport entre les forces élémentaires composant cet ensemble qu'on appelle le monde, et si ce qu'on nomme l'espace n'est autre chose que la conception de la possibilité de ce rapport, toutes les difficultés qu'on s'est faites sur un monde fini existant dans un espace infini, disparaissent comme par enchantement, et l'on s'aperçoit que ce ne sont plus là que des fantômes qui ont puisé leur existence imaginaire dans de fausses idées. Il ne s'agirait donc plus ici de conciliation entre le relatif et l'absolu, et cette question, qui a si longtemps tourmenté les philosophes désespérant de la résoudre, devrait être rayée du nombre de celles qui ont le droit de les occuper, comme on raye, au palais, du rôle des affaires, les causes dans lesquelles est intervenu un accommodement entre les parties.

L'importance et la beauté de ce résultat sont bien faites pour nous charmer, mais malheureusement aussi pour nous inspirer quelques doutes sur sa solidité. Les rêves trop séduisants jettent toujours dans le cœur une certaine défiance, et l'on se demande, avec inquiétude, si un funeste réveil ne va pas les démentir. Heureusement, d'un autre côté, que les raisons apportées à l'appui de nos idées ne sont pas, nous le croyons du moins, de la nature de celles dont on se paye dans un rêve. Puisse-t-il en être bien ainsi !

CHAPITRE VIII.

DE LA LIBERTÉ HUMAINE ET DE LA PRESCIENCE DIVINE.

§ Ier. DE LA LIBERTÉ EN GÉNÉRAL.

Parmi toutes les questions agitées en philosophie, il n'en est peut-être pas qui ait fait dépenser plus de paroles et verser plus de flots d'encre que celle de la liberté morale de l'homme, ou du libre arbitre. Trop heureux encore les champions des diverses doctrines, quand l'ardeur de la discussion ne dégénérait pas chez eux en une fureur persécutrice jusqu'à faire couler le sang. Grâce à Dieu, ils sont passés, pour ne plus revenir, les temps où de telles aberrations étaient possibles. Assurément les hommes se passionneront toujours pour leurs opinions, et il est même bon qu'il en soit ainsi, car on ne fait rien de généreux et de grand sans un peu de passion ; mais il faut espérer que cette ardeur, juste et légitime, n'ira plus jamais jusqu'à la violence et à la cruauté. Toutefois ceux-là mêmes qui se sont toujours contenus dans les limites d'une modération que les philosophes ne doivent jamais oublier, n'ont-ils pas quelquefois consacré à des recherches trop subtiles un temps qu'ils auraient pu mieux employer ? L'homme est-il libre ou non ? Voilà, ce semble, une question qu'on peut couler à fond et résoudre en quelques pages. Un fait est un fait, et quand on a clairement montré qu'il existe, on n'a plus rien à ajouter. Ainsi toutes les preuves qu'on a prétendu donner du libre arbitre, peuvent bien servir à le mettre en évidence pour en établir la réalité, mais, en tant que preuves, elles ne sont que des paralogismes, des pétitions de principe, et l'on peut les ramener à ce point unique : nous avons le sentiment clair, net, invincible de notre liberté ; nous y croyons comme à notre existence, comme à celle du monde. Ce sont là pour nous des vérités de la même nature et du même ordre, dont nous ne saurions pas plus douter que des vérités fournies par la raison, puisqu'elles reposent sur le même fondement : l'évidence.

Mais, si comme fait évident la liberté doit être admise, il n'en est pas moins vrai qu'on a le droit et le devoir de la considérer dans ses rapports avec les autres attributs ou phénomènes du moi, ainsi qu'avec l'existence de l'être absolu, et si l'on y trouve quelque contradiction, de tâcher de la faire disparaître en les conciliant, sans jamais sacrifier ceci à cela, ou, comme on dit vulgairement, sans déshabiller saint Pierre pour habiller saint Jacques.

Certes les objections contre la liberté, tirées d'autres faits avec lesquels elle semble contradictoire, ne sont pas en petit nombre : il faudrait un ample volume pour les exposer toutes, et un plus ample encore pour les réfuter et résoudre les difficultés qu'elles font naître. Heureusement que ce travail a été fait, et nous pourrions dire bien fait : objections physiologiques, psychologiques, théologiques, ont été successivement examinées et suffisamment résolues, sauf une seule, à laquelle il nous semble qu'on n'a jamais pu répondre d'une manière bien satisfaisante. On comprend que nous voulons parler de celle qui se tire de la prescience divine. C'est donc celle-là qui doit appeler notre attention. Cette difficulté n'est qu'un point de vue particulier et spécial de la grande question touchant la coexistence du relatif et de l'absolu ; elle entre donc parfaitement dans notre sujet. D'ailleurs la question du libre arbitre est une des plus importantes qu'on puisse agiter, et il n'en est aucune autre capable d'exciter à un plus haut point notre intérêt, puisque c'est de sa solution que dépend notre destinée. Nous allons donc nous arrêter un instant à faire ressortir la nature et l'importance de la liberté. Cette tâche accomplie, nous examinerons si le libre arbitre est réellement en opposition avec la prescience divine, et s'il n'est pas possible de les concilier.

§ 2. Origine, essence et fin de l'instinct et de la liberté.

Nous avons vu ci-dessus que les êtres contingents se manifestent à nous à trois points de vue : activité, sensibilité, intelligence. Chez quelques-uns, nous apercevons un seul de leurs attributs, l'activité ; chez d'autres, l'activité unie à la sensibilité ; chez d'autres enfin, les trois attributs d'activité, de sensibilité et d'intelligence. Dans les êtres des deux premières catégories, nous ne reconnaissons point de liberté proprement dite ; nous ne la constatons que chez les êtres doués de ces trois facultés réunies. D'où la conclusion que l'intelligence est un élément essentiel de la liberté, puisque partout où il n'y a pas intelligence il n'y a pas liberté. Aussi tous les psychologues, dans l'analyse du fait volontaire, ont-ils constaté la présence d'un élément intellectuel: la délibération.

Mais il ne faudrait pas conclure de là qu'il y ait identité entre l'intelligence et la liberté. Il est bien facile d'établir la distinction entre l'une et l'autre par un caractère tout à fait tranché : l'une est fatale, l'autre ne l'est pas. De plus, des trois grandes facultés générales du moi, qui sont les trois attributs de son essence destinés à se manifester pour constituer l'existence, nous avons vu qu'il n'en est qu'une, l'intelligence, qui se révèle à nous et en nous avec un caractère d'infinité virtuelle, par les jours qu'elle nous ouvre sur les abîmes insondables de l'absolu. Les deux autres, l'activité et la sensibilité, restent toujours enfermées pour nous dans les bornes du relatif, et s'il nous est permis de les concevoir comme franchissant ces limites dans l'être nécessaire, ce ne peut être qu'à l'aide de la raison, qui nous prête son flambeau, non pour nous faire envisager en plein, mais pour nous permettre seulement d'entrevoir l'infini. Or la liberté se rattache intimement à l'activité, dont elle est un mode et dont elle partage, en conséquence, le caractère contingent : la raison n'est pour elle que la condition de son existence et non la source de son être. En l'absence de la raison, l'activité est toujours spontanée ; en sa présence, elle devient libre, et l'être qui la dirige, est par là même élevé à la dignité d'être responsable.

Cependant on nous fera peut-être observer, à juste titre, que notre activité, soit spontanée, soit volontaire, est toujours guidée par la raison, quoique, dans le premier cas, nous n'en ayons aucune conscience. Quand nous faisons un faux pas, nous exécutons d'emblée les mouvements les plus rationnels pour prévenir une chute ; mais nous n'avons aucune conscience des raisons motivant et justifiant ces mouvements ; nous ne pouvons les apercevoir, ces raisons, que par réflexion, et après l'acte accompli. On fera remarquer de plus que, dans les actes instinctifs, la raison agit toujours sans tâtonnements, à coup sûr, et qu'elle remporte toujours la victoire sur tout autre motif d'action, tandis qu'elle est souvent vaincue dans nos actes libres et réfléchis, bien qu'accomplis à sa lumière. D'où il semblerait résulter que l'être inconscient est plus rapproché de la perfection que l'être conscient, et que le libre arbitre dont nous sommes si fiers, constitue en nous une véritable infériorité. Cette objection importante appelle de notre part un examen attentif et demande quelques développements.

Bien loin de combattre le principe de cette observation, nous allons au contraire essayer de le fortifier, en montrant que les actes instinctifs d'un être considéré par nous comme dépourvu de raison sont bien le produit, non d'une raison tout à fait extérieure et étrangère à lui, mais de cette faculté absolue qu'il porte en puissance dans son sein, et qui est, ainsi que nous l'avons dit, un des éléments de l'essence de tout être. Cependant, malgré cette constatation, qui semble redoubler la difficulté, nous espérons qu'il ne nous sera pas trop malaisé de la résoudre, à l'aide des observations que nous présenterons, après l'avoir fortement établie.

On connaît les merveilles de l'instinct chez les animaux : les ouvrages étonnants qu'ils exécutent, les chefs-d'œuvre d'architecture et de tissage des castors, des oiseaux, des araignées, des vers à soie, des fourmis et des abeilles. Nous ne parlerons ici que des travaux de ces derniers insectes. Thomas Reid a fait admirablement ressortir toutes les connaissances géométriques que suppose la structure de leurs rayons[1]. Après plusieurs exemples qu'il en donne, il finit par celui-ci : « C'est un problème de mathématiques très curieux de déterminer sous quel angle précis les trois plans qui composent le fond d'une cellule doivent se rencontrer, pour offrir la plus grande économie ou le moins de dépense possible de matériaux et de travail. Ce problème appartient à la partie transcendante des mathématiques, et c'est l'un de ceux qu'on appelle problèmes de *maxima* et de *minima*. Il a été résolu par l'habile Maclaurin, qui a déterminé avec précision l'angle demandé, et a trouvé que c'est l'angle même sous lequel les trois plans du fond de la cellule se rencontrent dans la réalité. »

Certes, il y a là de quoi nous frapper d'étonnement et nous confondre. Le philosophe écossais

---

[1] *Œuvres de Thomas Reid*, traduites par Jouffroy, tom. VI, pag. 9 et suivantes.

continue en ces termes : «Demanderons-nous maintenant quel est le géomètre qui a enseigné aux abeilles les propriétés des solides et l'art de résoudre les problèmes de *maxima* et de *minima?* Si ce rayon de miel était un ouvrage de l'art humain, tout homme de sens conclurait, sans hésiter, que celui qui en aurait inventé la construction aurait compris les principes sur lesquels il est construit.» Après ces paroles, il termine ainsi: «Nous n'avons pas besoin de dire que les abeilles ne savent rien de tout cela ; elles travaillent très géométriquement, sans aucune connaissance de la géométrie; à peu près comme un enfant qui, en tournant la manivelle d'un orgue de barbarie, fait de bonne musique sans être musicien. L'art n'est pas dans l'enfant, mais dans celui qui a fait l'orgue. De même, quand une abeille construit son rayon d'une manière géométrique, la géométrie n'est pas dans l'abeille, mais dans le grand géomètre qui a fait l'abeille et tout ce qui existe, avec nombre, poids et mesure.»

Nous n'acceptons cette conclusion que sous bénéfice d'inventaire. Ce grand géomètre, dont nous parle le philosophe, est assurément la raison souveraine ; mais sur quoi se fonde notre auteur pour assurer que cette raison souveraine ne réside pas dans l'abeille elle-même? A-t-il oublié les beaux vers du poète exprimant une pensée si haute et si philosophique ?

« L'abeille a recueilli, dit-on, quelque étincelle
De cet esprit divin dont le souffle fécond
Remplit les vastes champs, les mers, le ciel profond¹. »

Sa comparaison avec l'orgue de barbarie ne nous touche nullement, parce qu'elle n'est pas exacte de tout point. La seule raison plausible à invoquer, c'est que jamais cette profonde connaissance de la géométrie, qu'on pourrait supposer dans l'abeille, ne s'y manifeste par aucun autre signe, qu'elle ne saurait s'y développer, ce qui ne manquerait pas d'arriver sans doute, si elle existait en germe chez cet animal. Mais nous ferons observer que l'impossibilité de ce développement peut tenir à une foule de raisons tout autres que la non-existence de la faculté virtuelle, et ne prouve pas par conséquent cette non-existence. Pour affirmer en connaissance de cause cette impossibilité, il faudrait connaître, non pas seulement l'existence transitoire et actuelle de l'abeille, mais l'entière évolution des actes qui composent l'existence complète de ce modeste insecte, connaissance qu'une intelligence infinie peut seule embrasser. Un exemple nous fera comprendre que, de l'inconscience actuelle

---

¹ *Esse apibus partem divinæ mentis, et haustus
Ætherios dixere; deum namque ire per omnes
Terrasque, tractusque maris, cœlumque profundum.*
(Virgile.)

de l'intelligence chez un être, on ne saurait conclure à son inconscience définitive et absolue, ou, pour employer la catégorie de temps, à son inconscience dans un avenir sans limites.

Supposons un enfant chez lequel une cause morbide doive arrêter le développement de la raison dès ses premières années. A peine né, cet enfant accomplit des actes aussi merveilleux que la construction de sa cellule par l'abeille : il respire, il suce le sein de sa nourrice et avale le lait qu'il en a pompé. Ne dirait-on pas qu'il connaît à fond les lois de la nature, les propriétés de l'air, sa pesanteur, la pression qu'il opère sur la mamelle, le vide qu'y produit la succion? Car ces faits sont l'explication et la raison de l'acte qu'il accomplit. «Sucer et avaler, dit à ce sujet le même auteur, sont des opérations très complexes. Les anatomistes ont décrit environ trente paires de muscles employés dans la succion ; chacun de ces muscles doit être servi par un nerf propre et ne peut agir que par l'influence de ce dernier ; l'action de tous ces muscles et de tous ces nerfs n'est pas simultanée : ils doivent se mouvoir dans un certain ordre, et cet ordre n'est pas moins nécessaire que l'action elle-même. Cette suite d'opérations est exécutée, selon les règles de l'art le plus délicat, par l'enfant, qui ne possède ni art, ni science, ni habitude.»

Tout cela est en effet vraiment prodigieux, d'autant plus qu'on ne saurait l'expliquer en prétendant que c'est la soif et la faim qui poussent l'enfant à un tel acte, car la soif et la faim ne sont que des aiguillons, et la douleur qu'elles lui font ressentir ne lui apprend nullement ce qu'il doit exécuter pour la faire disparaître. Le nourrisson, dès sa naissance, comme le fait justement observer le même philosophe, tétera le doigt ou un morceau de bois qu'on lui présentera, aussi bien que la mamelle. Ce qui n'empêche pas que, même dans ce cas, il n'accomplisse un acte très rationnel, tout inconscient qu'il est, et quoique entièrement inefficace pour atteindre le but poursuivi. Remarquons en effet que l'existence de tout individu n'est jamais isolée de celle de tous les autres, comme nous le ferons voir en son lieu avec plus de détail ; or l'instinct ou, à son défaut, la raison de la mère doit être en harmonie avec l'instinct de l'enfant, et cette considération est une des causes déterminantes, toujours parfaitement inconsciente, de l'acte de la succion. Ce n'est pas la faute de celui qui l'accomplit, si une volonté libre ou une cause fortuite vient, en intervertissant l'ordre des faits, en troubler l'économie, et présente à la bouche du nouveau-né un morceau de bois au lieu de la mamelle de la mère, à laquelle il s'attendait et avait droit de s'attendre.

Nous avons tout à l'heure rencontré dans l'abeille un mathématicien consommé, et voilà que nous trouvons chez cet enfant, dont la raison n'est pas en ce moment supérieure à celle de l'insecte, et ne le sera jamais, puisque nous avons supposé qu'elle serait arrêtée dans son développement, un physicien, un anatomiste de premier ordre. On ne saurait nous alléguer, dans ce cas, que la raison ne se trouve pas en puissance chez l'enfant. Cependant, pour être logique, il ne faudrait pas plus rapporter à cette faculté l'acte de l'enfant que celui de l'abeille.

Quand tout se passe régulièrement, l'instinct de la première enfance cède peu à peu la place à la raison, qui ne se développe que par degrés insensibles. Ainsi, tandis que le grand mathématicien loge à perpétuelle demeure dans l'abeille, le grand physicien, le grand anatomiste, qui est censé opérer dans l'enfant, se retire peu à peu, à mesure que se forme la raison destinée à le remplacer, et il ne bat en retraite que pas à pas, prêt sans doute à revenir à la moindre éclipse de cette même raison. Il faut même aller jusqu'à dire qu'il ne se retire jamais, mais qu'il reste toujours à son poste en sentinelle, guettant le moment où son intervention pourra devenir nécessaire. L'instinct en effet ne disparaît jamais complètement de l'homme, même lorsque son hôte est le mieux en état de rendre compte aux autres, et par conséquent à lui-même, de la raison de tel ou tel acte; et il se trouve toujours prêt à reprendre son office, à la moindre défaillance de la faculté directrice. Nous en avons vu un exemple ci-dessus dans les mouvements rationnels, quoique rapides comme l'éclair, que nous exécutons lorsque nous sommes menacés d'une chute, à la suite d'un faux pas.

Remarquez en outre que ce n'est pas seulement la notion des lois physiques qui semble exister chez l'enfant, mais aussi celle des vérités mathématiques, connaissance dont l'instantanéité se dissipe parfois en lui, en proportion du développement de sa raison consciente. Quelques rares personnes se souviennent peut-être encore du jeune pâtre sicilien, dont il fut si fort question dans les journaux vers 1840, et qu'on nommait Mangiamele, si nos lointains souvenirs sont exacts, ainsi que du jeune Henri Mondeux, de Neuvy-le-Roi, près de Tours, pâtre lui aussi. Ces deux enfants, dépourvus de toute culture intellectuelle, exécutaient de tête, en quelques minutes, les calculs les plus compliqués et les plus longs[1]. Que sont devenus ces deux prodiges, qui faisaient l'admiration des calculateurs les plus habiles et les plus rompus au maniement de tous les procédés péniblement conquis par la science? Si nous nous en rapportons à ce que nous avons

[1] Voir le rapport sur Henri Mondeux, fait à l'Académie des Sciences par M. Cauchy, en décembre 1841.

entendu dire, cette faculté merveilleuse, bien loin de se développer en eux par une étude méthodique de la science du calcul, ne fît que s'amoindrir, en proportion des progrès de leur connaissance raisonnée et réfléchie. Si bien que leurs actes intellectuels, à mesure qu'ils dépouillaient le caractère instinctif et spontané, devenaient moins rapides et moins sûrs, et qu'ainsi ils n'acquéraient plus de netteté qu'aux dépens d'autres qualités. C'était là un phénomène bien digne d'éveiller l'attention des philosophes, et nous regrettons qu'il n'ait pas été, que nous sachions, observé avec tout le soin qu'il méritait. Quoi qu'il en soit, si le fait est exact, il tendrait à prouver que la même faculté ne pouvant exister sous deux formes différentes, à l'état conscient et à l'état inconscient, l'apparition et l'accroissement de l'un entraîne la décroissance et la disparition de l'autre. D'où il semble qu'il faudrait conclure que ce n'est pas un pouvoir étranger, mais bien la raison virtuelle renfermée dans le sujet, qui opère instinctivement en lui, avant le développement ou la mise en acte de cette faculté potentielle, à moins de vouloir en faire alors un véritable automate. Or ce qui est vrai de l'être humain encore à l'état inconscient doit s'appliquer avec la même justesse aux bêtes, bien que nous ne constations jamais en elles cet accroissement intellectuel que le temps amène régulièrement chez l'homme. Ainsi s'expliquerait, par la présence d'une raison sourde et inconsciente, le caractère d'invariabilité propre à l'instinct chez tous les animaux. Cependant il semblerait résulter de récentes observations de certains naturalistes que les abeilles, comme toutes les autres créatures inférieures, ne sont pas incapables de progrès. Ainsi, démentant sur ce point l'assertion de Pascal et la raison qu'il en donne[1], l'hexagone dans les ruches des premières mouches à miel n'aurait pas été aussi régulier qu'il l'est à présent. Ce progrès dans l'instinct, s'il est réel, loin d'être en opposition avec notre système, pourrait au contraire y puiser une explication toute naturelle.

Une autre conséquence possible, que nous n'hésiterons pas encore à indiquer, quelque extraordinaire qu'elle puisse paraître, c'est que la raison infinie et absolue doit exister en puissance, non seulement dans les animaux, mais encore dans les êtres les plus humbles de la création, c'est-à-dire dans les éléments simples de la matière inerte. Cette conséquence extrême, qu'on pourra peut-être traiter de trop hardie et de trop hâtive, demanderait, nous le reconnaissons sans peine, pour être solidement établie, une longue et profonde étude de la question,

---

[1] *De l'autorité et du progrès en philosophie*, IV.

que nous ne saurions aborder en ce moment, pressé que nous sommes de poursuivre notre route.

Nous repoussons donc, quant à nous, toute intervention directe et miraculeuse de la divinité dans les actes des animaux, ainsi que dans les actes inconscients de l'homme ; et, pour réfuter indirectement cette opinion, nous lui adresserons le reproche que Leibnitz dirigeait à bon droit contre la théorie des causes occasionnelles de Malebranche. « Pour résoudre des problèmes, dit-il, ce n'est pas assez d'employer la cause générale et de faire venir ce qu'on appelle *Deum ex machina*. Car lorsque cela se fait, sans qu'il y ait autre explication qui se puisse tirer de l'ordre des causes secondes, c'est proprement recourir au miracle. En philosophie, il faut tâcher de rendre raison en faisant connaître de quelle façon les choses s'exécutent par la sagesse divine, conformément à la notion du sujet dont il s'agit. »

Rien de plus juste, à notre sens, que cette observation. Nous rejetons en conséquence cette intervention miraculeuse, et nous croyons que c'est la raison renfermée dans leur essence qui dirige tous les êtres contingents quelconques, soit conscients, soit inconscients ; à tel point que ce qu'on regarde comme un effet des lois de la nature dans les êtres inanimés, n'est, à nos yeux, que le résultat de l'impulsion de la raison absolue existant en eux comme attribut de leur essence.

Ici s'élève une difficulté qui réclame toute notre attention. Voici l'objection qu'on peut nous opposer. Vous soutenez que la raison absolue existe en puissance dans l'être inconscient, et vous lui attribuez les actes rationnels accomplis par cet être. Or ces deux propositions se contredisent : une faculté en puissance est une faculté qui n'agit point, mais qui seulement peut agir, c'est-à-dire qui possède en elle-même tout ce qui est nécessaire pour l'action, ou qui n'a du moins qu'un commencement, qu'une ébauche d'action tout à fait élémentaire et insaisissable. Cependant vous faites agir ici la raison, puisque vous lui attribuez l'origine des actes rationnels accomplis par l'être sans qu'il en ait conscience. Elle n'est donc pas une pure virtualité : elle est bel et bien une réalité, nous ne dirons pas simplement *active*, car on pourrait peut-être prendre ce mot dans le sens de *capable d'agir*, mais effectivement *agissante*. Elle est donc en acte, et non pas en puissance, comme vous le prétendez.

Nous avouons que cette difficulté n'est pas méprisable, ni aisée à résoudre à première vue. Cependant, avec un peu d'attention, nous en viendrons facilement à bout.

Il y aurait évidemment abus de notre part, si nous soutenions purement et simplement qu'une faculté qui agit actuellement n'est qu'en puissance : autre chose est l'acte lui-même, autre la faculté d'agir. Nous croyons toutefois qu'il y a lieu de bien préciser ici le point de vue auquel on se place. La distinction de l'acte et de la puissance est capitale, et sans elle il est absolument impossible de rien comprendre à toutes les questions qu'agite la métaphysique. C'est ce que se plaisent à reconnaître tous ceux qui sont versés dans ces matières. Il ne faut pas néanmoins oublier aussi qu'elle n'a cette importance qu'à notre égard, et pour des entendements limités dans leur exercice et constitués comme les nôtres, dont toutes les opérations sont soumises à la catégorie de temps. Relativement à l'intelligence suprême, cette distinction n'existe pas. Ainsi la raison, considérée en elle-même et abstraction faite de la notion qu'en a notre intellect, est toujours en acte et jamais en puissance : elle ne saurait en effet posséder, et par conséquent ne possède pas deux états distincts, deux modes divers d'existence ; elle ne peut être différente d'elle-même, ni dans son essence ni dans sa manière d'être ; elle est ce qu'elle est, toujours unique, toujours identique à elle-même, sans qu'elle puisse être le théâtre d'aucun changement d'aucune sorte. C'est là un point qui nous paraît incontestable. La distinction entre la raison en acte et la raison en puissance n'est donc qu'une distinction subjective, à laquelle il faut bien se garder de donner une objectivité quelconque, en la transportant dans l'essence même de la raison à laquelle nous l'appliquons.

Ceci bien compris, on conçoit aisément que lorsque la raison agit dans un être, sans que cet être puisse en avoir la moindre connaissance, le moindre soupçon, elle est en puissance par rapport à cet être, quoique, en réalité et considérée en elle-même, elle soit en acte, comme elle l'est toujours et ne peut jamais cesser de l'être. L'acte, pour nous, n'existe que lorsqu'il se manifeste à nous ; hors de là, il existe en soi, mais pour nous il n'est qu'en puissance. Voilà, ce nous semble, la véritable portée, la légitime étendue qu'il convient d'accorder à la distinction de l'acte et de la puissance : transportée hors de ces limites, elle ne pourrait que nous égarer.

Avant d'en finir sur la source et la cause des actes instinctifs, il nous faut encore dire deux mots d'une autre difficulté qu'on pourrait nous opposer, mais qui n'est pas bien sérieuse pour nous, ni pour tous ceux qui voudront bien adopter nos idées. On nous dira : Nous comprenons, à la rigueur, que les vérités mathématiques, étant des vérités nécessaires, puissent se trouver toutes virtuellement contenues dans la raison. Mais peut-il en être de même des lois qui régissent le monde, lesquelles ne sont douées que d'une vérité contingente, ou tout au plus d'une vérité nécessaire hypothétique ?

La réponse détaillée à cette objection, ainsi que la solution de cette apparente difficulté, se trouve développée dans nos *Études sur la raison* (seconde partie, chap. XI). Nous n'avons donc qu'à y renvoyer, sans nous répéter inutilement, et en nous contentant d'offrir à l'esprit du lecteur cette considération générale : la raison est infinie ; par conséquent, elle embrasse tout, tout est de son domaine, aussi bien les lois du monde physique que celles du monde intellectuel et moral. Voilà en quel sens nous semble profondément vraie la pensée de Platon qu'apprendre n'est que se souvenir, si l'on entend par là reconnaître expérimentalement les notions immuables de la raison, que nous portons en nous-mêmes.

Il est presque superflu de faire observer que tout ce que nous venons de dire de la raison, de son action sur nous, de ses deux états de conscience et d'inconscience, s'applique à toutes les idées rationnelles, à celle de bien, à celle de beau, comme à celle de vrai : le point de vue n'y fait rien, et cette faculté une et immuable ne change pas de nature avec l'objet qu'elle contemple. Telle est notre manière de voir sur ces divers points.

Revenons maintenant à l'objection présentée précédemment : rappelons-la d'abord en peu de mots. La raison inconsciente guide sûrement l'être au but qu'il doit atteindre ; la raison consciente, au contraire, lui permet de s'égarer sciemment. La première semble donc plus parfaite que la seconde, et, bien loin de s'élever, l'être paraît déchoir quand il passe de celle-là à celle-ci. D'où il résulterait qu'il faudrait considérer le libre arbitre chez l'homme comme une déchéance.

La question est grave et touche à des points de doctrine fort importants. On peut l'envisager à deux aspects différents: au point de vue absolu ou au point de vue relatif. Envisagée au premier, il est incontestable que la raison infinie, agissant dans l'être inconscient pour le conduire infailliblement à son but, est, prise en soi, infiniment supérieure à la raison, forcément circonscrite, de l'être conscient. En ne considérant donc que la raison toute seule et exclusivement, il est certain qu'il y a déchéance, à cet égard, chez cet être. Mais la question ne s'offre pas à nous dans ces termes absolus, elle est complexe. L'être contingent ne pouvait exister avec une conscience pleine et entière de la raison absolue formant le fond de son essence, sans se confondre aussitôt avec l'être absolu, sans se trouver identique à lui, sans constituer cet être lui-même. Il s'agit donc de savoir s'il était préférable que cet être contingent, accompagné de cette restriction nécessaire, fût ou ne fût pas. Cette question, essentiellement distincte de la première, se ramène à celle de la raison d'être du contingent : nous nous en occuperons au chapitre de la création. Ce qu'il s'agit d'examiner ici, c'est si, l'existence du contingent étant donnée, il valait mieux que l'être ainsi qualifié restât cantonné pour toujours dans l'état inconscient, sans pouvoir en jamais sortir, ou qu'il lui fût permis de s'élever par des degrés sans fin, dans une ascension éternelle à un état toujours supérieur, ou bien, autrement dit, si l'être contingent devait avoir une fin ou ne pas en avoir du tout. Ainsi posée, la question se résout par un principe de raison, qui veut que tout être ait nécessairement une fin.

Le terrain ainsi déblayé et la thèse ramenée à son point de vue relatif, il nous reste à examiner s'il est vrai que le libre arbitre conféré à l'homme le place dans un état inférieur à celui des êtres soumis à des lois fatales Cette question peut elle-même se décomposer en deux autres: 1° quel est le but auquel doit tendre l'être, ou, en d'autres termes, quelle est la fin de l'existence ? 2° lequel, de l'état inconscient ou de l'état conscient, peut le mieux lui faire atteindre ce but? Voilà les deux points qu'il nous faut examiner.

La raison nous apprend, non seulement que tout être a une fin, mais encore qu'il possède les facultés destinées à l'y conduire. D'où il résulte que, pour déterminer la fin d'un être, on doit en étudier la nature. Or ce qui constitue assurément la nature d'un être, c'est l'existence, qui n'est, comme nous l'avons bien des fois répété, que la manifestation des attributs de son essence. Cette manifestation est donc destinée à conduire l'être vers sa fin. Par conséquent, plus son existence sera riche et abondante, plus elle s'élargira et se perfectionnera, d'autant plus aussi l'être s'approchera du but. La fin suprême de l'existence est donc le développement complet et absolu de l'essence, ou le perfectionnement infini de toutes les manifestations des attributs constituant cette essence.

L'existence, chez l'être infini, est un acte pur ; chez l'être fini, c'est un acte mêlé de puissance : ce qui signifie que cette existence passe par différents degrés déterminés, dans leur ordre et dans leur nature, par la loi du perfectionnement. Voyons donc quelles sont les diverses étapes parcourues par l'être contingent, dans cette marche ascendante, jusqu'à ce qu'il soit arrivé à son plus haut développement connu. Nous disons *connu*, et non pas *possible* ; car remarquez que cette fin ne saurait se réaliser jamais en devenant acte pur, parce qu'il faudrait pour cela que cet être cessât d'être ce qu'il est, c'est-à-dire contingent, et qu'il se confondît avec l'être nécessaire, ce qui ne serait possible que s'il n'avait jamais fait qu'un avec lui ; or, dans ce cas, il n'aurait jamais existé comme être distinct et séparé.

Pour parvenir à ce plus haut développement connu, dont nous venons de parler, l'être passe par trois états différents, dont nous acquérons la connaissance, non pas au moyen d'une déduction plus ou moins exacte et rigoureuse de principes *a priori*, mais par une expérience directe. Le premier degré est caractérisé par une manifestation claire de l'activité et obscure de la sensibilité et de l'intelligence. Dans cette catégorie, se trouvent compris tous les éléments qui entrent dans la composition de la matière, soit organique, soit inorganique. Le deuxième degré se distingue par une manifestation claire de l'activité et de la sensibilité, et obscure de l'intelligence. Cette catégorie comprend les êtres complexes que nous nommons animaux, à quelque point de l'échelle que l'ordre auquel ils appartiennent se trouve placé. Leur niveau sur cette échelle est déterminé par le plus ou le moins de clarté de la manifestation en eux de l'intelligence ou de l'instinct. Enfin le troisième degré est caractérisé par la manifestation claire des trois attributs d'activité, de sensibilité et d'intelligence. Il embrasse tous les êtres qu'on qualifie d'intelligents, les distinguant ainsi de tous les autres par l'attribut dont la manifestation claire et patente se montre en eux seulement. Ces trois états divers des êtres contingents sont bien connus de tous les hommes, puisque nous les trouvons désignés dans toutes les langues par trois termes spéciaux : *chose, animal, personne*, ou leurs correspondants.

On nous accordera facilement que le passage du premier de ces états au second constitue évidemment un progrès ou plutôt un perfectionnement (car nous réservons ce mot de progrès pour un autre usage), puisqu'il est incontestable que l'animal est un être supérieur aux éléments de la matière brute. Quant à la transition du deuxième au troisième, on peut nier, quoique à tort selon nous, qu'il constitue une amélioration de l'être, en se fondant sur les raisons que nous avons exposées et que nous allons nous efforcer de réfuter. Mais ce qu'on ne saurait nier, c'est que ces deux changements ne soient une évolution fatale résultant nécessairement de la nature même de l'être. Cependant, quand le second changement s'est accompli, c'est-à-dire quand l'intelligence a fait en lui son apparition, la scène change : nous n'avons assisté jusqu'ici qu'à une transformation aveugle et inconsciente, à peu près analogue, à ce point de vue, à la métamorphose de la chrysalide en papillon ; à partir de ce moment, nous allons voir apparaître un phénomène d'un ordre supérieur, le progrès, dû au développement d'un nouvel élément qui va se manifester dans l'être avec l'intelligence : la liberté morale.

L'apparition de ce nouvel élément est des plus importantes, et constitue le plus grand pas en avant fait par l'être dans ses évolutions successives. Avec lui commence une existence d'une plus grande portée, qui fait monter l'être dans une plus haute sphère, et le place en un rang éminent. En quoi consiste, à proprement parler, le changement qui s'opère par l'accession de ce nouvel attribut ? Le voici. Désormais la direction de ses propres facultés est remise entre ses mains, comme est transférée l'administration de sa fortune personnelle au pupille devenu majeur : c'est lui-même qui dès lors gouvernera son activité, son intelligence ; c'est lui qui en réglera la marche, soit pour l'accélérer, soit pour la ralentir, soit pour en arrêter et en suspendre l'exercice, dans les limites où il lui est donné de le faire. La liberté lui permettra même d'agir contrairement à sa nature et à la raison suprême. C'est là un abus, il est vrai, de cette précieuse faculté, abus inévitablement attaché à son usage, mais dont l'inconvénient est largement compensé par les immenses avantages qu'elle apporte avec elle. En un mot, l'être élevé à ce haut point de dignité se trouve avoir acquis une existence plus propre, plus personnelle, plus distincte, et en quelque sorte plus indépendante de l'être absolu, laquelle semble, pour ainsi dire, élargir et multiplier l'existence par une espèce de conquête nouvelle

13

sur le néant. Quel plus magnifique présent l'homme pouvait-il recevoir que l'instrument de ce bonheur sans limite et sans fin, qu'il s'obstine presque toujours à chercher hors de lui ? Sa volonté suffit à le mettre en possession des vertus capables de le lui assurer. Remarquez en outre que cette marche perpétuellement ascendante n'est pas seulement un bienfait inappréciable pour l'être contingent, elle tourne encore et surtout à la gloire de l'être absolu, puisqu'elle manifeste sa sagesse, sa bonté et sa puissance dans toute leur étendue infinie, et pour emprunter les expressions de l'orateur sacré, en les appliquant à un sujet encore plus relevé, les étale à nos regards « d'une manière souveraine et digne de lui ».

Il ne faudrait pas croire cependant que ce pouvoir, que l'être intelligent exerce sur lui-même, soit absolu ni de tous les instants: il a ses bornes, ses éclipses, ses intermittences, ses défaillances qu'on pourrait comparer à des minorités et des interrègnes pendant lesquels la raison absolue, reprenant le pouvoir dont elle s'était en quelque sorte démise en partie, exerce une régence provisoire. Alors l'être intelligent retombe en tutelle, et cette chute nous montre bien qu'il y a en lui un amoindrissement de dignité. Quoi qu'il en soit, il n'en est pas moins vrai que, dans l'ordre ordinaire des choses, nous sommes associés, au moyen de la liberté morale, à l'action de la raison souveraine sur la direction de notre être et sur son développement. Dès lors nous devenons des personnes, des agents moraux, des sortes de demi-dieux, capables de mérite, et de démérite aussi par une conséquence forcée. C'est là, pour nous, il faut en convenir, un magnifique honneur attaché à la possession du libre arbitre.

Ce que nous venons de dire doit nous faire comprendre en quoi consiste le progrès : il n'est pas une simple évolution, et ne peut se produire que dans l'être intelligent. Le progrès est l'extension perpétuelle du pouvoir que cet être exerce sur ses facultés, c'est-à-dire de sa liberté, qui, à mesure que les éclipses et les intermittences de sa raison consciente se feront de plus en plus rares, deviendra de plus en plus parfaite, jusqu'à ce qu'elle ait acquis un développement d'énergie tel que tous les actes de l être soient en tout conformes aux lois de la raison. C'est ainsi qu'il se rapprochera de plus en plus de son modèle idéal et tendra sans cesse vers l'infini.

On insistera peut-être encore, et l'on nous dira : Ne vaudrait-il pas mieux, pour l'homme, se trouver dans l'impossibilité de mal faire que d'acheter même la liberté au prix de cette funeste possibilité ? Ne serait-il pas préférable pour nous que cette raison absolue qui nous dirigeait sans que nous en eussions conscience, n'eût jamais renoncé à aucune portion de son autorité pour nous la transmettre, et qu'elle eût continué à nous guider d'une manière sûre et infaillible dans la droite voie ?

A ceux qui, partisans aveugles de la vertu, nous parleraient ainsi, nous n'aurions pas de peine à démontrer qu'ils en seraient les exterminateurs, et qu'il n'en resterait plus aucune trace sur la terre, si leurs vœux étaient exaucés.

Et d'abord faisons observer que la disparition de la liberté morale aurait pour conséquence inévitable la décroissance de toutes nos facultés. Le libre arbitre étant inséparable de l'intelligence, la perte de la liberté devrait nécessairement entraîner l'éclipse totale, ou tout au moins partielle, de ce précieux flambeau, par rapport à l'être contingent considéré en lui-même. En effet, nous ne pourrions plus contempler, au point de vue du bien, des actes accomplis par nous en qualité d'agents aveugles cédant à une influence étrangère, et ils deviendraient tous semblables à ces mouvements spontanés qui ne laissent en nous que le souvenir de leur accomplissement dépouillé de tout sentiment d'approbation ou de blâme, sans éveiller aucun écho dans la sensibilité. Toute idée de valeur morale serait donc effacée de notre esprit, et avec elle l'idée de mérite de notre part. Notre sensibilité serait donc également atteinte dans ce qu'elle a de plus exquis, c'est-à-dire dans le sentiment que nous avons de ce mérite. Enfin notre activité elle-même serait amoindrie, car, n'ayant plus cet aiguillon de la responsabilité, elle tomberait dans la mollesse et le relâchement. Toutes nos facultés seraient donc frappées de déchéance.

En outre, l'absence de liberté arrêterait le développement de l'être rendu stationnaire, en paralysant tous ses efforts pour tendre à sa fin, et le clouant à tout jamais immobile dans son état actuel. Quelle est en effet la fin de l'être ? Le perfectionnement infini, la tendance vers la vertu, ou, comme le dit Platon, la ressemblance la plus grande possible avec Dieu (ὁμοίωσις θεῷ κατὰ τὸ δυνατόν). Or, qu'est-ce qui peut élever au plus haut degré possible cette ressemblance de l'être contingent avec l'être nécessaire, si ce n'est la liberté ? Cette liberté ne doit-elle pas se trouver à l'infini dans l'être infini comme impulsion souveraine et absolue de tous ses attributs ? N'est-ce pas cette volonté libre et éclairée par une raison suprême, excitée par une infinie bonté, et servie par un pouvoir sans bornes, qui est la source et l'origine de ce monde ? Cette faculté créatrice ne pouvait être accordée, dans sa souveraine énergie, à l'être contingent ; mais elle lui a été pour ainsi dire communiquée en partie, autant du moins que le permettait sa nature limitée. En effet, par la liberté nous avons été mis à même de donner l'existence, non pas à des êtres doués d'une réalité métaphysique, mais à des actes qui sont bien le produit de notre activité personnelle, puisqu'ils prennent leur source en nous-mêmes, et qu'ils ne se réalisent qu'autant que nous le voulons, et dans la mesure exacte de notre impulsion originale. Le fonds de cette énergie impulsive, nous le tenons d'ailleurs que de nous-mêmes, il est vrai ; mais du moment que nous en sommes en possession, c'est bien nous qui la mettons en mouvement, qui la dirigeons à notre gré, et les actes qui en découlent sont bien notre œuvre propre et personnelle. La liberté est donc ce qui rapproche le plus l'être contingent de l'être nécessaire puisant en lui-même ses propres déterminations, et c'est elle qui lui permet de marcher à sa fin. On peut donc dire que l'être contingent qui serait dans l'impossibilité d'atteindre jamais à cet état supérieur de liberté et de responsabilité morale, serait un être sans fin, qui à ce titre ne pourrait pas exister, car, ainsi que nous l'avons déjà montré, une fin limitée n'est pas une fin. La cause finale d'un être doit donc posséder la même nature que sa cause efficiente et sa cause formelle. Ajoutez à cela que le bonheur, inséparable compagnon du bien moral, et conséquence nécessaire de ce sentiment exquis du mérite dont nous venons de parler, cesserait, avec le bien, d'être le but de notre existence. Nous cesserions donc encore une fois d'exister, puisque nous n'aurions plus de fin, et qu'une fin, aussi bien qu'une origine et une essence, dont elle est absolument inséparable, est la condition nécessaire de l'existence.

La liberté seule constitue donc la personnalité, la moralité, et par conséquent la possibilité du bien. En vain l'on nous objecterait qu'elle entraîne aussi la possibilité du mal. On ne saurait établir un parallèle ni une comparaison quelconque entre les deux, par la raison que le bien dépasse le mal de toute la distance qui sépare l'être du néant ; il ne saurait y avoir entre eux de commune mesure. On a souvent parlé de la somme du bien et du mal ; mais on n'a pas fait attention, en s'exprimant ainsi, que, si le bien peut constituer une somme, puisqu'il est quelque chose de positif, une réalité, le mal ne le peut nullement, puisqu'il n'est qu'une privation. Or, pour si loin qu'on aille dans l'amoindrissement de l'être, on ne saurait jamais arriver jusqu'à son entier épuisement, c'est-à-dire à son retour au néant, s'il était vrai que ce fût là son point de départ. Le mal absolu n'existe donc pas, puisqu'il ne serait rien. Dès lors, prétendre comparer le bien et le mal n'est qu'une absurdité, un pur non-sens : quand on croit établir ce parallèle, on ne fait que comparer le bien avec lui-même, dans un degré différent. En un mot, on comprend la somme de l'être ; on ne saurait comprendre la somme du non-être. L'être peut bien s'amoindrir, mais diminuer l'être ce n'est pas augmenter le néant, qui n'est susceptible ni de croissance ni de décroissance, puisqu'il n'est rien, métaphysiquement parlant.

Il demeure donc bien établi que cette impossibilité de faire le mal, où se trouve l'être inconscient, constitue en lui une infériorité, et nullement un avantage sur l'être conscient, puisqu'elle est la conséquence nécessaire de l'impossibilité de faire le bien Demandez à qui que ce soit ce qui lui paraît plus estimable et plus précieux, d'un bloc de pierre ou de Socrate. La réponse n'est pas douteuse. Cependant un bloc de pierre possède le plus grand de tous les avantages, dans l'opinion que nous combattons : il ne peut faire le moindre mal. On ne saurait en dire autant de Socrate, puisque nous savons que le sage lui-même pèche sept fois par jour. On voit donc combien l'être conscient est supérieur à l'être inconscient : celui-ci n'est qu'un instrument, l'autre est une activité, une cause, un moteur. C'est un roitelet, il est vrai, mais un roitelet plus élevé en dignité dans son petit royaume que le plus opulent sujet d'un maître absolu. L'homme est plus grand que l'univers qui l'écrase, a dit Pascal, et cette supériorité, à quoi la doit-il, sinon à sa connaissance du bien et du mal, à sa liberté ?

La liberté morale, pour nous résumer, est donc l'intervention active d'un être contingent dans le passage qu'il accomplit de la puissance à l'acte, et la faculté qu'il a de ralentir, de hâter, de diriger en divers sens et de modifier cette sorte d'ébranlement progressif de son essence. Elle est le degré de dignité le plus éminent auquel cet être puisse parvenir, puisque l'exercice de cette faculté l'associe en quelque manière à l'existence de l'être absolu, en qui cette même liberté est la plus haute manifestation de l'essence nécessaire, et qu'elle lui permet, à lui être à existence bornée, de s'en rapprocher sans cesse par un développement infini, sans toutefois jamais l'atteindre. C'est ce pouvoir qui constitue la prééminence de l'être intelligent, puisque, jusqu'à ce qu'il l'ait acquis, l'accroissement successif qui l'y achemine n'est qu'une évolution inconsciente, conséquence de son essence, tandis qu'à partir du moment qu'il en entre en possession, son propre concours devient nécessaire pour continuer à marcher dans cette voie sainte et glorieuse. A mesure qu'il transforme ainsi la puissance qui est en lui, en actes conformes à la raison, il se produit dans son être un accroissement de grandeur et de dignité, un progrès, source de ce qu'on appelle le mérite. Ce mérite, aperçu par notre raison, réagit sur notre sensibilité, à cause de l'unité de notre essence, et c'est cette réaction qui engendre en nous le bonheur, lequel n'est que la conséquence du mérite, ou le mérite senti. Voilà comment l'idée de récompense se trouve unie pour nous à celle de vertu. Mais combien la vraie notion de ce bonheur et de cette récompense diffère de l'idée mesquine que s'en font la plupart des hommes ! C'est ce que nous aurons à développer plus tard, en nous occupant de la question de la providence.

Ainsi donc : acte conforme à la raison, mérite, bonheur, sont pour nous les trois éléments d'un même fait indivisible dont ils nous offrent l'analyse. Ce fait est l'épanouissement et comme la floraison de nos trois facultés : activité, sensibilité, intelligence, et c'est la liberté seule qui lui donne naissance, et qui brille ainsi comme le plus précieux attribut de notre nature.

Avant de terminer ce paragraphe, qu'on nous permette de présenter une observation qui peut jeter quelque lumière sur la question des irrégularités, des anomalies, des monstruosités qu'on rencontre souvent dans la nature.

Rien n'est isolé dans le monde, tout y est suivi, lié ; point de passage brusque, de différence tranchée, excepté entre les extrêmes ; partout, au contraire, des transitions insensibles et douces : des organes, à peine indiqués chez certains animaux, sont en plein développement chez d'autres.

Aussi les a-t-on très ingénieusement comparés à des pierres d'attente destinées à relier entre eux des édifices différents [1]. Il ne faut pas croire que cet ordre existe seulement dans le monde physique, on peut également l'observer dans le domaine des faits moraux, et la liberté, pas plus que tous les autres, n'échappe à cette loi universelle. Elle n'éclate pas tout à coup chez l'homme, cette liberté, comme chose tout à fait nouvelle, sans avoir été annoncée et préparée dans les êtres inférieurs même les plus infimes. Considérons d'abord les animaux : quel est l'observateur qui n'ait remarqué, entre les individus de la même espèce, des différences morales, comme aussi intellectuelles? Les uns sont doux, dociles, caressants, intelligents et pleins d'attachement pour tous les êtres vivant à leur entour; d'autres sont indociles, hargneux, égoïstes, bornés et méchants; d'autres enfin tiennent en quelque sorte le milieu, ou sont doués à des degrés divers de telle qualité, atteints de tel défaut ; si bien que nous retrouvons en eux toute la gamme adoucie des vices et des vertus de l'humanité. Il y a là évidemment une ébauche de vie morale, une espèce de conscience vague, confuse, obscure tant qu'on voudra, mais à coup sûr bien réelle. C'est un fait que n'auraient garde

---

[1] Comme, par exemple, l'existence des mamelles chez les animaux du sexe masculin.

de contester tous ceux qui connaissent un peu les animaux, par les avoir observés dans leur manière de se comporter. On ne peut donc s'empêcher d'y reconnaître une certaine initiative, une impulsion interne originale, indépendante des lois physiques et physiologiques auxquelles ils sont soumis ; initiative qui ne saurait s'exercer ni se comprendre sans une sorte de liberté relative et rudimentaire, laquelle n'est certes pas la liberté pleine de l'homme ayant la parfaite possession de lui-même, mais qui cependant y ressemble beaucoup, en est comme le germe, et n'en diffère pas essentiellement, c'est-à-dire par sa nature intime, mais seulement par le degré de son développement.

Ce n'est pas tout encore : descendons d'un étage, et nous retrouverons, dans la matière organique, cette tendance à une action originale et puisée à la source de l'énergie spéciale et propre à chaque être simple. Ils sont tous sans doute soumis à des lois fatales, expression de la raison souveraine ; mais ils ne sont pas complètement dépourvus d'une certaine activité individuelle et innée qui les porte souvent à travailler en quelque sorte pour leur propre compte, et en opposition à ces lois. Et si une telle comparaison n'offrait pas un caractère odieux, bien loin de notre pensée et de la vérité, nous dirions : c'est ainsi que l'esclave le plus soumis aux ordres d'un despote ne laisse pas d'agir souvent par sa propre initiative, quelquefois même en opposition aux ordres de son maître. C'est peut-être là qu'il faut voir la source et l'origine de toutes les irrégularités et de toutes les anomalies qui ont si souvent attiré l'attention des naturalistes. Nous pourrions appuyer cette manière de voir de plusieurs observations. Mais n'allons pas nous lancer sur un terrain qui n'est pas le nôtre, et sur lequel nous pourrions bien nous égarer. Ne donnons pas en plein dans une sottise analogue à celle de ce vieux sophiste grec qui, honoré un jour de la présence d'Annibal dans son auditoire, crut faire merveille en traitant devant lui des devoirs d'un général d'armée. Nous laissons donc aux hommes compétents, s'ils le jugent convenable, le soin d'approfondir ces indications, supposé qu'elles en vaillent la peine, pour revenir à notre sujet.

§ 3. DE L'OPPOSITION APPARENTE ENTRE LE LIBRE ARBITRE ET LA PRESCIENCE DIVINE.

Après avoir déterminé, comme nous venons de le faire, l'origine, l'essence et le but de la liberté morale, tâchons de résoudre la seule difficulté qui ne nous paraisse pas avoir été suffisamment éclaircie par les diverses solutions qu'on en a présentées : c'est celle qui résulte de l'opposition apparente entre le libre arbitre et la prescience divine.

Mais faisons avant tout observer que l'existence de cette liberté ne dépend pas du plus ou moins de bonheur de notre explication, ni de toute autre : la liberté morale est un fait certain, indubitable, et qui conservera toujours ce même caractère, après comme avant l'échec de toute tentative pour la concilier avec l'existence de la prescience divine.

Dieu, a-t-on dit, est omniscient, c'est-à-dire infini en connaissance comme en tout le reste ; il connaît donc l'avenir aussi bien que le présent et le passé. Dès lors, l'acte futur, que nous devons acccomplir librement, est complètement déterminé par cette connaissance infaillible. Il n'est donc pas libre.

Voici ce qu'on a généralement répondu de plus plausible à cette difficulté très sérieuse. L'existence de Dieu n'est pas successive comme la nôtre, mais bien simultanée ; il est dans l'avenir comme dans le présent et le passé : en sorte que la connaissance qu'il a des futurs contingents n'est pas une prescience proprement dite, mais la constatation de ce qui se passe devant lui. Et de même que la présence d'un témoin qui nous voit accomplir un acte libre n'ôte rien à notre liberté, de même la vision qu'a Dieu de notre action libre n'en saurait altérer la nature, et la rendre nécessaire.

Cette réponse ne nous paraît pas complètement

satisfaisante, et ceux qui n'ont pas consenti à s'en contenter n'ont pas eu tout à fait tort. Elle serait excellente, si l'objection partait de Dieu ; mais il ne faut pas oublier que c'est nous qui la formulons, nous dont l'existence est successive, et qui ne pouvons nous former une idée nette d'une existence simultanée, comme l'est celle de l'être absolu. Aussi voir et prévoir ne sont pas pour nous la même chose, bien qu'il en soit ainsi chez Dieu : ce qui fait que nous ne saurions comprendre comment un acte prévu peut être libre. Voilà la difficulté qu'il faudrait faire disparaître.

De cette impossibilité de comprendre, conclure que notre libre arbitre n'est qu'une illusion, c'est admettre une conséquence fausse et illégitime. En présence de deux faits aussi certains pour nous que le sont et la prescience divine et la liberté humaine, nous ne pouvons sacrifier ni l'une ni l'autre, sans fouler aux pieds le sens commun, et détruire le fondement de toute certitude : l'évidence. Mais la difficulté de conciliation entre ces deux vérités ne venant que de l'opposition entre la notion que nous avons de notre existence successive, et l'existence simultanée et indivisible de Dieu, nous devons en conclure que nous nous faisons une fausse idée de l'une ou de l'autre ; car il n'est pas possible que deux vérités évidentes, bien que l'une soit d'origine rationnelle et et l'autre d'origine empirique, soient jamais contradictoires. Nous avons trop souvent constaté l'accord admirable de la raison et de l'expérience, pour que nous puissions supposer que cet accord n'existe pas toujours, quoi qu'aient pu dire ceux qui prétendent expliquer l'impossibilité où nous sommes de concilier ces deux vérités, par cette considération que l'une est une vérité d'expérience, et que l'autre nous est donnée a *priori*. « S'il y avait, dit Jouffroy (Préface des œuvres de Thomas Reid, tom. Ier, pag. ciii), antinomie entre les données légitimes de deux facultés de notre esprit, qui nous inspirent une égale confiance, l'observation d'une part et la raison de l'autre, c'en serait fait de toute certitude et de toute science ». C'est ce qui nous paraît à nous aussi incontestable. Or ce n'est pas l'idée que nous avons de l'existence absolue qui peut être fausse, puisque c'est une idée rationnelle, et que la raison ne saurait se tromper ; ce ne peut être que l'idée de notre propre existence. Si donc, en redressant cette fausse notion pour la rendre juste, nous parvenions à faire disparaître leur opposition apparente, toute difficulté s'évanouirait aussitôt.

Rien de plus inutile, et même de plus insensé qu'une pareille tentative de conciliation, si l'on accepte la notion vulgaire de temps et d'éternité ; rien de plus facile au contraire et de plus raisonnable, si l'on veut adopter, à cet égard, la manière de voir que nous avons exposée ci-dessus. Expliquons-nous.

L'être nécessaire existe, l'être contingent existe aussi. Ces deux existences, portant un nom commun, doivent posséder en commun ce qui caractérise l'existence. Or son premier caractère c'est d'être une manifestation de l'essence, et ce caractère nous devons le retrouver nécessairement dans l'existence contingente, comme dans l'existence nécessaire. Le second caractère, commun comme le précédent aux deux existences, c'est la permanence de ce qu'elles manifestent et de la manifestation elle-même, sans quoi elle ne serait plus celle d'un être, dont la notion enferme nécessairement l'idée de quelque chose de permanent. Jusqu'ici nous constatons une identité parfaite entre les deux espèces d'existence. Voici maintenant en quoi elles diffèrent. L'existence de l'être absolu est une manifestation permanente, invariable et totale de l'essence; celle de l'être relatif est une manifestation permanente aussi, mais variable et partielle de l'essence, c'est-à-dire qu'en lui cette manifestation ne se fait pas tout d'un trait, d'un seul coup, mais comme par des fulgurations particulières, multiples et diverses. C'est là ce que nous exprimons dans le langage humain en disant que notre existence est successive. Mais ce mot de *successif* est presque universellement entendu dans un faux sens, qu'il est impossible de lui donner, si l'on veut y bien réfléchir, parce que l'idée qu'il représente est absurde. En effet, ce qui est successif, comme on l'entend communément, c'est ce qui existe dans un moment donné, que nous appelons présent, n'existait pas encore le moment d'auparavant, et n'existera plus le moment d'après. D'où il résulte qu'à chaque instant de l'existence, qu'on peut diviser à l'infini, il se produit un anéantissement et une création sans cesse renouvelée, et que cette existence, ainsi morcelée, se trouve constamment suspendue entre l'être et le néant, et n'est, à proprement parler, ni l'un ni l'autre. Aussi ceux qui entendent la durée de cette manière, et veulent cependant sauver quelque réalité d'existence aux êtres contingents, ont-ils été obligés, pour l'expliquer, d'admettre que l'acte par lequel Dieu conserve la créature n'est qu'une création continuée, et ils l'ont comparée quelquefois à l'émission continue par laquelle le soleil darde ses rayons, assimilation dangereuse, qui n'a pas même le mérite de l'exactitude. Cette manière de voir, généralement admise par les théologiens, a été adoptée par Leibnitz. Mais il nous semble qu'elle est en opposition avec cette opinion qu'il a si souvent et si vivement soutenue, à bon droit à notre avis, que les choses créées possèdent en elles une force spéciale et permanente, et une action vraie et propre qui en dérive et en est le produit. Il ne veut pas qu'on rapporte cette action à l'intervention de la puissance divine, accusant ceux qui le font d'avoir incessamment recours au miracle, au lieu d'expliquer tout par des voies naturelles. Or cette conservation, qui ne serait autre chose qu'une création continuée, qu'est-elle, sinon une intervention perpétuelle de la divinité, un véritable *Deus ex machina?*

Concevoir la durée dans le sens ordinaire, tel que nous venons de le déterminer, est-ce bien, nous le demandons, se faire une idée juste de l'existence ? Est-ce même là l'idée que nous en avons dans le fond de notre conscience ? Assurément non. Ce qui a été et ce qui sera, pour parler le langage ordinaire, existe au même titre que ce qui est dans le moment présent, c'est-à-dire à titre d'existence. Seulement cette existence s'offre à nous à deux aspects différents : l'acte et la puissance ; mais, envisagée alternativement à ces deux points de vue, elle ne change pas pour cela dans le fond, elle est toujours l'existence. Ainsi donc, le phénomène passé du moi n'a pas cessé d'être, n'est pas anéanti ; il n'a fait que cesser d'être en acte, c'est-à-dire qu'il n'a fait que passer de l'état actuel à l'état virtuel. S'il avait en effet cessé d'être à tous égards, et s'il était absolument anéanti, il serait complètement effacé de la liste des choses, il ne pourrait plus produire aucun effet de quelque nature que ce soit, soutenir un rapport quelconque avec quoi que ce soit. Or il n'en est pas, et il ne saurait en être ainsi : tout acte amène une modification dans le moi, et cette modification est permanente, car elle est ineffaçable. Nous en avons tous la conviction intime, et il est facile de prouver qu'elle est bien fondée. En effet, par quoi sont produites en nous les habitudes, soit actives, soit passives? Par la répétition des actes. Or les habitudes sont bien évidemment des modifications permanentes dans la manière d'être du moi. L'impression morale, gravée par un acte sur son agent, nous offre une autre preuve de la vérité de notre assertion. L'acte que nous avons accompli nous apparaît-il comme bon, nous éprouvons le sentiment du mérite ; nous apparaît-il comme mauvais, nous éprouvons celui du démérite. Mais le mérite et le démérite ne sont pas des phénomènes transitoires se produisant en nous à un moment donné, puis s'évanouissant sans laisser aucune trace ; ils sont au contraire perpétuels, et laissent dans l'âme comme des empreintes qui en modifient l'état, et dont elle reste profondément affectée. Or, pour produire cet effet, il faut bien que la cause qui leur a donné naissance continue son action, sans quoi ils disparaîtraient avec elle. Cette cause, qui n'est que l'acte lui-même, continue donc à subsister ; l'acte n'est donc pas anéanti, puisque s'il avait absolument cessé d'être, rien ne pourrait en découler, quelque chose ne pouvant naître de rien. On pourrait appliquer le même raisonnement à un acte quelconque de mémoire, car le fait conservé par cette faculté continue tout au moins, on nous l'accordera sans peine, à exister dans la mémoire. Ne sait-on pas en effet que le souvenir, même de faits que nous croyons avoir complètement oubliés, continue à subsister dans le fond de notre être, comme on peut l'établir par plusieurs observations concluantes, ainsi que par le raisonnement. C'est uniquement dans ce souvenir latent qu'on peut trouver l'explication de phénomènes tout à fait inconcevables sans cela.

Cette existence du fait passé n'est plus actuelle, nous dira-t-on : d'accord, mais elle est du moins virtuelle ; or il faut bien se garder de confondre le virtuel avec ce qui n'est rien du tout, et ne saurait par conséquent pas même être virtuel. La virtualité se distingue très nettement encore de la simple possibilité ; elle est quelque chose de plus, et possède un caractère qui ne permet pas de l'identifier avec elle : ce caractère, c'est précisément l'existence. Ainsi donc, un acte passé, ou ce qui est l'équivalent, ramené à l'état de puissance, bien loin d'être anéanti, coexiste et continuera toujours de coexister avec tous les autres dont le moi est le théâtre.

Ce que nous venons de dire des actes passés,

nous devrons également l'appliquer aux actes futurs Dans ceux-ci, le moi ne passe pas, comme pour les premiers, de l'acte à la puissance, mais au contraire de la puissance à l'acte. Il faut bien se garder de croire qu'avant ce passage ces actes ne soient absolument qu'un pur néant ; comme les actes passés, ils sont quelque chose, et ont une existence virtuelle ; comme les actes passés, ils coexistent en puissance, et nous pouvons dire éternellement, avec tous les actes du moi.

Laissons donc les méchants croire que leurs forfaits, qu'ils ont su dérober aux yeux de leurs contemporains, ont cessé d'exister, plongés qu'ils sont dans l'oubli du passé, et s'applaudir de ce prétendu anéantissement, tandis que le trait mortel reste attaché à leur flanc[1]. Permettons aux orateurs et aux poètes de nous parler du naufrage irrémédiable des hommes et des choses, et de nous entretenir de la disparition des siècles, qu'ils nous peignent roulant pêle-mêle, les uns sur les autres, dans les gouffres sans fond du non-être, après avoir brillé un instant sur la scène du monde. Toute cette fantasmagorie n'a pu heureusement jusqu'ici persuader ni effrayer les âmes des justes, qui sentent bien, dans les replis intimes de leur conscience, que tout coexiste, que rien ne périt, le bien moins que toute autre chose,

---

[1] *Hæret lateri letalis arundo.*

et qu'il triomphe, non pas dans l'avenir, comme on le dit communément, mais à tous les instants, puisqu'il est éternel.

On voit donc combien fausse, à notre sens, est l'idée qu'on se fait vulgairement de cette existence appelée successive. Et c'est de cette fausse idée que résulte notre embarras à concilier la liberté humaine avec la prescience divine. Au contraire, dans notre manière de concevoir les choses, rien de plus aisé que cette conciliation. Les actes que nous appelons futurs ont une existence virtuelle, et par conséquent permanente en nous, et se trouvent ainsi exactement contemporains avec la connaissance qu'en a l'être absolu : ils se passent, ou pour parler plus juste, ils *sont* en présence de cet être qui en effet ne les prévoit pas, mais les voit puisqu'il y a une concomitance rigoureuse et constante entre leur existence et la vision qu'il en a. C'est cette connaissance en Dieu que les théologiens appellent *science de vision*, expression très juste relativement à Dieu, et d'une justesse égale relativement à l'homme, dans notre système. La différence qui existe pour nous dans ces actes entre leur état virtuel et leur état actuel est basée sur une distinction purement subjective, que nous ne saurions concevoir, sans absurdité, comme leur faisant perdre ce caractère essentiel d'existence, en l'absence duquel ils ne seraient plus rien du tout.

On le voit : la conciliation que nous venons de proposer est une conséquence directe de notre manière d'envisager le temps et l'éternité. Nous avions donc raison de dire que notre théorie avait pour effet d'aplanir des difficultés insolubles sans son concours. Nous ignorons quel accueil lui est réservé ; mais ce que nous savons bien, c'est qu'il est beaucoup d'autres questions importantes où elle est capable de nous rendre le même service. Cette utilité n'est pas sans doute une preuve démonstrative de sa vérité, mais elle est tout au moins un préjugé favorable à son égard, et nous espérons qu'elle aura pour effet de ne faire prononcer la sentence de son bannissement, si elle doit être portée, qu'après un mûr et sérieux examen.

CHAPITRE IX.

DE LA PROVIDENCE.

Notre intention n'est pas, on le pense bien, de traiter dans son entier l'importante question de la providence, mais d'exposer simplement quelques-unes de nos vues sur les points qui la rattachent spécialement à notre sujet : les rapports du relatif et de l'absolu.

La providence, entendue d'une manière générale, est l'intervention de l'être nécessaire dans l'existence, dans les actes et l'état des êtres contingents. Quant à ce qui regarde l'existence, nous nous en occuperons quand nous aurons à parler de la création. Il nous reste donc à déterminer ici, autant qu'il nous sera donné de le faire, la part d'influence de l'être souverain dans les actions des êtres subordonnés et dans les conséquences de ces actes.

Ces êtres sont de deux sortes : les uns sont soumis à des lois fatales, les autres jouissent du don inappréciable de la liberté. Les premiers, assujettis dans toutes leurs évolutions à des règles immuables, qui sont l'expression de la raison souveraine, forment ce qu'on appelle l'ordre physique ; les seconds, admis à l'honneur de partager avec cette raison souveraine la direction de leurs développements, c'est-à-dire d'être des personnes, constituent l'ordre moral.

Qu'on attribue, dans l'ordre physique, les évolutions des êtres à l'action de la cause suprême (ce qui serait peu philosophique), ou à son action au moyen des lois qu'elle a établies ; ou bien qu'on rapporte ces évolutions, comme nous l'avons fait ci-dessus, à l'impulsion inconsciente de la raison absolue, qui forme le fond de leur essence, peu importe : c'est toujours la raison qui les guide et les mène sûrement à leur but. C'est elle qu'on peut, dans ce cas, appeler la providence. Ici point d'opposition, point d'antagonisme entre le contingent et le nécessaire : il y a soumission complète et absolue du premier au second. L'ordre admirable qui règne dans l'univers a toujours excité l'admiration des sages, et la science, qui de jour en jour élargit son domaine, ne fait qu'ajouter et ajoutera sans cesse de nouveaux motifs à cette admiration. En nous apprenant à mieux connaître la terre, les cieux et leur merveilleuse harmonie, elle nous fait de mieux en mieux comprendre la voix de cet univers qui chante la gloire de l'Éternel.

Cette pensée, pour être devenue triviale à force d'être reproduite, n'en est pas moins l'expression d'une profonde vérité, et si quelqu'un songeait à la combattre, nous ne craindrions pas de lui répéter après beaucoup d'autres (tant nous préférons le vrai à l'original!) : N'allons pas renouveler l'outrecuidante présomption d'Alphonse de Castille, le promoteur des tables astronomiques qui portent son nom. Ce prince, mécontent sans doute, et avec raison, du système de Ptolémée, le seul admis à cette époque, disait, à ce qu'on prétend : « Si Dieu m'eût appelé à son conseil, quand il fit le monde, je lui aurais donné de bons avis. » Il se fût certes bien gardé de parler de la sorte, s'il eût pu connaître le système de Copernic, comme l'ont si justement remarqué Leibnitz et Thomas Reid. Il accusait donc la providence, alors qu'il n'aurait dû s'en prendre qu'à sa propre ignorance. Pour ne pas l'imiter, méfions-nous de la faiblesse de nos lumières, et s'il nous semblait par hasard que quelque chose serait mieux autrement ordonné, ne nous laissons pas séduire par une apparence trompeuse. Nos vues sont si courtes que nous devons toujours nous tenir sur nos gardes et nous répéter de temps en temps ces paroles de Leibnitz : « Vous ne connaissez le monde que depuis trois jours, vous n'y voyez guère plus loin que votre nez, et vous y trouvez à redire! »

Ne nous laissons donc pas aller facilement à croire au mal et au désordre, et pour nous confirmer dans ces bonnes dispositions, citons un exemple propre à mettre dans tout son jour la justesse du beau mot de saint Bernard cité par ce même philosophe et dont toute sa *Théodicée* semble n'être que l'explication et le développement : *Ordinatissimum est minus interdum ordinate fieri aliquid* ; « il est dans le grand ordre (c'est la traduction de Leibnitz) qu'il y ait quelque petit désordre ». Voici notre exemple.

L'axe de la terre est incliné de soixante-sept degrés sur le plan de l'écliptique. Qu'arriverait-il s'il lui était perpendiculaire ? Les jours seraient égaux aux nuits sur toute la face de la terre ; la température serait constante, pour chacune des régions du globe dans le sens des méridiens, quoique variable des pôles à l'équateur, comme dans l'état actuel, mais dans une gamme plus douce : la zone glaciale cesserait d'exister, tandis que la zone torride et les deux zones tempérées s'étendraient à ses dépens. Par suite, les glaces éternelles disparaîtraient des régions polaires, et les contrées qu'elles rendent inhabitables jouiraient toute l'année d'un climat semblable à celui dont jouit la Laponie pendant le printemps et l'automne ; celui de la mer Baltique deviendrait aussi doux qu'est maintenant celui du bassin de la Méditerranée, et l'on pourrait voir ainsi la vigne et l'oranger fleurir jusque dans le nord de l'Écosse.

Cet exposé ne rappelle-t-il pas le riant tableau, tracé par les poètes, de l'aspect enchanteur de notre terrestre demeure pendant la durée de l'âge d'or, moins

« ... les ruisseaux de lait serpentant dans les plaines ? »
Et ne serait-on pas tenté de croire, en l'entendant, que cette légère modification dans l'ordre des choses aurait produit les meilleurs résultats, et serait de tous points désirable ? Oui, assurément, répondra-t-on à première vue. Et cependant, combien l'on se tromperait en s'imaginant qu'on pût accroître ainsi le bonheur de l'humanité ! On l'a dit avec raison, et nous nous plaisons à le redire, ce petit changement dans la position de notre planète produirait des résultats extraordinaires, mais d'une tout autre nature que ceux auxquels on croirait devoir s'attendre. Il entraînerait dans l'humanité une dépression intellectuelle et morale qui la ramènerait dans un état voisin de la barbarie. La civilisation manquerait d'un stimulant énergique, la nécessité du travail pour l'habitant des zones froides et tempérées : l'activité de corps et d'esprit des peuples septentrionaux ferait place au caractère apathique des nations voisines de l'équateur. La civilisation, fruit du travail et de la peine, a pris naissance et s'est toujours développée dans des

contrées où ne règnent ni des froids excessifs ni des chaleurs immodérées, c'est-à-dire dans des climats où la nature, n'accordant ni ne refusant pas tout à l'homme, éveille son industrie et l'excite à la seconder pour l'amélioration de l'existence.

« Le besoin, Diophante, est l'aiguillon des arts [1]. »

Pouvons-nous d'ailleurs prévoir et calculer exactement les perturbations et les conséquences funestes, même dans l'ordre purement physique, qu'entraînerait par aventure ce léger déplacement dans la position de notre planète ?

Ainsi donc, celui qui, égal en puissance aux anges de Milton, inclinant par l'ordre du Tout-Puissant, après le péché d'Adam, les pôles de la terre deux fois dix degrés et plus sur l'axe du soleil, déferait leur œuvre pour rétablir notre globe dans la position primitive que lui attribue le poète, celui-là, disons-nous, ne ferait peut-être que travailler au plaisir et non pas au bonheur de l'humanité. Bien plus, le développement du premier ne pourrait s'obtenir qu'au détriment du second. Le véritable bonheur de l'homme résulte, comme nous le montrerons plus tard, de la plus grande expansion possible de toutes ses facultés, tandis que l'accroissement anormal de

---

[1] Ἀ πενία, Διόφαντε, μόνα τὰς τέχνας ἐγείρει (Théocrite).

l'une d'entre elles, aux dépens des autres, entraînerait la rupture de cet équilibre, de cette harmonie complète et idéale qui constitue la véritable perfection de l'être humain.

Tenons donc pour certain que tout a été ordonné pour le mieux dans l'univers matériel, et qu'il n'y a aucune espèce de difficulté dans l'application de la providence à l'ordre physique. L'action de cette providence, c'est-à-dire de la raison souveraine, y est toujours prépondérante : rien ne l'entrave, rien ne met obstacle à son énergie infaillible et immuable. En est-il de même dans l'ordre moral? C'est ce que nous devons examiner.

La raison révèle à l'agent moral la fin à laquelle il doit tendre, non pas seulement d'une manière générale, et par suite un peu vague, mais au moyen d'une indication spéciale parfaitement claire et déterminée pour chacun des actes dont l'accomplissement se montre à lui comme possible. Or il arrive trop souvent que cet agent moral, abusant du libre arbitre, le plus beau des dons qu'il ait reçus, foule aux pieds les ordres de la raison, dédaigne la voie qu'elle lui indique, et en prend une opposée. C'est là un désordre parfaitement connu de l'agent même qui en est l'auteur, et qui devrait, en conséquence, attirer sur sa tête les plus sévères châtiments. Cependant il n'en est rien, dira-t-on : bien loin d'être puni en raison de sa faute, il arrive parfois que le succès lui est assuré, dans sa coupable entreprise, à proportion de l'énergie audacieuse qu'il déploie dans la violation des commandements de la raison souveraine méconnue ; si bien qu'un criminel timide, et partant moins dépravé, échoue là où un criminel effronté, et par conséquent plus pervers, jouit d'un plein succès. Ainsi le premier est puni pour un forfait moindre, le second est récompensé pour un forfait plus grand : l'histoire et notre expérience personnelle nous en fournissent des exemples à foison. Et ce qui est encore plus étonnant, l'homme vertueux succombe parfois dans l'entreprise la plus juste et la plus raisonnable. N'y a-t-il pas dans tout cela un désaccord incompréhensible, une espèce de lutte scandaleuse entre la raison immuable et nécessaire qui nous enseigne ce qui doit être, et les faits variables et contingents qui nous montrent ce qui est ? Est-il possible de concevoir cette défaite du bien, et ce triomphe du mal ? Voilà l'objection redoutable qu'on a de tout temps opposée à la possibilité de l'existence d'une providence dans l'ordre moral.

Nous ne nous arrêterons pas à reproduire ici toutes les excellentes raisons qu'on a mises en avant pour expliquer et justifier l'action de la providence, et montrer son accord avec l'énergie propre et originale de l'être contingent, agent libre et moral. A quoi bon répéter plus mal ce qu'on a si bien dit avant nous ? Ajoutons-y seulement quelques réflexions.

Et d'abord nous ferons observer que l'explication qu'on a voulu donner du triomphe du mal, en disant qu'il n'est que passager, et que tout doit rentrer dans l'ordre dans un avenir dont l'éloignement importe peu, puisque le temps infini s'épand devant nous, et qu'au prix de cette durée sans fin la période la plus longue n'est qu'un point imperceptible ; cette explication, disons-nous, est loin de nous satisfaire complètement. Il nous semble qu'il est impossible que le bien, à cause même de sa nature, ait jamais actuellement le dessous : l'admettre, ce serait, à notre avis, subordonner le positif au négatif, abaisser l'être devant le néant. Nous espérons faire voir plus bas que cette prétendue victoire du mal n'est qu'une pure apparence, et qu'elle n'est même pas un avantage passager, comme on l'accorde trop facilement.

En second lieu, remarquons que les plaintes contre la providence ne reposent pas sur un point de vue absolu, et ne sont que le résultat d'une appréciation purement relative, c'est-à-dire que nul homme n'accuse jamais la providence qu'en comparant son lot à celui des autres. Prenons l'être qu'à notre point de vue borné nous jugeons le plus malheureux : il est bien certain qu'en lui la somme du bien l'emporte sur celle du mal, par la raison que nous en avons donnée ci-dessus, où nous avons montré que le bien peut former une somme, puisqu'il se compose de réalités, tandis qu'il ne saurait en être ainsi du mal, qui n'est rien de positif, mais seulement la privation d'un plus grand bien. Chez cet homme il y a donc du bien, mais à proprement parler point de mal: l'être se trouve chez lui à une certaine dose, et par une suite nécessaire le néant en est absent, si l'on peut s'exprimer ainsi. Supposons qu'il fût seul à jouir de l'existence, qui lui aurait été départie par un privilège spécial ; de quoi pourrait-il se plaindre, dans cette hypothèse ? Une libéralité purement gratuite n'autorise pas celui qui la reçoit, à blâmer la mesure que son bienfaiteur a cru devoir y apporter: c'est là une vérité constatée par un proverbe vulgaire. Mais cet être n'existe pas seul, et dès lors se comparant à ses semblables, et s'apercevant, ou, pour mieux dire, croyant s'apercevoir qu'ils ont été plus largement dotés que lui-même, il se juge en droit d'en murmurer. Or il est évident qu'il n'a pas plus de raison de le faire dans ce cas qu'il n'en aurait dans le précédent : les dons conférés à un autre ne lui nuisent en rien, et ne sauraient constituer pour lui-même aucun droit acquis. Ainsi donc, à ne considérer l'être contingent qu'en lui-même, il n'a aucun motif d'accuser la providence ; il doit bien plutôt la bénir et la remercier de ses présents.

Cependant, si la cause suprême ne doit rien à cet être contingent, elle se doit à elle-même d'observer une répartition rigoureusement exacte et proportionnelle des dons qu'elle répand à pleines mains. Or il semble, à première vue, que cette condition n'est pas remplie; et de là les plaintes de la créature qui croit n'avoir pas obtenu, dans la distribution des biens prodigués par la providence, la part que semblait devoir lui accorder équitablement la justice souveraine et absolue. Mais il y a dans cette impatience, que nous n'hésitons pas à qualifier de criminelle et d'insensée, une double erreur: la première prend sa source dans l'orgueil, ce grand ennemi du genre humain; la seconde, dans une confusion, où tombent presque tous les hommes, entre le plaisir et le bonheur, méprise que nous tâcherons de faire disparaître, en établissant une distinction fondamentale entre l'un et l'autre.

L'erreur provenant de l'orgueil repose sur ce faux raisonnement : «Je vis pauvre et inconnu, je languis au sein des privations et de l'obscurité la plus profonde, tandis que tel et tel, qui valent moins que moi, nagent dans les richesses et les plaisirs, et vivent entourés d'honneurs et de considération. Un autre jouit du bonheur, et moi, tout aussi méritant que lui, si ce n'est davantage, j'en suis privé. La providence est donc injuste, puisqu'elle n'observe pas une proportionnalité exacte dans la répartition des biens et des maux.»

Mais d'abord, en supposant que ces hommes dont vous enviez le sort jouissent du bonheur, supposition purement gratuite, car,

> «Tel voudrait bien être soldat,
> A qui le soldat porte envie;»

dans cette hypothèse, disons-nous, êtes-vous bien sûr de valoir mieux qu'un autre, et d'être plus digne de récompense? La croyance que vous en avez découle-t-elle d'une juste appréciation, ou n'est-elle qu'une vaine suggestion de votre amour-propre? Peut-on vous accepter pour juge dans votre propre cause? D'où vient que, selon l'observation du moraliste,

> «Nul n'est content de sa fortune,
> Ni mécontent de son esprit?»

ne faut-il pas voir l'origine de cette disposition générale dans l'estime exagérée que chacun professe pour sa personnalité? On n'en saurait douter, lorsqu'on vient à réfléchir que les plus sages donnent moins que les autres dans ce travers presque universel, quoiqu'ils n'en soient pas tout à fait exempts : chez eux, la modestie, fruit de la réflexion, est toujours la compagne des talents et des vertus, et corrige les entraînements inévitables de l'amour-propre. N'est-ce pas une vérité d'expérience que ceux qui sembleraient avoir le plus de droit à se plaindre de l'inégale répartition des avantages de ce monde, sont précisément ceux qui s'en plaignent le moins? N'avez-vous jamais rencontré un homme doué d'un beau génie, de facultés supérieures, modèle d'une vie irréprochable et de mœurs pures, résigné, dans le sein d'une existence pauvre et ignorée, à gagner son pain quotidien et celui de sa famille, à la sueur de son front, dans des travaux obscurs et bien au-dessous de sa haute capacité? Se plaint-il que la providence ne le comble pas de richesses, ne propage pas son nom dans le monde par la bouche de la Renommée, ne fasse pas affluer tous les honneurs sur sa tête? Il marche, toujours calme et serein dans la droite voie, jusqu'à ce qu'il aille reposer, près de ses pères, entre les bras de notre nourrice commune, la terre, dans ces sombres demeures où les méchants, d'après Job, cessent leurs folles agitations,

« Où l'esclave repose à côté de son maître[1] ».

---

[1] A ceux qui nous accuseraient de ne tracer ici qu'un portrait de fantaisie, nous rappellerions Cléanthe gagnant sa vie à puiser de l'eau pour l'arrosement des jardins, et Spinoza à polir des verres de lunettes d'approche. Sénèque, parlant d'Epicure, ne dit-il pas : *hic ignotus ipsis Athenis fuit, circa quas delituerat ?* Et au témoignage du même

Qui n'a vu, par contre, cette foule d'individus vulgaires, ou plus que médiocres, parfois même tout à fait sots et vicieux, dont le mince mérite ne peut faire illusion qu'à eux-mêmes, ou à la tourbe ignorante, laquelle se laisse toujours prendre aux marques extérieures[1] ? Tout entourés qu'ils sont d'honneurs et d'avantages hors de toute proportion avec leur valeur réelle, ils ne cessent d'assourdir la providence de leurs cris, la traitant d'injuste marâtre, non certes pour les biens dont elle les comble et qu'elle devrait réserver à de plus dignes, quoique ce reproche fût le seul fondé en apparence, mais pour ceux qu'elle refuse à leurs insatiables appétits. N'est-ce pas à propos de cette race avide et impertinente que le poète fait dire au Destin :

«Ce baudet-ci m'occupe autant
Que cent monarques pourraient faire ?»

Du reste, il serait un moyen sûr (que n'est-il applicable !), sinon de les réduire au silence, du moins de se convaincre soi-même du peu de sin-

auteur, le philosophe de Gargette n'affirme-t-il pas dans une de ses lettres : *Nihil sibi et Metrodoro inter bona tanta nocuisse, quod illa nobilis Græcia non ignotos tantum habuisset, sed pene inauditos ?* Combien d'autres hommes illustres dans tous les genres nous offrent, eux aussi, le même spectacle ?

[1] « L'âne n'en sait juger que par ce qu'il en voit ;
Le renard, au contraire, à fond les examine. »

cérité réelle et foncière des lamentations de ces mécontents. Qu'on leur offre de changer leur état, dans sa totalité, contre celui des hommes auxquels ils portent envie, pas un n'acceptera. *Nolint*, «ils refuseraient», dit très judicieusement et très exactement le poète, qui s'est montré en cela profond observateur. Que chacun descende dans le fond de sa conscience, et qu'il ose ensuite le contredire.

Cependant, si nous jetons un regard calme et désintéressé sur les affaires humaines, nous ne saurions disconvenir qu'elles ne nous présentent certains désordres apparents qui choquent notre faible raison : un scélérat meurt dans son lit, Socrate boit la ciguë. La vue de telles injustices frappe de surprise et ceux qui en sont les victimes, et leurs simples spectateurs, qu'elles indignent sans pourtant les atteindre directement. Cette indignation est sincère au fond et désintéressée, nous voulons bien le croire ; mais elle n'est pas cependant tout à fait pure et dégagée de toute considération personnelle [1]. Aussi répète-t-on sans cesse avec amertume : La vertu et le mérite ne sont pas récompensés dans ce monde ; et se laissant parfois entraîner sur cette pente, on va jusqu'à joindre le blasphème à la plainte, et l'on s'écrie : Dieu n'est pas juste. De-

---

[1] *Proximus ardet Ucalegon.*

mande-t-on la preuve de cette extravagante accusation, l'on entend dire aussitôt : Eh ! ne voyons-nous pas tous les avantages terrestres affluer vers ceux qui ne méritent pas cette faveur ? Insensés que vous êtes, dirons-nous à notre tour à ceux qui parlent ainsi, vous n'avez pas lieu d'accuser la providence d'injustice, mais bien vous-mêmes d'inattention et d'aveuglement à vous laisser séduire par une fausse interprétation, qui vous conduit à une conclusion erronée et coupable. Il nous semble, à nous, que si la souveraine justice accorde quelque chose à des hommes souillés de crimes, tout ce que nous pouvons légitimement en conclure, c'est, non pas que la providence est injuste, mais que de tels dons ne peuvent ni ne doivent être considérés comme de réels avantages. « Que de gens perdus par leurs hautes fonctions ! » dit un ancien[1]. Que vous les regardiez comme des biens, vous et vos semblables, soit ; mais cela n'empêche pas que la suprême sagesse n'en juge autrement ; or, d'elle ou de vous, qui se trompe ? qui connaît mieux le fond des choses ? qui est mieux à même d'en porter un jugement rigoureusement exact ? N'apprendrons-nous jamais à sainement apprécier les biens et les maux ? Distribuerons-nous toujours au hasard ces dénominations, au gré

---

[1] *Quam multos accepta afflixere imperia !* (Pline.)

de notre caprice, de nos passions du moment, et du souffle passager et changeant qui les agite et nous pousse dans telle ou telle direction ? L'avare, le cupide, l'ambitieux, le joueur effréné, le débauché, le malheureux plongé dans le vice honteux de l'ivrognerie, peuvent-ils s'entendre entre eux, quand ils parlent des biens et des maux, eux qui ne tendent pas plus au même but que deux tourbillons de poussière chassés par des vents partis de deux points opposés de l'horizon ? Ce n'est donc pas la passion qu'il faut consulter pour décider quelles sont les choses qui méritent d'être appelées utiles et avantageuses, mais bien la raison seule. Une médecine amère, qui révolte les sens, mais rétablit la santé ; une opération chirurgicale, qui crispe et fait frémir toutes nos fibres, mais nous rend l'usage d'un membre menacé de gangrène, sont-elles bonnes ou mauvaises ? C'est en nous plaçant au point de vue de la raison absolue que nous pourrons apprécier sainement les choses. Voilà ce que nous allons essayer d'accomplir.

Déterminer la signification exacte et précise du mot *bien* semble, à première vue, la chose du monde la plus facile, puisqu'il n'est pas d'idée qui nous soit plus familière, qu'il n'en est point dont l'expression revienne plus souvent dans le langage des hommes ; et cependant il n'en est peut-être pas qui ait donné lieu à plus de discussions, et sur laquelle on se soit moins entendu. La vertu est-elle un bien ? Tout le monde s'accorde, cette fois, à répondre affirmativement. La sagesse, la justice, la tempérance et la force, ces quatre sources de l'honnête, ces quatre fondements de la vertu, sont donc incontestablement des biens. Mais le plaisir, et tout ce qui peut contribuer à nous le procurer, comme la santé, la beauté, la richesse, l'estime, la gloire, la renommée, sont-ce là également des biens ? Oui, n'hésitent pas à répondre quelques philosophes, véritables coryphées soutenus de l'assentiment unanime du chœur qu'ils représentent, c'est-à-dire du genre humain presque tout entier. Non, nous déclarent d'autres philosophes avec pleine assurance : ce ne sont là que des choses extérieures, étrangères à l'âme, et par conséquent indifférentes (ἀδιάφορα), auxquelles on ne saurait donner le nom de biens, sans déshonorer une appellation sacrée qui ne convient qu'à la vertu. On peut les nommer des avantages (*commoda*); mais des biens, jamais.

Le dissentiment est ici formel et catégorique ; nous professons assurément le plus profond respect, et nous ressentons la plus vive sympathie pour la morale stoïcienne ; mais nous avouons que son désaccord, sur ce point, avec l'opinion commune de l'humanité, nous donne à réfléchir et nous embarrasse : nous croyons qu'il est souvent dangereux de se mettre en opposition directe avec les notions courantes adoptées par le bon sens du vulgaire, et qu'en agissant ainsi l'on s'expose à s'engager dans la voie de l'erreur, ou tout au moins à inspirer d'injustes préventions et de l'éloignement pour des doctrines qui contiennent un fond réel de vérité. Toutefois remarquons que, lorsque deux opinions divergentes se produisent, il est bien rare que la vérité tout entière se trouve d'un seul côté, sans qu'il y en ait quelque parcelle de l'autre. Examinons s'il n'en serait pas ainsi dans le cas actuel, et dans ce but, déterminons ce qu'il faut entendre par le bien, quelles en sont la portée, l'extension, l'essence et la nature.

On s'est quelquefois demandé ce qu'est le bien en soi. La solution purement théorique de cette question ne nous conduirait pas au but que nous poursuivons. Le bien n'est pas un être, c'est un mode de l'être ; or un mode, en dehors de l'être où il réside, n'est rien qu'une pure abstraction, c'est-à-dire un non-être métaphysique. Pour le déterminer, pour savoir ce qu'il est, il faut toujours le considérer dans cet être auquel il appartient et sans lequel il ne saurait constituer une réalité. Il ne faut donc pas se demander ce qu'est le bien en soi, comme si c'était quelque chose venant du dehors se joindre à l'être pour le modifier, mais ce qu'est le bien dans l'être, dont il est inséparable. Et qu'on ne s'imagine pas que nous soulevons ici une pure question de mots, argutie futile et sans importance : il n'en est rien, et l'on verra bientôt qu'elle a sa gravité.

En conséquence, pour poser la question dans les termes convenables, nous nous demanderons quel est le bien de l'être. Or, le bien de l'être étant une modification de son existence, un résultat, une manifestation de son essence, le bien de l'être est ce qui se trouve en parfaite harmonie avec cette existence, ce qui la seconde et la favorise dans son développement, ce qui fait que l'être est le plus possible ; ou, en d'autres termes, le bien est l'être lui-même en acte. C'est là ce qu'on a voulu exprimer en disant que le bien est la fin de l'être. La fin d'un être ne peut que se trouver conforme à sa nature ; or la nature d'un être est d'exister : donc plus un être existe, plus il est conforme à sa nature, et par suite plus il y a de bien en lui.

Mais alors comment peut-il se faire que certains philosophes (méritaient-ils un pareil nom ?) aient soutenu sérieusement que le bien ou la fin de l'être, ce qui revient au même, était l'anéantissement ? De toutes les absurdités qui jamais ont pu sillonner une cervelle humaine, voilà bien la plus étrange, la plus extravagante. Comment ! Le néant, qui n'est absolument rien, pas même une abstraction, pourrait donc ainsi devenir quelque chose, et ce quelque chose serait le bien! Mais pour qu'il le fût, il faudrait d'abord qu'il eût une réalité quelconque, et alors il ne serait plus le néant. Une pareille aberration semble absolument inexplicable, et cependant nous croyons qu'on peut essayer de la comprendre autant que de telles insanités peuvent donner prise à l'intelligence, par ce que nous avons dit ci-dessus. Ces prétendus philosophes ont considéré le bien comme étant quelque chose en soi, distinct de l'être où il réside, venant du dehors, et s'adjoignant à lui pour le modifier dans tel ou tel sens. Il suffirait pour les réfuter, si leur méprise méritait l'honneur d'une discussion, de rétablir l'identité qu'ils méconnaissent entre l'être et le bien. Peut-être, sans aller chercher si loin l'origine du rêve de ces merveilleux sages, ont-ils été simplement égarés par une assimilation grossière. Les poètes ont souvent appelé le sommeil le frère de la mort ; or le sommeil est toujours accompagné d'un sentiment confus et sourd de bien-être : dès lors, de méchants raisonneurs, trompés par cette métaphore, et assimilant la mort au sommeil d'une part, et à l'anéantissement de l'autre, se sont imaginé qu'on devait éprouver, dans l'anéantissement, ce même sentiment vague de repos et de quiétude accompagnant le sommeil, ou tout au moins quelque chose d'analogue à ce sentiment. Nous n'aurions pas insisté sur ce point, et n'aurions même pas mentionné cette bizarre opinion, si nous ne savions par expérience combien les plus grossiers sophismes, appelés au soutien des folies les plus hostiles au bon sens, peuvent égarer le pauvre esprit de bien des hommes. Il est du reste par trop évident que ce désir de non-être, qui peut s'emparer de quelques malheureux dans le trouble de leurs facultés intellectuelles, n'est nullement un fait normal; le vrai cri de la nature est pour l'existence à tout prix :

« Qu'on me rende impotent,
Cul-de-jatte, goutteux. manchot, pourvu qu'en somme
Je vive, c'est assez, je suis plus que content.
Ne viens jamais, ô Mort ! »

On a plus à craindre, chez les hommes en général, un excès d'attachement que de mépris pour la vie.

Le bien de l'être n'est donc autre chose que l'existence. Or l'existence, comme nous l'avons dit ci-dessus, étant la manifestation des attributs de l'être, plus cette manifestation se développera et par suite plus elle approchera de la plénitude ou de l'infini, d'autant plus s'accroîtra le bien de l'être C'est donc la plus grande extension possible donnée à notre activité, à notre intelligence, à notre sensibilité, qui tendra à réaliser de plus en plus notre fin, ou, ce qui est la même chose, le bien en nous. Ce bien est identique avec ce qu'on nomme le bonheur, vers lequel nous entraîne sans cesse une aspiration infinie comme le but qu'elle poursuit. C'est ce bonheur qui constitue la récompense de la vertu. Nous dirons de cette récompense ce que nous avons dit du bien lui-même : elle n'est pas quelque chose venant du dehors se joindre à nous pour procurer à notre sensibilité un ébranlement agréable, comme le sont les récompenses humaines ; elle est inhérente à la vertu, ne fait qu'un avec elle, en est absolument inséparable, et n'est en quelque sorte que la vertu ayant conscience d'elle-même.

Il serait sans doute puéril de nier que parfois, chez l'homme vertueux, les rudes atteintes de la douleur, dans une espèce de paroxysme de la sensibilité, amortissent pour quelques instants le rayonnement et la lucidité de l'intelligence ; comme le vent fait dévier la flamme, dont il efface momentanément l'éclat, sans parvenir cependant à l'étouffer et à l'éteindre. Le patient cesse alors, pour ainsi dire, d'avoir conscience de cet état supérieur de son âme, lequel est la récompense permanente de la vertu. Mais ce n'est là qu'un phénomène transitoire : cette conscience, s'il cesse de l'avoir en acte, existe toujours en puissance, et s'obstine à reparaître constamment, aussitôt que cette violence passagère s'apaise ; de même que le roseau relève la tête, dès que la rafale s'arrête comme pour reprendre haleine. C'est le contraire qui se produit chez le méchant : lorsqu'il tombe dans un vif accès de souffrance, il n'en sort que pour retomber dans un état de malaise peut-être plus redoutable encore, quoique moins poignant ; car une crise aiguë et rapide est moins à craindre qu'une douleur plus sourde, mais persistante et sans relâche. La continuité augmente donc, d'un côté la joie, de l'autre la peine. En sorte qu'on peut dire avec vérité que l'état habituel de l'homme de bien est la paix et le contentement ; et celui du méchant, le trouble et la douleur : le premier est naturellement heureux ; le second, naturellement malheureux, sans qu'il y ait rien d'absolu dans la manière d'être de l'un et de l'autre.

Ainsi donc, le bonheur étant pour l'homme la conséquence nécessaire et immédiate de la conscience qu'il a de sa valeur morale, nous devons en conclure que la vertu qui se connaît, et par cela seul qu'elle se connaît, n'a point à languir après sa récompense, comme un mercenaire auquel on ferait attendre son salaire ; elle la porte toujours avec elle, non pas comme un espoir pour l'avenir, mais comme une réalité actuelle, et nous pourrions ajouter éternelle. Nous reviendrons tout à l'heure sur ce point, après avoir bien précisé ce qu'il faut entendre par le plus grand développement possible de l'activité, de l'intelligence et de la sensibilité.

Il ne faudrait pas s'imaginer que l'accroissement anormal d'une seule ou de deux de ces facultés augmentât en nous la somme du bien : elle tendrait plutôt, au contraire, à la diminuer. Le bien ou le bonheur de notre être ne tient pas au développement isolé d'un des éléments qui le composent, mais à leur harmonie et à la juste proportion qui doit régner entre eux : sans cette condition, il y a plutôt en nous rétrogradation que progrès. Ainsi, par exemple, une place trop large faite à la sensibilité, rompant tout équilibre entre nos facultés, suffit à nous dégrader et à nous corrompre, par diminuer en nous la somme du bien ou du bonheur, et à nous rendre à la fois coupables et malheureux. Ce n'est donc pas en vain que les moralistes se sont efforcés de nous mettre en garde contre le plaisir, qui, semblable à des aliments flatteurs au goût mais nuisibles à la santé, ne nous caresse que pour nous mieux séduire, et nous entraîner à notre perte.

Ce n'est pas que le plaisir soit mauvais en soi ; on peut au contraire dire qu'il est bon, et contient quelque perfection. Comment s'expliquer sans cela que certains philosophes en eussent fait l'éloge, et qu'un homme de la valeur d'Épicure eût prétendu même en faire la règle de notre conduite ? Comment comprendre surtout qu'il eût été placé en nous par l'auteur de tout bien, aucun présent empoisonné, ou même simplement inutile ne pouvant nous venir d'une telle main ? C'est ce que la sagacité de Leibnitz a parfaitement pénétré, et ce qu'il exprime avec sa profondeur ordinaire. « Tout plaisir, dit-il (*Théod.*, Partie III, § 278), est un sentiment de quelque perfection. » « Les plaisirs mêmes des sens se réduisent à des plaisirs intellectuels confusément connus » (*Principes de la nature et de la grâce*, § 17). Il dit encore ailleurs (*Théod.*, Partie II, § 154) : « Le franc arbitre va au bien, et s'il rencontre le mal, c'est par accident, c'est parce que le mal est caché sous le bien et comme masqué. Ces paroles qu'Ovide fait dire à Médée :

Video meliora proboque,
Deteriora sequor[1],

signifient que le bien honnête est surmonté par le bien agréable, qui fait plus d'impression sur les âmes quand elles se trouvent agitées par les passions. » Enfin nous lisons dans sa *Théodicée*

---

[1] « Je vois le bien, je l'aime, et tombe dans le mal. »
L'expression latine *deteriora* est parfaitement juste, parce qu'elle indique, non pas que le *mal* nous entraîne, mais seulement *le moins bon*. Peut-être aurions-nous dû la traduire par *le pire*.

(Partie 1re, § 33) : « La volonté tend au bien en général ; elle doit aller vers la perfection qui nous convient, et la suprême perfection est en Dieu. Tous les plaisirs ont en eux-mêmes quelque sentiment de perfection ; mais lorsqu'on se borne aux plaisirs des sens ou à d'autres, au préjudice de plus grands biens, comme de la santé, de la vertu, de l'union avec Dieu, de la félicité, c'est dans cette privation d'une tendance ultérieure que le défaut consiste. En général, la perfection est positive, c'est une réalité absolue ; le défaut est privatif, il vient de la limitation et tend à des privations nouvelles. Ainsi c'est un dicton aussi véritable que vieux : *Bonum ex causa integra, malum ex quolibet defectu* ; comme aussi celui qui porte : *Malum causam habet non efficientem, sed deficientem.* » On voit, par ces citations multiples, combien ce grand philosophe est pénétré de cette idée et de son importance, puisqu'il y revient si souvent.

Le plaisir n'est donc pas repoussé par les moralistes en tant que plaisir, mais comme rompant l'équilibre de l'âme et troublant l'harmonie générale des facultés de notre être, lorsqu'il n'est pas accompagné d'un développement parallèle de l'activité et de l'intelligence. Au contraire, toutes les fois que, cette condition étant remplie, il se trouve renfermé dans de justes bornes, loin d'être un mal il est un bien, et contribue à notre perfectionnement, puisqu'il contient en lui-même quelque perfection. Et s'il était besoin d'en fournir une preuve sensible, nous ferions observer qu'il accompagne le fonctionnement régulier de toutes nos facultés intellectuelles, morales et physiques, c'est-à-dire le développement normal et continu de notre être, et qu'il est ainsi la mesure et la condition de ce développement. Toute la question est de savoir si cet épanouissement de la sensibilité est accompagné d'un accroissement analogue et simultané de l'intelligence et de l'activité. Il en résulte que le plaisir mérite, à quelques égards, le nom de bien que lui refusent absolument les Stoïciens. Il n'est pas sans doute, comme la vertu, un bien absolu et en soi; mais il contient quelque bonté, et ne peut devenir mauvais que par l'abus qu'on en fait. La vertu elle-même, pourquoi est-elle un bien absolu ? C'est uniquement parce qu'elle cultive et fait épanouir tout à la fois notre raison, notre volonté, notre sensibilité, et qu'elle élève et agrandit ainsi tout notre être, dans la totalité de ses manifestations ou de son existence. Tel est le sens propre et étymologique du mot de *vertu*, qui, chez les anciens, et même parfois chez les modernes, désigne le plus haut degré de valeur intellectuelle, morale, et même physique d'un être.

Il est facile maintenant, d'après ce que nous venons de dire, d'établir une distinction nette et précise entre le bonheur et le plaisir, deux sortes d'états que les hommes confondent si souvent à leur très grand préjudice. On peut même affirmer que cette confusion est la source de tous les troubles et de tous les désordres du monde moral. C'est en ce sens qu'on peut dire jusqu'à un certain point, avec Platon et son maître, que la vertu est une science : elle est en effet la science du bonheur, après lequel courent tous les hommes sans pouvoir jamais l'atteindre. Quand il s'offre à leurs yeux sous ses traits véritables, et qu'ils sont sur le point de le reconnaître, de le saisir et de l'embrasser, un fantôme, le mal, sous un masque trompeur, s'interpose entre eux et lui, leur en dérobe la vue, et les entraîne à sa poursuite, comme une nouvelle proie égare et emporte le vautrait dépisté. Le masque dont se couvre ce spectre malfaisant n'est que la face même du plaisir, qui, par sa ressemblance avec son proche parent, le bonheur, attire à lui les infortunés qu'il fourvoie, parfois à leur insu, mais qui trop souvent aussi se plaisent à se laisser séduire. Ne leur laissons aucune excuse, ni à eux ni à nous-même, en traçant d'une main ferme et scrupuleusement rigide le portrait de l'un et de l'autre, de manière que nul ne puisse s'y tromper, à moins de fermer volontairement les yeux pour ne point voir.

Tracer dignement le portrait du bonheur ! qui

oserait se flatter d'accomplir une pareille tâche? C'est tout au plus si l'on peut en exposer aux regards des hommes une légère esquisse sans coloris et sans vie, un crayon, une ombre. Il est identique au bien ; or le bien est infini, et l'infini échappe à tout l'effort de notre intelligence pour le saisir et l'embrasser dans toute sa plénitude : nous ne pouvons que l'entrevoir, et, le considérant sous ses divers aspects, porter un œil avide, ardent, mais respectueux et timide, sur les innombrables avenues sans fin qu'il déroule devant nous, jusqu'à nous donner le vertige. Ces routes immenses, dont il nous ouvre la perspective, ne sont pas uniquement un admirable spectacle, ni un vain amusement offert en pâture à la curiosité de notre entendement ; c'est en outre un stimulant pour notre activité, une source de joies saines, fortes et vivifiantes pour notre sensibilité. De ces profondeurs insondables, s'élève une voix puissante et mélodieuse; elle nous appelle, nous encourage, nous pousse à répondre à sa prévenance, à la suivre dans ces régions où les merveilles succèdent aux merveilles, les splendeurs aux splendeurs, les délices aux délices. Le bonheur, fin suprême, bien absolu de tout ce qui existe, est l'effusion des êtres, leur expansion dans tous les sens ; il est l'ordre, la proportion, l'harmonie infinie et absolue dans la vie individuelle et dans la vie générale ; ou, comme l'ont défini certains philosophes, l'attraction incessante et la gravitation perpétuelle vers l'être absolu, source adorable et but suprême de tout ce qui participe à l'existence. En un mot, le bonheur c'est le beau, le bien et le vrai, dont nous sommes tous appelés à nous rassasier; vrais aliments de l'âme, servis en abondance, à profusion sur la table du banquet universel, auquel sont conviées toutes les créatures.

Pures illusions d'une imagination exaltée, vont nous dire, en souriant d'un air capable et dédaigneux, quelques pessimistes endurcis. Nous voulons bien accepter la leçon pour la méditer à loisir, mais à une condition : c'est qu'ils nous expliqueront nettement ce qu'ils entendent par l'imagination ; car si par hasard ils prenaient ce mot dans le sens que tout le monde lui donne, nous n'aurions pas besoin de réfléchir pour leur dire que leur proposition, admise comme vraie, ne pourrait absolument rien prouver contre notre thèse. Il est en effet reconnu de tous que cette faculté peut bien combiner des éléments, les idéaliser même, mais qu'il faut de toute nécessité que ces éléments, qu'elle est impuissante à créer, lui soient fournis par la nature. Oui, répliqueront-ils, mais l'imagination idéalise, c'est-à-dire qu'elle pare, agrandit, poétise les éléments, et les défigure en les exagérant. Soit, admettons-le; mais il leur reste encore à nous expliquer d'où l'imagination a tiré cette puissance d'idéalisation. Se résigneraient-ils à prétendre qu'elle la puise dans le néant? Ce serait absurde, il est vrai ; mais s'ils ne nous indiquent pas la source demandée, ils seront forcés de reconnaître que cette fée merveilleuse ne peut emprunter ses couleurs que de la réalité même, comme le peintre prend les siennes sur sa palette : en sorte que dans les produits de cette faculté, qu'on accuse de ne fournir que des fictions, tout serait réel, et le fond même des choses. et le coloris dont elle les revêt. Gardez-vous bien, dirons-nous à ces imprudents détracteurs, de médire de l'imagination: c'est à elle que nous devons les plus grandes, les plus belles et les plus importantes découvertes dans les sciences ; c'est elle qui leur fait faire de temps en temps un de ces pas de géant, illustrant à lui seul un siècle dans la foule des autres. Pythagore, Archimède, Newton, Laplace et tant d'autres ont imaginé les vérités et les théories dont ils nous ont enrichis, avant de les démontrer. Bien plus, ils n'ont pu songer à les démontrer qu'après les avoir imaginées, et que parce qu'ils les avaient imaginées. Cette faculté, si trompeuse selon vous, les a-t-elle égarés, ou les a-t-elle conduits tout droit, par le chemin du génie, à la connaissance du vrai? A qui faut-il apprendre l'importance du rôle des hypothèses, véritables produits de l'imagination, dans la méthode expérimentale ?

Singulière préoccupation qui porte certains esprits à tout amoindrir, tout rabaisser, tout détruire ; étrange manie qui les pousse, dans leur rage d'anéantissement, à tourner contre eux-mêmes la noble prérogative de la raison, qui leur a été accordée pour un meilleur usage ! Cette conduite est ausi blâmable que celle du soldat qui userait, pour se détruire, de l'arme mise entre ses mains par la patrie pour la défendre contre les ennemis du dehors. Voilà où conduit, par le chemin du paradoxe, une insatiable ambition d'originalité, se cachant sous le voile d'une ardente passion pour le vrai.

« Il nous faut du nouveau, n'en fût-il plus au monde. »

Notre époque se vante beaucoup de son horreur pour le lieu commun ; mais il faut avouer que c'est la pousser beaucoup trop loin que de lui sacrifier la vérité, le droit et la raison. Si vous ne voulez pas dire un lieu commun, taisez-vous ; mais que la fureur de parler d'une manière neuve et frappante ne vous jette jamais dans les bras de l'erreur et du mensonge. D'autant plus que vous n'êtes pas mieux garantis par là contre les redites et les trivialités, que si vous marchiez dans les sentiers les plus battus du juste et du vrai : tant la funeste manie du paradoxe a élargi son domaine et étendu ses usurpations dans le domaine de la pensée ! Si nous voulons sonder cette plaie dévorante et descendre à la source première, à la racine même du mal qui nous travaille, nous trouverons qu'elle n'est autre que l'orgueil, le plus odieux, le plus détestable fléau de l'humanité, et malheureusement le plus indéracinable de ses penchants. Efforçons-nous donc, de toute notre énergie, de nous rendre modestes et simples de cœur, et nous aurons fait un pas décisif vers le perfectionnement moral et intellectuel, et vers le bonheur son inséparable compagnon.

Laissons là ces tristes et désolantes doctrines, qui ne sont qu'une conséquence fatale des suggestions du monstre suborneur, et poursuivons notre chemin.

Après ce que nous venons de dire du bonheur, qui pourrait encore le confondre avec le plaisir ? Comment ne pas distinguer cet ébranlement, affectant la sensibilité toute seule, de cette commotion profonde, de cet élan de l'être tout entier, qui le laisse agrandi, fortifié, ravi, transformé, et qui grave en lui les empreintes ineffaçables de cette heureuse modification ? La possession du bonheur engendra-t-elle jamais cet énervement, ce désenchantement, ce dégoût, ces amers regrets, tristes et fidèles satellites du plaisir, desquels l'importune présence nous obsède d'autant plus que l'aiguillon de la jouissance a été plus pénétrant et plus vif ? C'est que, dans le plaisir, quand il se produit seul, nous ne jouissons pas, à proprement parler, nous ne faisons que pâtir : ce qui explique très bien cette promiscuité entre le plaisir et la douleur, qui les rend inséparables[1]. Nous pâtissons en effet dans le plaisir, puisqu'il n'y a qu'un élément passif de notre être qui s'y trouve sollicité et mis en jeu par une cause étrangère à nous-mêmes. Pour qu'il y eût pleine et entière jouissance, génératrice du bonheur, il faudrait qu'il existât une intervention efficace de toutes les puissances de notre être, à savoir : de notre activité libre et volontaire, et par conséquent de notre intelligence, en même temps que de notre sensibilité. C'est là précisément ce qui nous arrive dans le bonheur, à la possession duquel participe notre être tout entier, avec un ensemble parfait et une harmonie complète. Là l'intelligence, l'activité, la sensibilité, sont mises simultanément en branle, et vibrent de concert, comme les cloches lancées à toute volée en un jour de fête solennelle et de réjouissance ; là toutes les forces du moi développent l'énergie qui leur est propre, sans qu'aucune, sortant de son rôle, usurpe celui qui ne lui appartient pas, et empiète sur les autres facultés. C'est ainsi qu'en musique, l'exécution d'un morceau d'ensemble est d'autant plus irréprochable que chacune des parties concertantes est mieux liée et subordonnée à toutes les

---

[1] ....ὥσπερ ἐκ μιᾶς κορυφῆς ἡμμένω δύ ὄντε. (Phédon, III.)

autres. Le plaisir est une usurpation de la sensibilité ; le bonheur est le règne paisible et uni du pouvoir actif, du pouvoir intelligent, du pouvoir sensitif, se renfermant chacun dans les limites de ses attributions. Cet accaparement, cette action isolée et exclusive d'un des éléments du moi, être essentiellement un, doit produire en lui comme une espèce de déchirement douloureux, et le mal-être qui en résulte, conséquence du plaisir, est d'autant plus accentué que ce plaisir a été plus vif et plus prolongé. Porté jusqu'à ses dernières limites, il peut même entraîner la dissolution et la ruine de l'organisme vivant, comme son congénère la douleur : les exemples n'en sont pas rares. De même, dans un état, règneront l'anarchie, le désordre et tous les maux qui en sont la conséquence, si l'un des trois pouvoirs, le législatif, l'exécutif ou le judiciaire, cherche à s'attribuer les fonctions des deux autres, et les malheurs en résultant seront d'autant plus graves et profonds que l'empiétement aura éclaté plus violent et plus impétueux. Les troubles mêmes, arrivant à leur apogée, peuvent aboutir à une catastrophe finale : la dissolution et la ruine du corps social.

Nous savons maintenant, d'une manière exacte et précise, ce qu'est le bonheur, ce qu'est le plaisir, et par conséquent en quoi ils diffèrent l'un de l'autre ; nous ne pouvons donc plus tomber, à cet égard, dans la fâcheuse confusion où se laissent entraîner la plupart des hommes. Ainsi, lorsqu'on nous demandera : Qui jouit de la plus grande somme de bonheur en ce monde? Qui goûte le plus de plaisir? Nous répondrons sans hésiter, à la première interrogation : L'homme vertueux ; à la seconde, nous répondrons au contraire : L'homme vicieux. Ces deux réponses découlent naturellement de tout ce que nous venons d'exposer, si nous n'avons pas cédé à de vaines illusions.

Nous pouvons donc, à notre tour, dire à nos lecteurs : Hé bien ! qu'en pensez-vous ? Est-il encore possible de répéter sérieusement ce véritable lieu commun sans cesse rebattu, que le bonheur est ici-bas le lot du vice, et le malheur celui de la vertu ? Si l'on a le droit de s'armer de rigueur contre le lieu commun, c'est bien certes lorsqu'il se fait le héraut de la fausseté et du mensonge ; et c'est dans une pareille occasion que ceux qui le poursuivent de leur haine devraient faire éclater leur zèle, en déployant la plus vive énergie pour le châtier impitoyablement. Cette sévérité paraîtrait d'autant plus à sa place qu'elle serait à la fois juste et éminemment utile : rien en effet de plus nuisible à la morale, et de plus contraire à la vérité, que la propagation de ce menteur et décourageant aphorisme. Pour nous, bien loin de proclamer le divorce du bonheur et de la vertu, nous affirmons leur indissoluble union. Le mérite, résultat de l'effort de notre activité libre pour transformer notre puissance en actes conformes à la raison, et augmenter en nous la somme du bien, le mérite, disons-nous, éveille un écho dans la sensibilité qu'il sollicite et fait vibrer délicieusement à l'unisson de l'intelligence et de l'activité. Et tandis que la sensibilité physique, d'après une loi bien connue, s'émousse par l'exercice, la répétition de cet ébranlement, produit par le mérite moral, fait qu'il est de mieux en mieux goûté par l'agent qui l'éprouve : sa douceur insinuante le pénètre, le flatte avec plus de délicatesse, et, se glissant peu à peu jusque dans le fond de son âme, finit par y implanter ce goût pur de la vertu, dont les cœurs qui en ont été le plus imprégnés nous parlent avec tant de charme et d'attendrissement. C'est l'accord et l'union de ces trois phénomènes, acte libre, mérite, bonheur, enlacés dans le même lien logique et métaphysique, qui constitue la récompense toujours inhérente à la vertu, et que rien n'en saurait jamais détacher. Car, ainsi que nous l'avons dit, tout coexiste, rien ne périt, le bien, moins, s'il est possible, que toute autre chose; et il triomphe, non pas dans l'avenir, ainsi qu'on le dit par habitude et par routine, mais à tous les instants, puisqu'il est éternel! D'autre part, de même que le bonheur est la récompense de la vertu, le plaisir fait la punition du vice ; non qu'il soit mauvais de sa nature, qui au contraire renferme quelque bonté, mais par les conséquences qu'il entraîne : il rompt en effet l'équilibre de nos facultés, et nous fait ainsi déchoir. Et cette punition n'est pas non plus réservée à l'avenir; elle est aussi indissolublement attachée au vice et aussi actuelle que la récompense est unie à la vertu et la suit constamment, comme l'ombre suit le corps. L'homme vertueux accumule, par la pratique du bien, un trésor qui s'accroît et s'enrichit de jour en jour ; le vicieux, au contraire, loin de s'enrichir, s'appauvrit de plus en plus: l'un monte, l'autre descend.

Mais voyez un peu l'inconséquence et l'aveuglement des hommes ! Qu'ils sont nombreux ceux qui portent envie au bonheur d'autrui, ou à ce qu'ils appellent de ce nom ! Combien en est-il qui puissent contempler celui qu'on proclame un heureux de ce monde, c'est-à-dire un mortel riche, puissant, honoré, populaire, sans se donner aussitôt à eux-mêmes la folle qualification de déshérités (comme s'ils ne se reconnaissaient le titre de fils que pour taxer leur père céleste de partialité et d'injustice!), et sans éprouver une secrète jalousie, ou tout au moins un vif désir de posséder de pareils avantages? D'un autre côté, présentez-leur un sage doué de cent rares qualités morales, probe, humain, désintéressé, charitable : Vont-ils se plaindre d'être mal partagés ? Vont-ils porter envie à ses vertus ? Vont-ils se sentir possédés de la passion de les acquérir ? Ils les admireront sans doute, les aimeront même dans leur cœur, à moins d'être tombés au dernier degré de la corruption ; mais ces malheureux, prêts à braver tous les périls, au point d'affronter même la mort pour la conquête de biens tout à fait précaires et problématiques, ne seront plus capables du moindre élan pour se mettre en possession d'une seule de ces vertus qu'ils sont néanmoins contraints d'estimer et de louer tout bas. Et cependant c'est ce qu'ils dédaignent d'acquérir qui pourrait seul leur assurer le bonheur véritable, qu'ils appellent de tous leurs vœux, et dont cependant ils n'ont fait encore qu'entrevoir la face divine. De plus, l'acquisition de tout le reste ne dépend pas d'eux-mêmes et de la vigueur de leurs efforts, mais de mille circonstances fortuites et variables ; celle des vrais biens, au contraire, ils peuvent l'attendre d'eux seuls et de l'énergie de leur volonté. Ils l'ont là, sous la main, ce bonheur qu'ils poursuivent de tout leur souffle ; et ils le méconnaissent et le négligent. Qui peuvent-ils donc accuser, s'il ne vient pas les visiter ? Est-ce la providence, ou leur propre sottise ? Laissons-les s'égarer dans leur course insensée, et tirons des conséquences utiles de ce qui précède.

Si nous sommes dans le vrai, il résulte nettement des considérations que nous venons d'exposer, que les trois idées de mérite, de bonheur et de récompense nous représentent le même objet considéré à trois points de vue différents. Il règne donc entre eux l'égalité la plus parfaite et l'union la plus absolue ; d'où il faut conclure que la vertu doit toujours obtenir immédiatement et sans délai, par cela seul qu'elle existe, un bonheur qui en est la récompense exactement proportionnelle à son mérite. La nature de cette conclusion est si excellente par elle-même, qu'à coup sûr ceux que nos raisons n'auraient pas complètement convaincus, et laisseraient dans le doute sur sa rigoureuse exactitude, ne sauraient s'empêcher de désirer ardemment qu'elle fût vraie, et que de plus habiles parvinssent à l'établir avec toute évidence.

Nous dirons à ceux qui se plaignent de ne pas jouir d'un bonheur proportionnel à leur mérite (et c'est là le cas de tous ceux qui sont mécontents de leur état, catégorie de gens assurément très nombreuse) : Ne vous faites-vous pas illusion sur ce mérite ? Êtes-vous bien sûrs qu'il soit aussi grand qu'il vous paraît ? N'y a-t-il plus en vous aucune imperfection à corriger ? Êtes-vous certains que ce malheur dont vous vous plaignez n'est pas destiné à purger votre âme, à l'épurer, à la rendre digne de tout le bonheur auquel elle aspire ? La plupart de nos chagrins prennent leur source dans notre peu de sagesse : que de gens se désolent de ce qui devrait faire leur joie, s'ils pouvaient embrasser du regard toute la suite des événements et leurs conséquences les plus éloignées ! Il ne faut qu'avoir un peu vécu et beaucoup réfléchi, pour saisir la vérité de cette observation, laquelle n'est un paradoxe que pour les esprits inattentifs. Quel malheur vient de me frapper ! s'écrie-t-on souvent. Oui, votre cœur saigne en abondance ; mais cette cruelle épreuve vous a rendu plus compatissant, plus indulgent et meilleur, et vos plaintes ressemblent à celles de l'or, qui gémirait d'être soumis à l'action du feu pour en recevoir son dernier degré d'affinement. Quand le mal nous atteint, au lieu de nous en plaindre, tâchons donc de le faire tourner à notre profit, en recherchant avec soin les imperfections dont il peut contribuer à nous guérir ; regardons-le comme un aiguillon dont se sert la raison souveraine pour aviver notre énergie trop souvent défaillante. Par là, notre intelligence mise en éveil envisagera le bien, en imposera l'exécution à la volonté, et l'accord de ces deux pouvoirs, par le retentissement qu'il aura dans la sensibilité, nous procurera ce bonheur dont nous nous plaignons de ne pas jouir. Ce bonheur, il faut qu'il soit notre œuvre propre, et loin de l'attendre du dehors, c'est nous qui, par l'heureux don du libre arbitre, devons lui donner naissance dans notre cœur. Considérons à ce point de vue les maux qui nous affligent et dès lors, bien loin d'en murmurer, nous comprendrons qu'il est juste et digne d'en rendre à la providence les plus vives actions de grâce.

Nous n'avons pas voulu, dans la discussion qui précède, nous fonder uniquement sur notre opinion personnelle touchant la nature du temps. Il est par trop clair que, si l'on adoptait nos idées à cet égard, les conclusions auxquelles nous sommes arrivé, s'imposeraient d'elles-mêmes. Nous avons préféré combattre aussi sur le terrain commun, quoiqu'il nous fût incomparablement plus défavorable, parce que le moindre avantage remporté dans ces conditions devenait plus difficile, et par suite plus important qu'une pleine victoire sur un champ de bataille choisi et préparé par nos soins et de nos propres mains.

Jetons maintenant un regard sur le monde, et considérons le spectacle qu'il nous offre, à la lumière des vérités que nous venons de constater : ne verrons-nous pas alors régner l'ordre le plus parfait là où naguère nous n'apercevions que le désordre ? Un scélérat meurt dans son lit, disions-nous, Socrate boit la ciguë. Oui ; mais ce scélérat meurt amoindri, dégradé, désespéré ; sa conscience lui met devant les yeux le nombre et la noirceur de ses méfaits, la bassesse et la difformité de ses misères ; il se sent rouler dans un abîme sans fond, dont son œil égaré se détourne avec horreur, et, malgré ses efforts douloureux pour se cramponner à la vie, il expire au milieu des plus affreuses transes morales. Le sage, au contraire, reste aussi calme devant la mort qui l'attend, que lorsqu'il pouvait la croire loin de lui ; il entretient ses amis avec la même liberté d'esprit qu'à l'ordinaire ; tous sont émus, tous fondent en larmes ; lui seul, toujours serein, leur verse de douces consolations : c'est que ses disciples sont menacés d'un grand malheur, celui de perdre un tel guide ; mais lui, qu'a-t-il à redouter ? Aussi, quand l'exécuteur de l'inique sentence lui présente la coupe qui contient la mort, il la prend, le bénit, fait d'intention une libation aux dieux, boit tranquillement le breuvage, et meurt de la plus noble et de la plus douce mort que puisse désirer un sage : trépas autant et plus glorieux que celui du soldat qui tombe sur le champ de bataille, après avoir bravement accompli son devoir jusqu'au bout.

Ce n'est pas seulement devant la mort, mais durant tout le cours de leur existence, que se produit le contraste que nous venons de signaler entre l'homme vertueux et le méchant. Le cœur du juste est une fête perpétuelle, malgré les coups qui l'atteignent parfois très profondément ;

celui du coupable est une torture vivante, malgré tous les plaisirs qui l'inondent : semblable au Satan de Milton, il porte avec lui l'enfer, car l'enfer c'est lui-même. L'homme de bien souffre, seulement dans sa sensibilité, des maux inévitables qui l'assaillent ; le pervers endure les mêmes maux, et souffre de plus, dans toute l'économie de son être, des plaisirs mêmes dont il s'entoure pour tâcher de s'étourdir et d'oublier le trouble perpétuel de son âme. Mais ces plaisirs ne font qu'aggraver sa peine, loin de l'alléger, parce qu'ils empirent à chaque instant son état, en augmentant en lui le désordre et l'agitation[1]. Pour le sage, chaque assaut du malheur vaillamment supporté est un pas de plus vers le perfectionnement, but de son être ; pour l'insensé, chaque plaisir auquel il s'abandonne est une blessure nouvelle, qui l'affaisse davantage et le fait descendre d'un degré sur l'échelle de l'existence. La douleur ajoute au bonheur de l'un, le plaisir ajoute au malheur de l'autre.

Peut-être va-t-on nous arrêter ici par nous dire : Le sentiment qu'a le méchant de sa dégradation pourrait devenir en effet une terrible punition pour lui, si la vivacité de la morsure croissait en raison directe de l'abaissement moral du coupable. Mais en est-il ainsi, et n'est-ce pas le

---

[1] *Crescit indulgens sibi dirus hydrops.* (Horace.)

contraire qui arrive ? La conscience morale s'émousse, s'hébète, comme dirait le latin, s'atrophie peu à peu, et finit par s'évanouir et disparaître complètement. Le meurtrier, après son premier assassinat, agité, hors de lui, ne peut goûter une heure de repos ; après son centième, il dort, comme on dit, du sommeil du juste. Plus il devient criminel, moins vifs sont les reproches de sa conscience ; jusqu'à ce qu'enfin, lorsqu'il a franchi les dernières étapes du vice, elle s'efface et devienne muette : le cri s'est changé en un silence de mort. La punition diminue donc à mesure que la culpabilité augmente, et finit par cesser complètement, quand la perversité, arrivée à son apogée, brille de son plus sinistre éclat. Telle est l'objection à laquelle nous allons tâcher de répondre.

Nous établirons : 1° que cet étouffement graduel du cri de la conscience est utile et nécessaire, en vue du bien, et 2° qu'il ne peut aller jusqu'à l'extinction complète de tout remords, sans ramener le coupable à l'état inconscient ; mais qu'en tout cas la diminution graduelle de son intensité est la mesure exacte du malheur croissant de l'infortuné en qui elle se produit, et par conséquent de sa punition.

Et d'abord il est certain que, si le sentiment pénible qu'éprouve le méchant descendant la pente du mal s'accentuait en raison du chemin parcouru, la violence de cet aiguillon en viendrait à un tel point qu'elle l'arrêterait dans la voie du vice, et le forcerait à rétrograder vers la vertu. C'est ainsi que, la chaleur de la terre augmentant à mesure qu'on s'enfonce dans son sein, il arriverait un moment où ceux qui voudraient continuer à creuser, seraient forcés de s'arrêter, pour remonter vers leur point de départ. Mais ce retour au bien n'aurait rien de volontaire, il serait imposé par la contrainte ; et dès lors nous ne serions plus en présence d'un agent moral, et par conséquent méritant. Il reviendrait donc vers le bien, et serait ainsi récompensé pour son méfait : de la sorte, l'ordre moral, c'est-à-dire le plus grand de tous les biens, serait anéanti. Il est donc utile et nécessaire que ce sentiment cuisant, loin de s'accroître, perde de sa force primitive, par des dégradations insensibles, et que la conscience du méchant se cuirasse contre son atteinte. Nous allons même voir que c'est ce décroissement qui constitue la juste proportionnalité du châtiment, par la difficulté sans cesse plus prononcée que la diminution graduelle du remords oppose à son retour vers le bien.

Cependant nous ne croyons pas que cet endurcissement aille jamais jusqu'à étouffer complètement la voix de ce juge intérieur que tout homme porte en lui-même. La sensibilité peut s'émousser, s'endurcir, s'affaisser sous le poids sans cesse croissant du vice et de la dépravation ; mais la raison reste toujours debout, inébranlable, immuable : des nuages peuvent voiler et obscurcir la face de ce soleil radieux, ils ne sauraient jamais l'éteindre ni le détruire. Supposons en effet que l'être conscient descendît à ce degré d'abaissement infime où le cri de la conscience ne se fît plus entendre, ou n'arrivât pas jusqu'à lui ; qu'en résulterait-il ? Il passerait alors, de l'état d'être libre et conscient, à celui d'être inconscient régi par des lois fatales. Cette métamorphose peut-elle se produire ? Ce n'est peut-être pas impossible. Mais sans examiner ici à fond cette question, et en supposant qu'il conserve son état d'être conscient et raisonnable, y aurait-il lieu de le féliciter de la perte du remords ? A moins qu'on ne regardât comme un bonheur pour lui d'être transformé en pourceau. Que disons-nous ? Il tomberait bien plus bas encore, et dans une existence de beaucoup inférieure, non seulement à celle de l'animal, mais à celle même de la matière brute. L'animal et la matière obéissent sans résistance aux lois de la nature, c'est-à-dire aux injonctions de la raison absolue, qui fait le fond de leur essence, tandis que lui aurait acquis le funeste pouvoir d'enfreindre ces lois, de les contrarier, de les contrecarrer pleinement et absolument ; en effet, il ne leur obéirait plus, ni volontairement comme l'agent moral, ni même spontanément et inconsciemment comme la matière. Et ce pouvoir funeste il l'aurait acquis par des actes volontaires n'appartenant qu'à lui seul, produits incontestables de sa propre initiative; il serait tombé, par une faute qu'il ne pourrait imputer à nul qu'à lui même, dans l'abîme le plus affreux, le plus épouvantable où pût rouler une créature : il toucherait au néant, d'aussi près qu'il soit possible sans s'y engloutir tout à fait. Et c'est un pareil monstre, suspendu sur un pareil abîme, qui, d'après vous, ne serait pas malheureux ! Mais voici qui met le comble à notre étonnement : sur quelle raison vous basez-vous pour nier son malheur ? Sur ce qu'il aurait perdu tout sentiment de son infamie, c'est-à-dire sur ce qui fait que ce malheur est tout ce qu'il y a de plus effrayant, puisque, si votre dire était fondé, il serait à tout jamais privé de ce qui rend encore tolérables les plus horribles malheurs, de l'espérance. Vous le mettez au rang des réprouvés, s'il en est, et vous nous dites : Il n'est pas malheureux ! Y avez-vous bien songé ? Il ne serait pas malheureux cet être irrévocablement privé du remords, et mis par là dans l'impossibilité absolue de se réhabiliter jamais, ou tout au moins de diminuer l'abjection de l'état dans lequel il gémit, ou plutôt dans lequel il n'a pas le bonheur de gémir, puisqu'il n'en sent pas l'horreur ? Les anciens ont appelé le remords le dernier bienfait des dieux, et avec combien de raison ! N'est-il pas en effet l'ancre de miséricorde du criminel, le dernier espoir qui lui reste d'échapper au sinistre naufrage dont il est menacé? Oui, nous ne craignons pas de le dire, de tous les biens dont la providence nous a comblés, le plus précieux est sans contredit le remords, et c'est la créature privée de ce don suprême que vous osez nous présenter comme mise à l'abri du malheur par cette perte irréparable! Tant d'inconséquence nous confond, et nous ne saurions l'expliquer que par le plus étrange défaut d'attention et de réflexion.

Que résulte-t-il des idées que nous venons de développer ? Le voici : 1° la vertu emporte toujours immédiatement et sans délai la récompense exactement proportionnée à son mérite ; 2° le vice, en sens inverse, entraîne indissolublement attachée à son flanc la punition vengeresse du méfait, également proportionnée au démérite, et croissant et décroissant avec lui. Cependant il conserve toujours, grâce au remords, qui ne s'éteint jamais complètement chez l'agent libre, la possibilité de remonter au rang dont il est déchu. Mais il ne le peut qu'au prix des plus grands efforts ; lutte méritoire et féconde, dont la récompense est la réhabilitation.

Puisque le vice est toujours immédiatement puni, nous devons, une fois encore, renvoyer aux poètes leur « peine au pied boiteux[1] ». Ils ne se sont pas, dans ce cas, montrés dignes, à notre avis, du nom de devins (*vates*), dont on les a gratifiés : bien loin de deviner, ils se sont laissé duper par le préjugé commun. Ne leur faisons pas cependant un crime d'une faute bien légère, où d'habiles philosophes sont également tombés. La proscription prononcée par Platon contre les enfants de la Muse nous a toujours paru infiniment trop sévère, et même tout à fait injuste, et nous ne croyons pas que l'accusation que nous venons de porter contre eux puisse excuser et encore moins justifier cette inique sentence. Si l'on doit beaucoup pardonner à qui a beaucoup aimé, qui plus qu'eux a des droits à l'indulgence ?

Une autre erreur, dans laquelle les hommes tombent aussi fort souvent, c'est de regarder, comme une punition du ciel, la mort survenue dans telle ou telle circonstance, ou tel autre événement tenu, à tort ou à raison, pour funeste. La mort n'est jamais une punition, c'est un accident naturel comme tous les autres, lié à l'ordre général des phénomènes ; on peut même la considérer, avec quelques physiologistes, comme une véritable fonction. Elle n'est pas plus un châtiment qu'une récompense, et l'on peut dire la

---

[1] *Pœna pede claudo.*

même chose de son contraire la naissance, quoique certains philosophes chagrins aient prétendu que naître est le plus grand des maux : « Bien des gens ont cru, dit Pline l'ancien, que ne pas naître est ce qu'il y a de mieux, ou mourir le plus tôt possible[1]. » Quant aux autres événements de cette vie considérés comme malheureux, il nous faudrait plus de lumières que nous n'en possédons, pour décider s'ils méritent ou non cette qualification. Mais qui pourrait corriger les hommes de la présomptueuse confiance avec laquelle ils tranchent les questions les plus obscures et les plus difficiles ? Allez-vous-en faire comprendre à l'ignorant que, selon le mot de Leibnitz, et comme le bouc du bon Lafontaine, il ne voit pas plus loin que son nez.

La source première de toutes les erreurs que nous venons de relever est, à nos yeux, dans notre habitude de tout rapporter à notre mode actuel d'existence : c'est un pur anthropomorphisme. Dans la société humaine, l'attrait du plaisir, sous le nom de récompense, engage les hommes à exécuter tout ce qui peut être utile à leurs semblables ; comme, d'autre part, la crainte de la douleur, sous le nom de punition, les empêche de commettre des actes capables de troubler la paix publique. De là, les hommes transpor-

---

[1] *Multi exstitere qui non nasci optimum censerent, aut quam ocissime aboleri.*

tant ces idées à la raison absolue, ou à la justice souveraine, ce qui est tout un, la considèrent comme établissant des prix pour ceux qui exécutent ses ordres, des châtiments pour ceux qui les enfreignent; prix et châtiments complètement indépendants en eux-mêmes de l'acte qui les appelle, ou du moins ne s'y rattachant que par un lien logique, tandis qu'à notre avis les punitions et les récompenses véritables de l'ordre moral sont unies aux actes par un lien métaphysique. Rien de plus faux qu'une telle assimilation, et de plus dangereux qu'une pareille confusion entre l'ordre social et l'ordre moral : dans le premier la récompense et la punition sont extrinsèques, et viennent du dehors atteindre l'agent moral ; dans le second, elles sont intrinsèques et forment la conséquence directe et immédiate de la modification bonne ou mauvaise de cet agent. Quand donc les actions utiles ou nuisibles à l'humanité ne reçoivent pas, les unes leur récompense, les autres leur châtiment visible, ce n'est pas la justice suprême ou la providence qu'il faut en accuser, mais bien la faiblesse, l'imperfection, la méchanceté, et souvent la simple ignorance des hommes. Cependant la vraie récompense et le vrai châtiment ne font défaut, ni alors, ni jamais, quoique échappant à notre insuffisante attention. La raison de cette différence que nous venons de signaler entre l'ordre social et l'ordre moral, est évidente et saute aux yeux, dans notre système : la raison absolue formant l'essence même de l'agent moral, il est clair que toute atteinte portée par cet agent à la raison absolue est une blessure qu'il se fait à lui-même dans ce qu'il a de plus intime, une espèce de suicide; car ce n'est pas un autre qu'il blesse, mais lui-même. Il est donc à la fois auteur et victime du mal, et c'est ce mal reçu que nous appelons alors punition. Quand au contraire il agit conformément aux prescriptions de la raison absolue, il agit conformément à sa nature, la seconde, la développe, et c'est à lui-même qu'il fait du bien ; c'est ce bien même que nous nommons récompense. Et voilà pourquoi nous disons que la récompense ou la punition est toujours la conséquence directe, immédiate, infaillible et instantanée de l'observation ou de la violation de la loi morale.

L'homme est donc encore en ceci, comme en bien d'autres circonstances, la dupe des mots : en présence des deux termes *bien* et *récompense*, nous nous imaginons qu'ils représentent deux choses distinctes; comme nous croyons que *mal* et *châtiment* répondent à deux objets divers. Il n'en est rien : ces deux mots *bien* et *récompense* sont un double signe d'une seule et même idée autrement envisagée, comme *mal* et *châtiment* sont deux expressions qui n'ont qu'un objet identique pris à deux points de vue différents. Cet objet unique, c'est l'être en qui ces phénomènes se manifestent, et que nous considérons d'abord comme actif, puis comme passif: au premier aspect, il est l'auteur du bien, c'est lui qui le produit; au second, il en est le récepteur, c'est lui qui le ressent; mais ces deux effets sont le résultat d'un acte simple, indivisible, réfléchi, partant du sujet et retombant sur le même sujet, sans que rien d'étranger à lui doive intervenir, soit dans la production de l'acte, soit dans ses conséquences. En ce cas, en effet, tout se passe entre les diverses facultés du même être : c'est son activité et son intelligence réagissant sur sa sensibilité.

Ceci nous montre de plus fort de quelle importance il est de bien déterminer le sens qu'on attache aux signes, pour la justesse et la netteté des idées, et combien nous devons nous appliquer à nous rendre un compte exact de la valeur rigoureuse de chaque expression. Cette exactitude parfaite n'est ni possible ni absolument nécessaire pour le commun des hommes; mais elle est indispensable pour le philosophe, s'il veut atteindre à la vérité pure et sans mélange, but de ses recherches, à laquelle il a consacré les loisirs de sa vie tout entière.

Avant d'arriver aux conclusions à tirer des

idées précédemment développées, touchant la conciliation entre l'action de la providence et notre liberté morale, qu'on nous permette de nous arrêter un instant pour jeter un coup d'œil sur quelques conséquences importantes qui découlent de ce que nous venons d'exposer.

De toutes les sanctions de la loi morale, a-t-on dit, il en est quatre que nous connaissons par expérience, à savoir : la sanction naturelle, la sanction de l'opinion publique, la sanction des lois pénales et enfin celle de la conscience. Mais l'imperfection de ces quatre sanctions nous oblige d'en admettre une cinquième, la sanction divine, dont nous comprenons la nécessité, sans en pénétrer la nature, et que nous ne connaissons en conséquence qu'a *priori*.

Rien de moins exact que cette appréciation, si l'apparence du vrai n'a pas égaré notre esprit. La véritable sanction de la loi morale, de quelque qualification qu'on veuille l'accompagner, est celle que nous venons de décrire, et nous la connaissons à la fois par voie expérimentale et par voie rationnelle. C'est là une première conséquence, qui, loin d'être stérile, en engendre une autre tout aussi remarquable, mais imprévue, et plus capable encore d'exciter notre étonnement et d'éveiller notre attention, en piquant vivement notre curiosité : c'est que la connaissance expérimentale de la vraie sanction de la loi morale nous ouvre un jour sur cette existence future, objet des préoccupations de tous les hommes, autant et plus peut-être de ceux qui la nient que de ceux qui l'affirment. Essayer de sonder un tel mystère a semblé jusqu'ici une entreprise insensée. On le comprend sans peine : comment qualifier autrement la tentative de celui qui voudrait soulever le monde sans un point d'appui ? Mais ce point d'appui une fois trouvé, pourquoi désespérer du succès des efforts patients et redoublés de toutes les intelligences humaines réunies dans un dessein commun ? Peut-être quelque jour exposerons-nous à ce sujet quelques réflexions sur le but à viser, et sur la marche à suivre pour l'atteindre. En attendant, revenons à notre sujet.

Au commencement de ce chapitre, nous avons défini la providence l'intervention de l'être nécessaire dans les actes des êtres contingents et dans les conséquences de ces actes. Il nous sera maintenant facile, croyons-nous, à l'aide des considérations précédentes, si nous les acceptons comme justes et bien fondées, de déterminer la nature, l'étendue et les limites de cette intervention et de faire nettement la part du relatif et de l'absolu, dans l'ensemble des phénomènes dont l'univers est le théâtre.

Dans tout acte, il y a trois choses à considérer : la source dont il émane ; l'acte en lui-même, envisagé au point de vue exclusif de l'agent, et le but auquel il tend. Chacun de ces points de vue doit appeler notre attention, soit dans les êtres inconscients, soit dans les êtres conscients. Commençons par les premiers.

Dans l'être inconscient, l'acte tire son origine de l'énergie propre de cet être, énergie qui est un des attributs de son essence. Si l'on s'en tenait là, c'est-à-dire si l'on ne considérait l'acte que dans sa source, l'essence étant d'après nous commune à tous les êtres, il en résulterait qu'il n'y aurait aucune distinction à faire entre ceux qui seraient le produit de l'être relatif ou de l'être absolu ; ce dernier seul agirait, comme l'ont soutenu quelques philosophes : et alors le nécessaire absorberait le contingent. C'est pour bien marquer que nous repoussons une telle conséquence, que nous avons appelé l'acte le produit de l'énergie *propre* de l'être inconscient. Il nous faut donc considérer l'acte dans l'être lui-même et expliquer, autant que de telles choses peuvent s'expliquer, comment un acte émanant de l'essence commune à tous les êtres peut ainsi s'approprier à tel ou à tel être contingent. Ce résultat ne peut se produire que par l'individualisation, qui n'est autre chose, ce nous semble, qu'une limitation dans l'infini. Comment se fait cette limitation ? C'est ce que nous tâcherons, non certes de faire parfaitement comprendre, mais simplement entrevoir, quand nous aurons à parler de la création. L'acte émane donc d'une source commune, mais se spécialise, en quelque sorte, par la limitation de l'individu. Si nous cherchons maintenant la fin de l'acte, nous la trouvons dans la raison souveraine, elle seule pouvant constituer une fin, puisque toute fin doit être infinie. L'être inconscient se dirige toujours pour ainsi dire en ligne droite, vers ce but immuable, et rien ne l'en fait dévier. C'est ce qui fait la fatalité de son mode d'existence.

Ainsi l'origine et la fin de l'acte forment la part de la raison souveraine ou de la providence dans les actes de l'être inconscient, et la limitation forme celle de cet être.

Mais combien plus considérable est la portion d'influence de l'être conscient dans ses actes ! Ils ne sont plus seulement propres à cet être parce qu'ils sont renfermés dans une certaine limite, mais en outre parce que cette limite, fixe et invariable chez l'être inconscient, devient chez celui-ci variable et comme élastique : il peut la restreindre ou l'étendre à son gré, par sa propre initiative. Cette faculté résulte de la liberté morale, véritable extension de son existence, qui le rend, dans une certaine mesure, indépendant de l'être absolu. La fin reste la même ; mais, tandis que l'être inconscient y tend d'une manière infaillible et fatale, l'être conscient s'y dirige par sa propre détermination, qu'il met librement en harmonie avec la volonté de l'être nécessaire. Et c'est l'absence de toute espèce de contrainte, dans cette mise à l'unisson, qui fait de lui un agent moral et rend son acte méritoire. Il y a donc accord incessant entre la raison souveraine, ou la providence, qui veut toujours le bien, et l'être contingent, qui veut aussi le même bien, mais qui, par suite de la latitude laissée à son activité, conséquence de la liberté son plus noble apanage, n'est pas toujours capable de trouver en lui-même assez de force et d'énergie pour s'en imposer la pratique. Une parfaite identité de vues existe donc en.. la raison suprême de l'être absolu et la raison, limitée dans son exercice, de l'être contingent : seulement, chez l'être absolu, l'acte concorde toujours exactement avec la volonté, dont il est la réalisation adéquate ; chez l'être contingent, au contraire, la limitation de son existence est souvent cause que l'énergie lui fait défaut dans l'exécution de sa volonté. De là, le *video meliora proboque*...d'Ovide. Ce désaccord, l'agent fini le voit, le déplore, et les efforts qu'il tente pour le faire cesser produisent en lui un mérite qui corrige et répare sa défaillance ; comme aussi le relâchement de ces efforts, espèce d'abandon moral, le constitue en faute et entraîne sa déchéance, non absolue, mais relative. Car il est impossible que la diminution, la restriction de son être, que cette déchéance lui fait subir, dépasse une dernière limite impossible à franchir, ce passage constituant un retour pur et simple au néant. Cette borne infranchissable, au delà de laquelle il lui est impossible d'aller, est sa rétrogradation jusqu'à l'état d'être inconscient, s'il est vrai qu'il ait lieu, état au-dessous duquel il ne saurait descendre : il n'y a plus en effet de raison pour qu'arrivé à ce point il continue sa chute vers le néant, puisqu'il n'est plus un agent libre. Il arrive donc toujours un moment où, poussé jusqu'à ses derniers retranchements, comme la bête qui, acculée dans sa bauge, se retourne pour faire tête à la meute, il fait volte-face, et, soutenu de cette énergie inconsciente dont son essence est la source inépuisable, il reprend à grands efforts, pour regagner tout le terrain perdu, la marche ascendante qu'il avait si malheureusement abandonnée. C'est ainsi qu'alors, remontant la pente, il finit par se retrouver en harmonie avec cette raison souveraine, qui porte sans cesse tout être au bien sans limite, au bien absolu.

Il y a donc un parfait accord entre la providence et les actes des êtres contingents, et, si quelques dissonances semblent se produire parfois, elles ne font que mieux ressortir la belle ordonnance de l'ensemble.

L'existence simultanée du relatif et de l'absolu n'est donc pas plus impossible à concevoir, en ce point, qu'en tous ceux que nous avons précédemment examinés.

Avant de terminer ce chapitre, faisons observer, en prenant le mot de providence dans un sens moins théorique, et pour ainsi dire plus terre à terre, qu'il serait avantageux d'en restaurer un peu le culte parmi nous, pour rendre jusqu'à un certain point à la génération actuelle cette confiance au lendemain, que nos pères ont peut-être parfois exagérée. La perte complète d'un tel sentiment peut entraîner des résultats fâcheux, même en des matières auxquelles dès l'abord elle semble tout à fait étrangère. Citons-en un exemple. On disait autrefois communément : « Dieu bénit les familles nombreuses. » Ce dicton fait aujourd'hui sourire nos habiles, quand il ne leur fait pas hausser les épaules de pitié ; et cependant il faut bien reconnaître qu'il exprimait naïvement une vérité d'expérience, dont il est facile de trouver l'explication, pour peu qu'on y veuille réfléchir. Une nombreuse famille imposait à tous les hôtes du foyer une vie disciplinée, régulière, économe, simple et frugale. De là, naissaient naturellement des habitudes d'ordre, et la pratique de vertus morales accompagnant ensuite pour tout le reste de leur existence, dans leurs diverses positions sociales, les enfants devenus à leur tour chefs de maison. Qu'est-il arrivé ? La défiance, qui s'est glissée dans le cœur de l'homme, à l'expression des craintes de Malthus, et aussi le débordement d'un luxe effréné, qui menace de tout engloutir, ont causé cette diminution dans l'accroissement de la population française que tous les bons patriotes déplorent, parce qu'elle peut amener l'amoindrissement de notre cher pays. La puissance de nos voisins augmente, la nôtre diminue, ou tout au moins reste presque stationnaire, et l'équilibre se détruit à notre désavantage. Rendre une partie de leur ancienne confiance à nos concitoyens nous semble donc une œuvre utile et méritoire.

CHAPITRE X.

DE LA CRÉATION.

§ 1er. Difficulté et division du sujet.

Nous arrivons enfin à la dernière, mais non pas assurément à la moins difficile des questions que nous nous sommes proposé d'examiner, à celle de la création. C'est en effet celle qui embrasse toutes les autres, celle dont la solution complète rendrait toute autre recherche superflue, puisqu'elle suppose la connaissance pleine et entière de l'origine, de l'essence et de la fin des êtres contingents, et par conséquent aussi la notion de tous leurs rapports avec l'être absolu. C'est assez déclarer que sur ce point, plus peut-être encore que sur tous ceux que nous venons de toucher en courant, nous n'avons à présenter à nos lecteurs que quelques échappées de vue, quelques ébauches d'explication, moins propres à fournir des éclaircissements et des lumières qu'à éveiller l'attention des esprits et à les exciter à de plus profondes investigations.

Les trois points de vue dont nous venons de parler, auxquels nous envisageons tout ce qui existe, à savoir : ceux de l'origine, de l'essence et de la fin, sont bien logiquement distincts l'un de l'autre ; mais il ne faudrait pas s'imaginer qu'ils aient dans la réalité trois objets métaphysiques différents : l'unité absolue est la loi primordiale et la condition nécessaire de tout être pris en soi, puisqu'elle tient à la nature infinie de son essence ; la multiplicité ne commence qu'avec la limitation de l'infini, qui établit la distinction des êtres contingents entre eux et des phénomènes dans ces êtres. L'origine, l'essence et la fin sont donc une seule et même chose, et chacune d'elles contient les deux autres. Ce qui n'empêche pas que, dans notre mode de connaissance, nous ne devions les considérer séparément, si nous voulons introduire quelque netteté dans l'idée générale que nous nous faisons des êtres contingents.

C'est à cette considération successive que nous allons nous livrer dans les paragraphes suivants.

§ 2. Origine des êtres contingents.

Si quelque chose résulte clairement de tout ce que nous avons dit jusqu'ici, c'est, à ce qu'il nous semble, la distinction, par leur mode d'existence, entre les êtres contingents et l'être nécessaire. Cette distinction, que nous croyons avoir fortement établie, est exclusive des systèmes qui confondent ces deux sortes d'êtres. Nous mettons donc ainsi hors de cause, non seulement le panthéisme, soit idéaliste, soit matérialiste, mais encore le dualisme, qui, tout en ayant l'air de distinguer deux catégories d'existences, arrive cependant en définitive à les confondre, en attribuant à l'une comme à l'autre de ces deux espèces de réalités un caractère de nécessité absolue. Il ne reste donc plus que le système de la création qui soit acceptable pour nous, parce que, tout en expliquant, autant qu'il est possible, l'existence des êtres contingents, il admet leur infériorité et les subordonne à l'être nécessaire, dont ils dépendent absolument.

Ce n'est pas à dire que ce système n'offre pas des difficultés très sérieuses ; mais ce ne sont que des difficultés relatives, résultant de la faiblesse de notre raison, impuissante à embrasser le fait dans toute son étendue et à le creuser dans toute sa profondeur, et non pas, comme dans les autres systèmes, de ces difficultés radicales et absolues qui conduisent fatalement notre esprit en face d'impossibilités logiques, d'absurdités flagrantes. Dans les premières, on peut encore arriver à entrevoir certaines explications de détail, sans pénétrer toutefois jusqu'au fond même du mystère ; dans les secondes, il serait contraire au bon sens d'essayer de se rendre compte de quoi que ce soit, puisqu'on voit clairement, avant même de partir, qu'on va se heurter à une contradiction, c'est-à-dire à une impossibilité d'avancer au delà. Les chars ne peuvent s'élancer dans la carrière que lorsque la barrière s'ouvre devant eux, et qu'ils aperçoivent la route libre et dégagée de tout encombrement. Mais alors même qu'il en est ainsi et que l'attelage a pris son élan, que d'obstacles imprévus peuvent encore l'entraver dans sa course! Tel est l'accident qui nous menace, et dont toute bonne volonté et toute prudence ne sauraient mettre à l'abri.

Rien ne naît de rien (*ex nihilo nihil*) est un principe qu'Épicure pose comme le fondement de sa physique, et que nous adoptons sans difficulté: le néant n'étant rien, donner l'existence au néant est une véritable contradiction. Aussi a-t-on critiqué les philosophes et les théologiens qui ont ainsi formulé l'acte créateur : « Dieu a créé le monde de rien, il a tiré les créatures du néant ». La critique serait fondée, s'il fallait prendre ces expressions au pied de la lettre. Mais ils les ont expliquées en ce sens qu'ils entendent par là que Dieu ne s'est pas borné à arranger une matière préexistante, mais qu'il a tiré de lui-même la substance et les propriétés de l'univers. Toutefois nous devons dire que cette explication nous paraît insuffisante ; à notre avis, elle dit trop ou trop peu: elle dit trop, si l'on entend par là que le monde découle de Dieu comme un fleuve de sa source, ou les rayons de lumière de l'atmosphère lumineuse du soleil, car on tomberait aussitôt dans le système alexandrin de l'émanation aboutissant au panthéisme; elle dit trop peu, si dans la substance et les propriétés on n'embrasse pas aussi l'existence, qui, à nos yeux, est la seule chose qu'il lui ait donnée, et qu'il ait pu lui donner. C'est ce que nous aurons occasion d'établir et de développer à mesure que nous avancerons dans l'exposé de notre sujet. Nous voudrions en conséquence, pour rester dans l'étroite limite du vrai, qu'on définît la création : l'acte par lequel l'être nécessaire, éclairé par sa raison, incliné par sa bonté et servi par sa toute-puissance, a donné l'existence aux êtres contingents.

Rien de plus clair que les termes de cette définition ; mais, en même temps, rien de plus difficile à comprendre que la nature intime de cet acte, par lequel l'être absolu donne l'existence à l'être relatif. Observons cependant que, dans notre système, la difficulté est incomparablement moindre que si l'on s'en tient aux idées ordinaires sur ce sujet. Dans la manière de voir admise jusqu'ici, il y a deux difficultés à expliquer, dont la première, à elle seule, non seulement paraît insurmontable, mais en outre conduit à des conséquences absurdes, qui sont de nature à faire rejeter une telle conception. Tout être renfermant deux éléments, l'essence et l'existence, on les embrasse tous les deux dans l'énergie de l'acte créateur, et l'on admet qu'il y a création de l'essence comme de l'existence. Mais la création d'une essence est absolument impossible : c'est là une contradiction, une absurdité que nous avons assez souvent mise en lumière, pour que nous ne soyons pas obligé d'y revenir ici. Pour nous, au contraire, toute essence est incréée, et par conséquent éternelle, infinie, immuable, absolue ; ce qui revient à dire qu'il n'y a qu'une seule essence, l'éternel, l'infini, l'immuable, l'absolu étant essentiellement un. Nous nous débarrassons ainsi, à tort ou à raison (c'est aux autres qu'il appartient d'en juger, et non à nous), de la première et plus terrible difficulté. Reste la seconde. Elle n'est certes pas du tout méprisable : il nous semble cependant qu'elle est loin de nous offrir les obstacles infranchissables auxquels on va se heurter dans la précédente. Nous allons essayer de nous en rendre compte, autant que nous le permettront les étroites limites dans lesquelles il est donné de se mouvoir à la raison humaine en général, et à la nôtre en particulier.

Tout ce qui existe, soit nécessaire, soit contingent, doit avoir une raison d'être. La raison de l'existence et de l'essence de l'être absolu est l'infini, car l'infini embrassant toute la réalité, sans rien laisser en dehors de son étendue, est l'exclusion complète de son contraire le non-être, ainsi que de la possibilité de ce non-être : cette réalité est parce qu'elle ne peut pas ne pas être, et son essence est telle parce qu'il n'y a rien en dehors d'elle, et que par conséquent elle ne peut être que ce qu'elle est. Mais cette raison d'être, qui n'est au fond que le caractère de nécessité de l'être absolu, et qui s'applique aussi bien à son existence qu'à son essence, cette raison d'être, disons-nous, suffisante pour cet être absolu, est insuffisante pour l'être contingent, dont elle peut expliquer l'essence infinie et non l'existence finie. Ici donc, outre une raison d'être pour l'essence, il faut encore admettre une cause pour l'existence, car nous n'avons garde de confondre la raison d'être et la cause. Nous avons ailleurs (dans nos *Études sur la raison*) établi nettement la distinction entre les notions représentées par ces deux termes. « L'idée de cause, y disons-nous, entraîne celle d'un être actif, qui produit quelque chose par le déploiement de son énergie propre, de sa volonté. Cette notion d'énergie, d'activité n'est pas comprise dans la raison d'être, qui est plutôt une idée logique. » Nous y faisons également remarquer, et nous établissons d'une manière évidente qu'il doit toujours y avoir dans l'être autant que dans sa raison d'être, tandis qu'il peut y avoir, et qu'il y a le plus souvent bien moins dans l'effet que dans sa cause. Dans le premier cas, il y a égalité parfaite et absolue; dans le second, inégalité, infériorité, subordination. La raison d'être contient l'être et l'enveloppe logiquement ; la cause embrasse l'effet métaphysiquement. Ces deux principes incontestables, qu'il y a toujours dans l'être autant que dans sa raison, et qu'il peut y avoir moins dans l'effet que dans sa cause, s'accordent admirablement avec nos idées touchant la nature de l'être contingent, qui, si elles sont exactes, peuvent leur servir de démonstration expérimentale. L'essence du contingent, possédant les caractères d'unité, d'identité, d'immutabilité, d'infinité, a sa raison d'être dans l'infini, comme tout ce qui est absolu; mais son existence, étant multiple, changeante, variable, limitée a sa cause, et non sa raison d'être, dans l'activité ou plutôt dans la volonté de l'être absolu. Ainsi l'être nécessaire a une raison d'être, mais point de cause ; l'être contingent a tout à la fois une raison d'être et une cause. La raison d'être est la même dans les deux, parce qu'elle se réfère à l'essence, qui est unique ; la causalité est le lien qui rattache le premier au second, et constitue la subordination de celui-ci à celui-là.

La distinction entre la raison d'être et la cause est aussi nette et aussi tranchée que possible. Nous pouvons cependant l'accentuer encore davantage, en faisant observer que, tandis qu'il serait absurde de chercher la cause de la raison, on peut et l'on doit s'efforcer de saisir la raison de la cause ou de l'action de cette cause. C'est à cette recherche que nous allons nous livrer, en tâchant de découvrir la raison d'être de la création, c'est-à-dire les raisons qui ont porté l'être nécessaire à donner l'existence aux êtres contingents.

On se souvient que nous avons établi, relativement aux attributs composant l'essence des êtres contingents, une distinction entre ceux qui sont destinés à se manifester extérieurement et ceux qui restent en quelque sorte enfermés dans l'essence, dont ils forment le fond. Cette distinction, comme nous l'avons déjà dit, quoique fondée à certains égards, n'a cependant rien d'absolu, en ce sens qu'on ne saurait dire que cette dernière espèce d'attributs soit complètement privée d'une manifestation quelconque, et qu'elle n'exerce aucune influence sur la manifestation des premiers. Nous ferons voir bientôt qu'au contraire cette influence est réelle, et que ces attributs impriment une trace profonde et très caractéristique sur les produits de toutes nos facultés ou puissances constituant les attributs de la première catégorie. Ce que nous venons de dire des êtres contingents, nous pouvons l'appliquer également à l'être absolu, puisque leur essence est la même.

On peut donc reconnaître qu'il y a dans tous les êtres quels qu'ils soient, et par conséquent dans l'être absolu, deux espèces de manifestations : l'une intérieure et latente, l'autre extérieure et patente. Comme nous l'avons indiqué ci-dessus, tout ce qui résulte de la première constitue la nécessité absolue ; ce qui résulte au contraire de la seconde constitue la nécessité morale. Cependant cette seconde manifestation est aussi nécessaire que la première, dans son principe, si ce n'est dans ses effets, ou, pour parler plus exactement, elle est, dans son principe, d'une nécessité absolue, et dans ses effets, d'une nécessité morale, c'est-à-dire qu'elle a pour principe une raison d'être et qu'elle est cause par rapport à ses produits. En effet, ainsi que nous l'avons déjà dit, l'activité de l'essence, étant infinie, en doit nécessairement manifester les attributs d'une manière complète et absolue, et l'infinité est *la raison d'être* de cette manifestation ; mais les modes sous lesquels elle se produit, ont leur *cause*, non dans l'infinité, mais dans l'activité libre qui leur donne l'existence. Nous qualifions cette activité de *libre*, parce qu'elle n'est que moralement nécessitée, ou, si l'on veut, invinciblement inclinée à donner la satisfaction la plus complète possible, en les manifestant, à deux autres attributs de l'essence également infinis, l'intelligence et la bonté, et à choisir les modes qui peuvent le mieux remplir cette condition. C'est dans ces deux manières d'être ou d'agir de l'être absolu, les deux seules possibles, que nous trouvons à la fois et la raison d'être et la cause que nous avons l'une et l'autre reconnues et proclamées comme conditions indispensables de l'existence des êtres contingents, la première par rapport à leur essence, la seconde par rapport à leur existence.

Ainsi donc le monde n'est autre chose qu'une manifestation extérieure de l'être absolu, manifestation absolument nécessaire en tant que manifestation indéterminée, mais moralement nécessaire dès qu'elle est déterminée par tels ou tels modes.

La manifestation, partant d'un être infini, devrait être, ce semble, infinie de toute manière et dans tous les sens, c'est-à-dire extensivement et intensivement, réalisant ainsi tout le possible, et le réalisant dans toute son énergie.

Mais qu'est-ce que le possible ? Voilà une de ces questions devant lesquelles le philosophe, qui veut se rendre compte de tout, hésite, se trouble, et, se sentant pris de vertige, est sur le point de renoncer à toutes ses recherches, pour se replonger, les yeux fermés, dans son ignorance native. Surmontons cette faiblesse et tâchons de poursuivre notre route, quoiqu'à tâtons, au milieu des ténèbres qui nous entourent. Nous ne saurions assurément dire tout d'abord ce qu'est en soi le possible ; mais peut-être parviendrons-nous à nous en former une idée un peu moins obscure en nous demandant ce qu'il n'est pas. Cherchons donc d'autres idées qui s'y trouvent opposées, à l'aide desquelles nous pourrons peut-être arriver à le déterminer.

On peut d'abord opposer, comme on le fait souvent, le possible au réel. Mais si nous voulons entendre cette opposition, il faut commencer par définir ce nouveau terme en présence duquel nous nous trouvons. On donne ce nom de réel à deux choses complètement distinctes pour nous : 1° à la réalité absolue, 2° à la réalité relative. Peut-être qu'on a tort en cela et qu'on ferait mieux de réserver ce terme pour désigner uniquement ce qui est réalisé. Or l'être contingent est seul susceptible de réalisation, ou seul réalisable, et peut ainsi seul devenir réel ; l'absolu ne saurait l'être en aucune sorte, puisqu'il est nécessaire, ou, ce qui revient au même, infini. Chez lui, l'essence et l'existence sont inséparables et douées l'une comme l'autre de l'attribut d'infinité. A ce titre, il est bien la condition de toute réalisation, soit en qualité de raison d'être, soit en qualité de cause ; mais par cela même il ne saurait être une réalisation. Remarquez en outre qu'on oppose parfois le réel à l'idéal, et que, dans cette opposition, l'on distingue l'un de l'autre par cela seul que le réel est fini, et l'idéal infini. Tout ce qui est infini ne saurait donc, à ce titre, être réel : or l'absolu, étant infini, ne comporte pas, en cette qualité, cette dénomination de réel : il est absolu, nécessaire, infini, immuable, il est tout, hors le réel, qui par sa nature est relatif, contingent, fini, variable, c'est-à-dire l'antithèse complète de l'idéal.

Quoi qu'il en soit, puisque par ce terme de réel on éveille dans notre esprit deux idées distinctes, il est certain qu'en opposant le possible au réel, on l'oppose à deux choses différentes entre elles. Il résulte de là que cette opposition doit présenter une certaine confusion, que nous ferons peut-être disparaître en la dédoublant. Nous mettrons d'abord en parallèle le possible et le nécessaire, et puis le possible et le contingent. Comparé au nécessaire, le possible est ce qui est susceptible de réalisation ou le réalisable ; le nécessaire est ce qui n'est pas susceptible de réalisation ou le non-réalisable, en tant que réel par essence. Le possible est donc ce qui peut tomber sous l'empire d'une cause, et se trouver soumis, dans ce cas, à la nécessité morale ; le nécessaire est au contraire ce qui n'est régi que par la raison d'être, et reste constamment indépendant de toute cause, étant lui-même la source de toute cause. Comparé au contingent, le possible est toujours le réalisable, et le contingent est le réalisé ou le réel, c'est-à-dire le possible tombé sous l'autorité de la cause, et, par suite, de la nécessité morale. Le contingent peut en outre se présenter à nous sous deux aspects et dans deux états logiquement distincts : le virtuel et l'actuel. Or il faut bien se garder de confondre le premier de ces deux états avec la simple possibilité. Nous avons ci-dessus, pour établir cette distinction, montré en quoi ils diffèrent, et nous n'avons qu'à renvoyer à ce que nous avons dit à cet égard.

Reprenons maintenant notre assertion de tout à l'heure, à savoir : que la manifestation d'un être infini devrait, à ce qu'il semble, être infinie, et par conséquent réaliser tout le possible dans toute son énergie extensive et intensive. Qui ne voit que si, dans cette proposition, nous remplaçons le terme de *possible* par ce qu'il signifie, c'est-à-dire par celui de *réalisable*, il en résultera que la manifestation dont nous parlons est infinie, du moment qu'elle a réalisé tout le réalisable, et qu'elle n'a pas besoin, pour mériter cette qualification, de réaliser effectivement l'infini proprement dit ou l'infini en acte, puisque cet infini est précisément ce qui n'est point susceptible de réalisation, en tant que réel par essence.

Mais est-il certain que tout le réalisable ait été réalisé ? N'y a-t-il pas, comme le soutient Leibnitz à bon droit, une infinité de mondes possibles, qui auraient pu être appelés à l'existence, et qui cependant ne l'ont point été ? Pour répondre à cette objection, il suffit d'invoquer la distinction si connue et si bien fondée entre la possibilité métaphysique et la possibilité morale. Sans doute il ne se trouve, dans les attributs intimes ou immanents de l'être absolu, rien qui s'oppose à la réalisation d'une infinité de mondes possibles et qui la rende absurde ; ces mondes sont donc métaphysiquement réalisables. Cependant ils ne le sont pas moralement, parce que les attributs de ce même être qui le manifestent extérieurement, à savoir : son intelligence et sa bonté, s'opposent à l'action de sa volonté pour appeler ces mondes à l'existence, ou pour les réaliser. Donc l'être absolu a réalisé tout le réalisable.

S'il faut en outre que le possible soit réalisé dans toute son étendue et son intensité, pour que cette réalisation puisse être qualifiée d'infinie, cette condition se trouve également remplie, car le possible réalisé, ou le contingent réel contient l'infini autant qu'il puisse le contenir, puisqu'il le renferme en lui-même virtuellement, sinon actuellement. La création est donc le passage de la possibilité à l'existence, comme l'existence contingente est le passage continuel de la virtualité à l'acte.

Telle est l'idée générale que nous nous faisons de la création : nous la concevons comme la manifestation extérieure de l'activité, de l'intelligence et de la sensibilité de l'être absolu, avec toute l'étendue et l'énergie qu'on peut attendre d'une cause infinie. Tâchons maintenant d'entrevoir le comment de cet incompréhensible passage.

Quelle étrange prétention ! pourra-t-on nous dire ici. Quoi ! vous avez pu concevoir la folle espérance, non pas de contempler en plein, mais seulement de surprendre et d'atteindre, ne fût-ce que du regard le plus furtif et le plus dérobé, la moindre parcelle des mystères ensevelis dans les plus intimes profondeurs de l'infini ! La science n'a jusqu'à ce jour osé sonder que les faits contingents, placés, il est vrai, dans le temps et l'espace, à des distances inimaginables de notre existence passagère : elle a calculé l'éloignement, la grandeur et la marche des astres, déterminé la nature des éléments qui les composent et en a même pesé la masse ; elle nous apprend l'histoire des révolutions terrestres pendant des myriades de siècles antérieurs à l'apparition de l'être humain à la surface de notre globe. Mais toutes ces audaces heureuses n'ont rien de comparable à votre présomptueuse confiance ; car enfin ces profondes et sublimes recherches se renfermaient dans les limites du temps et de l'espace. Or, ces limites, à l'aide de quel moyen prétendez-vous les franchir ? Avez-vous, nouveau Dédale mille fois plus ingénieux que l'autre, inventé quelque miraculeux appareil vous permettant de vous élever au-dessus de l'étroit labyrinthe où se trouve éternellement emprisonnée la raison humaine ?

Toutes ces observations ne semblent que trop fondées. Qu'on nous permette cependant quelques réflexions qui, sans les détruire peut-être complètement, pourront tout au moins en diminuer la portée.

L'éternité et l'immensité, voilà les deux épouvantails qu'on nous oppose d'abord. Mais on comprendra qu'ils ne produisent pas sur nous l'effet terrifiant auquel on s'attendait, si l'on veut bien réfléchir qu'en sondant la nature de ces deux terribles abstractions, nous les avons réduites, bien ou mal, à leur plus simple expression et ramenées à n'être plus que des idées rationnelles, qui n'ont, pas plus que tant d'autres, comme par exemple celles de bien, de beau et de vrai, le droit de nous épouvanter. L'éternité, c'est l'immutabilité ; l'immensité, c'est la possibilité de rapports en nombre infini entre des êtres contingents. Ces idées, nous le répétons, n'ont rien de plus inaccessible ni de plus effrayant que toute autre idée fournie par la raison, et, de même que nous essayons de comprendre toutes les questions qui se rattachent aux notions absolues, produit de cette faculté, pourquoi ne pas tenter de pénétrer dans les mystères que l'éternité et l'immensité, de quelque manière qu'on les envisage, peuvent porter dans leur sein, et de nous élever ainsi à des hauteurs restées jusqu'à présent inaccessibles ? L'instrument de cette merveilleuse ascension, nous ne l'avons pas inventé, nous n'avons fait que le découvrir gisant presque inutile dans les profondeurs de l'intelligence humaine : c'est la raison éternelle, infinie, absolue. Les prétendues limites dans lesquelles on veut nous claquemurer sont-elles aussi infranchissables qu'on le soutient? Ne sommes-nous pas immergés dans l'infini ? N'est-il pas notre milieu naturel ? Ouvrons les yeux, nous le voyons partout à notre entour ; il nous presse, nous pénètre, nous soutient ; nous en sommes en quelque sorte imprégnés et remplis ; loin d'avoir à parcourir un long chemin pour l'atteindre, nous ne saurions le fuir, ni faire un pas sans lui et hors de lui : chacune de nos pensées le reflète, chacune de nos paroles l'exprime ; il est en nous, comme nous sommes en lui, et sans lui il ne resterait plus en nous que néant[1]. Si notre théorie de l'unité d'essence est fondée en raison, ne pouvons-nous pas croire que la conquête de toute vérité nous est en définitive assurée ? Au prix de quelle attention obstinée et de quels efforts? Immenses, nous le savons, mais nullement au-dessus de notre énergie native.

[1] Voir la note à la fin du volume.

Ne poussons même pas si loin notre ambition : nous sommes, avons-nous dit, des espèces de petits dieux, c'est-à-dire que nous avons en nous-mêmes quelque chose de commun avec l'être absolu. Ne pouvons-nous donc pas, à l'aide de ce fonds commun, dont une étude incessante et redoublée des faits internes peut nous procurer la connaissance, arriver à soupçonner quelque chose des mystères, et à recueillir quelques bribes des vérités éternelles renfermées dans l'être souverain comme dans une arche sacrée ? Illusions, nous dira-t-on. Peut-être : mais enfin l'importance de la découverte ne mérite-t-elle pas qu'on la tente ? Un échec de plus ne compte pas, après tous ceux que leur trop vive ardeur de connaître a infligés aux philosophes, et la grandeur du prix est telle qu'elle ferme nos yeux aux inconvénients d'un revers. Quand on a tout à gagner et rien à perdre en agissant, l'inaction est un acte de folie et presque un crime de lèse-humanité. Aventurons-nous donc sur cette mer semée d'écueils, ne réclamant de nos lecteurs, en cas d'insuccès, qu'un peu de cette commisération qu'on accorde à tout naufragé, sans s'informer des causes de son désastre.

Tout être est un, malgré l'infinie variété des phénomènes dont il est le théâtre. Cette assertion s'applique à l'être absolu comme à l'être contingent, avec cette seule différence que, chez celui-ci, certains phénomènes sont actuels, d'autres simplement virtuels, tandis que chez l'autre tous les phénomènes, si l'on peut leur donner ce nom, sont en acte. Comment l'infinie variété peut-elle se concilier, dans le même être, avec l'unité absolue ? Rien de plus facile à comprendre. L'existence étant la manifestation de l'essence, et l'essence étant une, l'infinie variété des phénomènes n'est qu'une manifestation diversifiée de cette unité de l'essence : de même divers musiciens et divers instruments peuvent rendre et interpréter différemment le même thème. Un phénomène quelconque en acte, chez l'être contingent, fait vibrer tout entière l'essence une et indivisible et a son retentissement dans tous ses attributs, dans toutes ses facultés. C'est ainsi qu'en nous un acte d'intelligence met en mouvement l'activité et la sensibilité, et que chacune de ces deux facultés, mise en jeu, sollicite également les deux autres. On ne saurait en effet toucher en un point une unité métaphysique sans la toucher dans sa totalité, puisqu'elle est simple et indécomposable. S'il en est ainsi chez l'être contingent, à plus forte raison doit-il en être de même chez l'être nécessaire. Son existence est donc un ébranlement universel, permanent, absolu, toujours le même, de la totalité de son être ; et tous ses attributs vibrent ensemble, dans la plénitude de leur infinité. Toute pensée en nous est accompagnée d'une activité qui nous la représente et lui donne une réalité propre, distincte de nous-mêmes, en même temps qu'elle imprime une secousse à notre sensibilité. Mais cette activité se trouvant renfermée dans de certaines limites, son efficacité ne peut aller jusqu'à donner à notre pensée une existence tout à fait indépendante de la nôtre ; nous ne pouvons la réaliser complètement et lui donner une substance autre que notre propre intelligence qui la produit. L'effort de notre activité mise en branle s'arrête donc pour ainsi dire à mi-chemin. Il arrive même parfois que son ardeur, impuissante à compléter son œuvre, trompe cependant notre imagination, qui la croit achevée, et lui prête ainsi une existence objective qu'elle n'a pas.

Le fait que nous venons de constater nous montre une espèce d'ébauche de création, qui peut nous donner une idée, quoique obscure et incomplète, de la véritable création, laquelle ne peut procéder que de l'être absolu. Toute pensée, chez cet être, est accompagnée d'une activité infinie et doit se traduire immédiatement, non pas, comme en nous, par un effort commencé, mais par un acte aussi achevé, aussi plein et aussi entier qu'il est possible, en un mot, infini.

Mais comment un acte, infini dans son principe, peut-il être limité dans ses effets, c'est-à-dire dans les êtres contingents qu'il réalise ? C'est ce qu'il n'est pas impossible de comprendre et d'expliquer jusqu'à un certain point. En premier lieu, comme nous l'avons exposé, l'être contingent, résultat de cet acte, porte en lui l'infini virtuel, sinon actuel, et le réalise par conséquent autant qu'il lui est donné de le faire. En second lieu, l'acte créateur est, ne l'oublions pas, une manifestation extérieure de l'être absolu, car si elle était une manifestation intérieure, si elle restait strictement renfermée en lui-même, elle ne s'en distinguerait pas : elle se confondrait avec lui, s'absorberait en lui, ou, pour mieux dire, serait l'infini lui-même et ne donnerait par conséquent naissance à rien de différent, à rien qui n'y fût identique. Or ne produire qu'une pure identité avec l'infini, sans parler de l'impossibilité logique et métaphysique, équivaudrait à ne rien produire du tout. Il faut que cette activité, pour être efficace et productrice, engendre autre chose que l'infini. Mais autre chose que l'infini ne peut être que le fini. Donc l'acte créateur ne peut réaliser qu'un être fini contenant tout ce que peut contenir d'infini ce qui est en dehors de l'être absolu dont il émane, à savoir : l'infini virtuel, marque de son origine. La limitation nécessaire du produit de l'acte créateur, et non celle de l'acte lui-même, lequel participe de l'infinité de l'agent, reste donc bien établie.

De plus, si l'acte créateur est infini, en vertu de la nature de son agent, il est par cela même un acte libre, car l'acte essentiellement libre est, comme nous l'avons constaté ailleurs, l'acte de tous points conforme à l'intelligence souveraine, à la raison absolue, c'est-à-dire à l'infini. Un acte infini ne peut donc être qu'un acte libre, ou un acte dans lequel le choix de la volonté est déterminé par la contemplation de la raison souveraine. Or un acte librement voulu ne peut produire que le contingent, c'est-à-dire ce qui peut être ou n'être pas ; car s'il produisait le nécessaire, ou ce qui ne peut pas ne pas être, il ne serait plus un acte libre, puisqu'il n'y aurait plus de choix possible ; sans compter qu'il produirait ce qui serait déjà, ce qui équivaudrait à ne rien produire du tout.

En outre, en supposant qu'un acte libre pût engendrer le nécessaire, le nécessaire étant infini, nous aurions un infini résultant d'une cause. Or l'infini est la raison d'être de tout, et par conséquent de toute cause ; mais il ne peut lui-même avoir une cause, car il faudrait à son tour une raison d'être à cette cause, et puis une autre cause à cette nouvelle raison d'être, et ainsi de suite, sans qu'on pût jamais s'arrêter, ni trouver jamais un terme à cet enchaînement de causes et de raisons d'être. Or, outre l'absurdité palpable de cette série sans fin, qui ne voit qu'on obtiendrait ainsi plusieurs raisons d'être, c'est-à-dire plusieurs infinis coexistants, monstruosité logique qui n'a pas besoin de réfutation? Ceci concorde tout à fait, en le rappelant, à ce que nous disions naguère, qu'on peut bien se demander quelle est la raison d'être de la cause, mais qu'il serait absurde de se demander quelle est la cause de la raison d'être. Concluons de plus fort que l'acte créateur ne peut donner l'existence qu'au contingent.

Enfin, si l'acte créateur donnait naissance à l'infini actuel, son produit ne se distinguerait par rien de l'agent producteur, et par conséquent se confondrait complètement avec lui. Or il faut qu'il s'en distingue, par toutes les raisons que nous avons exposées. Nous savons par expérience qu'il en est ainsi dans la réalité, puisque nous voyons clairement que chaque être contingent se distingue, non seulement de tout autre être contingent, mais encore de l'être absolu.

Comment se produit cette double distinction ? quel fait de l'acte créateur la détermine ? C'est ce qu'il est difficile de préciser nettement. Nous allons toutefois présenter, à ce sujet, ce qu'il nous semble vaguement entrevoir.

Pour ne nous occuper présentement que de la seconde distinction, celle qui se manifeste entre l'être contingent et l'être nécessaire, nous dirons qu'elle nous paraît le résultat d'une limitation.

Jusque-là, point de difficulté ; mais, où elle commence, c'est lorsqu'il s'agit d'expliquer comment s'opère cette limitation. Essayons toutefois de le faire. L'acte créateur, ainsi que nous venons de l'établir, est essentiellement libre ; il a donc pour mesure la volonté de l'agent imprimant à son activité le degré d'énergie nécessaire pour amener la réalisation de l'essence jusqu'au point fixe où il peut la conduire, sans qu'elle se confonde avec sa propre réalité absolue et devienne par cela même inefficace, inutile, impossible. Le résultat de cet acte ainsi modéré et contenu par la volonté de son auteur, ne retombe pas de la sorte dans le sein de l'être infini pour s'y noyer et s'y confondre, mais en reste distinct et séparé en qualité de manifestation externe, sans prendre jamais le caractère de manifestation interne ; car une manifestation interne absolue existe déjà dans l'être nécessaire et ne saurait, vu sa nature, être en aucune manière augmentée ni répétée, tandis que l'acte dont nous parlons, produit un effet sensible complètement discernable de tout ce qui est nécessairement dans l'être absolu. Cet acte en effet se différencie parfaitement, soit de l'essence, soit des attributs de cet être ; il en sort, et n'y rentre pas, et, en s'en détachant pour ainsi dire, il engendre une réalité objective. C'est à peu près de la même manière que nos pensées deviennent pour nous un objet, quand notre activité nous les présente comme des produits de notre intelligence, distincts de nous-mêmes et de notre entendement qui leur donne la naissance. Voilà comment, à ce qu'il nous semble, l'être contingent se sépare et se distingue nettement de sa cause, quoiqu'il en découle et lui doive toute sa réalité. Cette réalisation, contenue dans de certaines limites par la volonté de l'être absolu, nous rappelle cette peinture sublime, où Milton représente le fils de Dieu retenant à moitié son tonnerre lancé contre les anges rebelles ; car son dessein n'était pas, dit-il, de les détruire, mais de les déraciner du ciel. Seulement, ce que le génie du poète affirme de la puissance destructrice de l'être absolu, nous l'appliquons, nous, à sa puissance créatrice, sa corrélative ; car ce qui est vrai de l'une, doit être également vrai de l'autre, en sens inverse.

Quant à la différence caractéristique entre les divers êtres contingents, laquelle forme leur individualité, nous nous en occuperons tout à l'heure, quand nous traiterons de la nature de ces êtres.

Nous venons d'exposer, dans ce qui précède, par quoi les êtres contingents existent, c'est-à-dire le principe, ou la raison d'être et la cause de leur existence ; il nous reste maintenant à examiner comment ils existent, c'est-à-dire quelle est leur nature ; et enfin, pour épuiser la matière, pour quoi ils existent, c'est-à-dire quelle est leur fin. C'est ce que nous ferons dans les deux paragraphes suivants. Sans doute, nous ne saurions trop le répéter, nous n'avons pas la prétention de présenter une solution parfaite de tous points à chacune de ces trois questions; mais nous aurions obtenu un résultat magnifique, si quelques-unes de nos vues pouvaient, par leur justesse, mettre des intelligences plus puissantes que la nôtre sur la voie de quelque utile découverte, dans cet ordre d'idées.

§ 3. Nature des êtres contingents.

Si, comme nous l'avons dit ci-dessus, l'existence de l'être nécessaire est un ébranlement universel, permanent, absolu, toujours le même de la totalité de son essence, lequel fait vibrer ensemble tous ses attributs dans la plénitude de leur infinité; son acte créateur, comme tout ce qui est en lui, doit être instantané, indivisible, absolu, et ne saurait être considéré comme une série d'opérations distinctes, comparables à celles que nous voyons se produire chez les êtres contingents. Mais alors comment un acte unique, et par conséquent parfaitement identique dans sa totalité, peut-il donner naissance à des êtres distincts les uns des autres, doués d'une individualité propre? Un être unique semblerait devoir être le résultat et la conséquence de cet acte unique. Or, bien loin qu'il en soit ainsi, le monde nous étale une multitude d'êtres différents les uns des autres; et entre ceux mêmes que des rapports intimes et des traits de ressemblance frappants nous font placer côte à côte dans une seule et même classe, il existe toujours une différence individuelle qui empêche que l'un, quel qu'il soit, puisse être confondu avec un autre de la même catégorie. Il y a donc, entre tous les êtres, des différences de deux sortes : les unes distinguent des groupes d'êtres des autres groupes, ce sont des différences de genre ou d'espèce ; les autres distinguent les individus des individus, et on les appelle, à cause de cela, différences individuelles. Nous tâcherons d'expliquer les unes et les autres, et de déterminer quelles en sont l'origine et la nature.

Mais ce n'est pas tout. Au milieu de cette infinie variété d'êtres de toute sorte, nous voyons en outre briller d'une manière éclatante l'unité, qu'elle semblerait devoir exclure : l'accord, l'harmonie de tant d'objets divers trahit un ensemble découlant d'une source unique et manifeste avec évidence l'unité de l'acte infini émanant de la cause infinie. Nous apercevons donc à la fois, dans la création, l'unité et la multiplicité : le variable s'y trouve mêlé d'une manière intime et indissoluble avec le permanent, le divers avec l'identique. On peut les considérer tour à tour et les séparer par la pensée, mais non dans la réalité, car ils procèdent tous deux ensemble d'un principe identique, dont ils sont pour nous la révélation : l'unité dérive des attributs intimes de l'essence, la diversité découle des attributs destinés à la manifestation extérieure. Ce sont là deux espèces de manifestations, mais d'une nature différente : la première, celle qui provient des attributs intimes de l'essence, est absolument nécessaire, comme la source dont elle émane; la seconde n'est nécessaire qu'en tant que manifestation, mais non relativement à ses modes, qui auraient pu être différents de ce qu'ils sont. Aussi les êtres qu'elle produit, sont-ils contingents dans leur existence quoique nécessaires dans leur essence. Peut-être même serait-il préférable de réserver la qualification de manifestation uniquement pour la seconde, ce terme impliquant une idée de liberté, et par conséquent de contingence. car la liberté est exclusive de la nécessité. Quoi qu'il en soit, chacune d'elles nous révèle une espèce différente d'attributs, mais elles résident toutes les deux dans le même être. C'est ainsi que l'unité et la multiplicité que nous montre l'univers, n'ont rien pour nous d'inconciliable, puisque cette multiplicité même contient la révélation de l'unité de la cause qui l'engendre.

Nous allons donc examiner d'abord l'origine et la nature des différences qui distinguent les divers groupes d'êtres ; nous étudierons ensuite ce qui constitue les différences individuelles de ces êtres, et enfin nous porterons notre attention sur les liens qui les unissent les uns aux autres et qui font que l'univers, quoique composé d'un nombre infini d'êtres distincts, ne forme cependant qu'un tout, qui révèle l'unité de l'acte créateur, et par suite celle de l'auteur de cet acte.

Quand nous jetons un coup d'œil sur le monde, nous y reconnaissons à première vue trois catégories bien tranchées d'êtres divers : 1° ceux en qui se manifestent avec évidence les trois attributs de l'activité, de la sensibilité et de l'intelligence, et qui composent l'humanité ; 2° ceux en qui se montrent, avec la même clarté, deux seulement de ces attributs, l'activité et la sensibilité, ou autrement dit les animaux, et 3° enfin ceux qui ne paraissent doués à nos yeux que d'un seul de ces attributs, l'activité, c'est-à-dire la matière que nous appelons inerte, mais qui n'en possède pas moins une énergie propre. Quelque divers entre eux que ces êtres nous paraissent, ils sont tous, comme nous l'avons établi ci-dessus, le résultat d'un seul et même acte créateur. Or cet acte, émanant de l'être absolu, doit posséder le caractère éminent de son auteur, et par conséquent avoir produit le plus plein résultat possible, en harmonie parfaite avec son infinité : il doit avoir produit l'infini autant que l'infini peut se trouver dans des êtres contingents. Tous ces êtres doivent donc, sans distinction entre leurs diverses catégories, contenir individuellement l'infini virtuel, et par suite posséder tous la même dose foncière de réalité. Une déduction rigoureuse des principes de raison nous démontre qu'il n'en saurait être autrement.

Mais alors, nous dira-t-on, comment expliquer que des êtres également doués étalent à nos yeux des différences si profondes, que non seulement les philosophes, mais les hommes de tous les temps les ont considérés, d'un consentement unanime, comme des êtres d'une nature tout à fait différente ? A qui ferait-on croire, en effet, qu'il y ait dans un vil morceau de matière ce qu'on trouve dans l'intelligence humaine la plus haute, la plus développée ?

Cette difficulté n'est pas aussi embarrassante qu'il semble au premier aspect. Rappelons d'abord, pour la résoudre, une distinction que nous avons établie ci-dessus. Nous avons dit que le contingent réalisé peut se présenter à nous sous deux faces et dans deux états logiquement distincts : le virtuel et l'actuel. S'il n'y a en réalité qu'une seule essence, comme nous nous sommes efforcé de le démontrer, tout être quel qu'il soit, par cela seul qu'il existe, participe de tous les attributs de cette essence unique, et les porte en soi virtuellement dans toute leur infinité. Un morceau de matière, auquel nous ne pouvons donner la qualification de vil que relativement à nos connaissances bornées, les possède donc, dans chacun de ses éléments simples, à l'égal de la plus haute intelligence, quoique à un moindre degré de développement, puisque dans l'infini il ne saurait y avoir du plus ou du moins. Cependant la différence entre l'être intelligent et la matière brute éclate malgré tout avec trop d'évidence, pour qu'on puisse la nier absolument : en quoi donc consiste-t-elle ? En ce que tel attribut, qui ne se trouve qu'en puissance dans la matière, est en acte dans l'être intelligent. Le fond reste identique, la manifestation seule de ce fond varie ; en sorte que ce que nous prenons pour une différence essentielle n'est qu'un degré divers d'énergie et d'étendue de la manifestation.

Ce que nous venons de dire peut sembler difficile à croire, parce qu'à nos yeux il y a un abîme entre la matière inerte et l'être intelligent. Pour le rendre moins étonnant, ne considérons pas les deux extrêmes de la création, comme nous venons de le faire ; prenons l'animal le plus élevé dans la chaîne des êtres pour le comparer à l'homme : n'est-il pas évident qu'il y a entre eux plusieurs points de contact, plusieurs traits de ressemblance, qui rendent notre assimilation partielle beaucoup moins extraordinaire ? Leibnitz ne semble-t-il pas confirmer cette manière de voir, quand il essaye d'appliquer sa loi de la continuité à la série des êtres vivants? « Il est malaisé, dit-il, de voir où le sensible et le raisonnable commencent.... Il y a une différence excessive entre certains hommes et certains animaux brutes ; mais, si nous voulons comparer l'entendement et la capacité de certains hommes et de certaines bêtes, nous y trouvons si peu de différence qu'il sera bien malaisé d'assurer que l'entendement de ces hommes soit plus net et plus étendu que celui des bêtes. ». Il est vrai qu'il s'empresse d'ajouter que « le plus stupide des hommes est incomparablement plus raisonnable que la plus spirituelle de toutes les bêtes »; ce qui, pour être parfaitement vrai, demanderait une détermination exacte du sens de cette expression *le plus stupide des hommes*. Rapprochez maintenant du végétal l'animal d'un ordre tout à fait inférieur, et rapprochez ensuite le végétal de la matière brute. Vous descendrez ainsi par une pente insensible, dont il vous sera bien difficile, si ce n'est impossible en bien des cas, de mesurer les degrés d'abaissement.

Il y a plus : nous soutenons qu'on ne saurait concevoir l'existence de la matière, si l'on veut la considérer exclusivement au point de vue ordinaire, ou tout au moins qu'on ne peut, dans ce cas, admettre que son existence logique, et jamais son existence métaphysique. La matière, nous dit-on, est une agrégation de forces. Si l'on s'en tient à ce point de vue exclusif, elle est une abstraction, puisqu'elle est le résultat d'une réunion d'abstractions, la force isolée de tout ayant nécessairement ce caractère. Or une abstraction existe en tant qu'opération de l'esprit qui la conçoit, mais n'a point, en dehors de lui, d'existence réelle : cela est évident. Faut-il maintenant prouver qu'une force nue n'est qu'une pure abstraction, et non pas un être réel ? Rien de plus facile. Tout être, non logique mais métaphysique, doit satisfaire à trois conditions : il doit avoir une cause efficiente, une cause formelle et une cause finale. Tout ce qui n'admet pas ce triple point de vue n'est rien, métaphysiquement parlant. Or nous pouvons bien peut-être, à la rigueur, concevoir dans la force nue la deuxième de ces causes ; mais nous défions bien qu'on nous y montre la première et la troisième. Une telle force ne peut puiser qu'en elle-même sa raison d'être ; elle est de plus nécessairement invariable, toujours une et toujours identique dans son existence, en supposant qu'on pût lui en attribuer une, comme dans son essence : dès lors on ne saurait plus la concevoir comme réelle dans son isolement. La force, qu'on le remarque bien, n'est pas l'être, elle n'est qu'un des attributs de l'être ; or on n'a jamais confondu, et nous nous garderons bien de confondre l'être avec un de ses attributs. Un attribut seul ne saurait constituer une réalité, comme nous l'avons remarqué ailleurs ; il faut donc de toute nécessité y en joindre d'autres, qui ne peuvent être que les attributs d'un être quelconque, et qu'on doit par conséquent rencontrer chez tous. Ajoutons à ces considérations que toute force nue étant parfaitement identique à une autre force de même nature, puisque n'ayant que cet unique caractère elle n'en saurait être distinguée par rien, il n'existerait plus qu'une seule force et point de forces individuelles distinctes. Les corps ne seraient plus dès lors des agrégations de forces. Que seraient-ils donc ?

Mais, nous dira-t-on, quels sont ces autres attributs que vous prétendez unis à la force ? Les connaissons-nous ? Pouvons-nous même les connaître ? Sans aucun doute, puisqu'ils nous sont révélés par la notion la plus intime et la plus profonde qu'il nous soit donné d'avoir de l'être, c'est-à-dire par la conscience de notre propre existence. Nous ne pouvons pas plus concevoir, comme existant réellement, une force qui ne serait qu'une force toute seule, que nous ne pouvons concevoir une sensibilité isolée d'un moi doué d'activité et d'intelligence. On est contraint, sous peine de réduire la force à n'être qu'une conception logique, à lui donner les attributs qui sont indispensables pour constituer l'existence, et à ajouter ainsi, dans une certaine mesure, à cette force ou à cette activité, la sensibilité et l'intelligence, en les plaçant toutes les trois dans une substance, sans laquelle ces trois attributs, quoique réunis, ne formeraient que trois abstractions conçues ensemble, et non pas un être réel.

Ainsi donc, la distinction entre les diverses espèces d'êtres repose uniquement, non sur leur essence, qui est identique, mais sur leur mode d'existence, ou, autrement dit, sur les divers degrés de manifestation de cette essence : les uns possèdent en acte ce que les autres n'ont qu'en puissance. Mais cette différence n'est point fondamentale et immuable, puisqu'elle ne repose que sur l'existence essentiellement mobile et variable; car, ainsi que nous l'avons déjà dit, l'existence contingente n'est qu'un perpétuel passage de la puissance à l'acte et de l'acte à la puissance. Tout ce qu'il y a donc de virtuel dans un être est destiné et tend à passer à l'état actuel, et à changer ainsi, non de nature, mais de mode. Tous les êtres sont donc identiques au fond, divers seulement dans leurs manifestations.

Nous venons d'expliquer, avec plus ou moins de succès, par voie de déduction rationnelle, en quoi consistent les différences que nous constatons entre les divers genres d'êtres. Il nous reste maintenant une tâche plus difficile à remplir, à savoir : de déterminer ce qui distingue les uns des autres les individus d'une même classe, ce qui constitue leur individualité, et de plus quel est le lien substantiel (*vinculum substantiale*) de chacun de ces individus. Ici le raisonnement déductif est impuissant à nous conduire à cette découverte : nous serons obligé de procéder un peu hypothétiquement, c'est-à-dire de nous avancer vers l'inconnue que nous cherchons à dégager, non pas à l'aide d'une méthode rigoureusement scientifique, mais par une sorte de divination, ou, comme le dirait Bacon, par une espèce de flair (*odoratione quadam venatica*). Ce moyen, auquel on n'a recours qu'en désespoir de cause, est ici sans inconvénient, du moment que nous en avertissons loyalement le lecteur, en l'engageant à n'accorder au résultat à obtenir que la valeur que nous lui attribuons nous-même.

C'est d'abord un fait incontestable que nous possédons dans notre esprit la notion bien claire et bien nette de l'individu parfaitement distinct et séparé de tous les individus de la même espèce. Cette notion résulte en nous d'une affirmation catégorique établissant la réalité de son objet. L'existence distincte des individus est donc un fait indubitable, dont l'impuissance où nous serions de l'expliquer ne saurait un seul instant compromettre l'évidence. Quelle est l'origine de cette individualisation ? C'est ce qu'il faut essayer de déterminer.

L'acte créateur est le produit des attributs de

l'être absolu relatifs à la manifestation extérieure, puisqu'il est un acte libre, et que nous avons établi en plus d'un endroit que tout ce qui a rapport aux attributs intimes de cet être est d'une nécessité rigoureuse et absolue. Or ces attributs de manifestation, dont nous constatons en nous-mêmes l'existence et le mode d'action, d'une manière restreinte il est vrai, mais suffisante pour nous donner une idée de ce qu'ils sont chez l'être absolu, éclatent et produisent en nous des effets parfaitement distincts les uns des autres. Ces effets sont des actes *successifs*, ce qui veut dire que les uns sont actuels pendant que les autres sont purement virtuels : car, ainsi que nous l'avons déjà dit, l'être contingent est un perpétuel mélange de puissance et d'acte, tandis que dans l'être nécessaire les produits de ses attributs sont tous simultanés, c'est-à-dire qu'ils sont tous en acte, sans quoi cet être ne serait plus ce qu'il est. Mais cette différence n'empêche nullement qu'ils n'aient aussi, chez l'être absolu, le caractère de distinction que nous leur reconnaissons en nous-mêmes. En sorte que, bien que l'acte créateur soit unique et instantané, considéré en soi dans son ensemble, rien ne s'oppose à ce qu'il puisse être conçu comme constitué par un ensemble de fulgurations simultanées, représentation éminente de ces ébranlements successifs du moi que nous nommons ses actes. Et de même que chacun de ces actes conserve, quoique dérivant tous d'une source identique, un certain cachet de propriété qui empêche de le confondre avec tous les autres de même nature, de même chacune de ces fulgurations de l'être absolu porte en soi une certaine empreinte, un caractère spécial d'originalité qui la distingue de chacune de ses congénères. Si l'on nous permettait une comparaison, dont nous comprenons autant que personne le défaut de justesse et de proportion, mais qui nous paraît propre à faire comprendre notre pensée, nous dirions : il en est de ces fulgurations distinctes composant l'acte simple et indivisible de la création, comme de la lumière, qui, bien que parfaitement une, est le résultat d'une foule de vibrations distinctes entre elles. Dans cette hypothèse, tout individu serait le résultat d'une de ces fulgurations et se distinguerait de tout autre individu par la distinction de la cause qui lui aurait donné l'existence. Chaque être correspondrait donc à une fulguration particulière, qui, bien que comprise dans l'ensemble de toutes les autres pour constituer avec elles l'acte créateur unique, n'en serait pas moins distincte en soi.

Voilà pour ce qui regarde les fulgurations créatrices en elles-mêmes, et la distinction des unes d'avec les autres, laquelle sert à expliquer celle des individus entre eux par leur origine.

De plus, cette distinction considérée, non plus dans sa source, mais dans les êtres mêmes en qui elle réside, trouve aussi son explication dans les divers modes d'action des éléments constitutifs de chacun. L'acte et la puissance peuvent se combiner en eux dans une foule de proportions, d'ordres et de degrés différents. L'expérience vient ici au secours du raisonnement : où rencontrer en effet deux créatures en qui, soit les facultés intellectuelles, soit les facultés actives et sensitives se montrent absolument identiques, et soient balancées entre elles juste dans les mêmes proportions ? Et l'on conçoit que cette variété de combinaisons peut s'étendre à l'infini : de telle sorte qu'une similitude parfaite ne saurait pas plus se produire dans l'ordre moral que dans l'ordre physique, où il serait impossible de trouver deux visages humains parfaitement semblables, ou même deux feuilles du même arbre, qui n'offrent des différences au moyen desquelles on peut toujours les discerner l'une de l'autre.

En outre, dans notre hypothèse, chacune des fulgurations dont nous venons de parler formerait le lien substantiel rattachant entre elles toutes les manifestations des attributs de chaque être contingent, car la conscience qu'a le moi de tous les phénomènes dont il est le théâtre, ainsi que du rapport de ces phénomènes au moi, est la constatation de ce lien, mais n'est pas le lien lui-même. Chaque fulguration des attributs de l'être absolu trace la limite de l'être auquel elle donne l'existence, et par là le détermine et l'individualise, en reliant entre elles les diverses manifestations qui s'y produisent, comme issues d'une même impulsion ; car, ainsi que nous l'avons déjà fait entendre, bien que l'énergie de cette fulguration soit infinie dans son principe, l'être absolu doit la contenir dans de certaines bornes, afin de la rendre efficace par l'empêcher de se confondre avec la manifestation intime, où elle irait sans cela se perdre et se noyer dans l'infini actuel.

Ces considérations, pourra-t-on nous dire, n'ont pas cette clarté saisissante qui s'empare de l'esprit et enlève son assentiment. Hélas ! qui le sait mieux que nous ? Mais s'il était possible de fournir à ce sujet une de ces explications lumineuses qui ne laissent place à aucun doute, à aucune hésitation, il y a longtemps qu'elle aurait été donnée par quelqu'un de ces hommes dont le génie investigateur n'a laissé sans exploration aucun des recoins du vaste domaine de la métaphysique. Or il n'en est rien, que nous sachions ; et le point que nous avons tâché de rendre moins obscur, est resté jusqu'à ce jour enseveli dans les plus profondes ténèbres. Il ne s'agit donc nullement de savoir si nous en avons présenté une explication saisissante et victorieuse de haute lutte, car telle n'a jamais été notre prétention ; mais uniquement si ce que nous avons cru démêler, et que nous nous flattons d'avoir fait entrevoir à nos lecteurs, offre quelque chose d'assez plausible pour mériter de leur être présenté, en attendant que de plus habiles, profitant de cette ouverture, creusent davantage le sujet et y pénètrent plus avant. Ce n'est, croyons-nous, que de cette manière, et pour ainsi dire en se faisant la courte échelle les unes aux autres, que les intelligences réunies de plusieurs hommes pourront s'élever à la hauteur de certaines vérités, à laquelle une de ces intelligences, livrée à ses propres forces, serait incapable d'atteindre.

Maintenant que nous avons considéré les êtres divers composant la totalité de la création dans les différences qui les distinguent, envisageons-les dans leur ensemble et au regard des rapports qu'ils soutiennent entre eux.

Il est un point, dans la doctrine de Leibnitz, auquel notre esprit est toujours resté rebelle, et qu'il a constamment refusé d'admettre : c'est l'isolement des monades renfermées en elles-mêmes, sans aucune action les unes sur les autres. Les monades, dit-il, n'ont point de fenêtres par lesquelles quelque chose y puisse entrer ou en sortir. Ce qui ne l'empêche point d'admettre que chaque monade est un miroir vivant, ou doué d'action interne, représentatif de l'univers même. On sait qu'il explique cette contradiction par son hypothèse de l'harmonie préétablie. Mais cette explication ne saurait être valable qu'autant que l'hypothèse serait vérifiée par les faits. Or, bien loin qu'il en soit ainsi, nous voyons que tout concourt à démontrer l'influence et l'action des monades les unes sur les autres. En effet, nous avons reconnu ci-dessus qu'il est trois attributs essentiels à tout être : l'activité, la sensibilité, l'intelligence. Nous avons également reconnu que ces trois attributs, distincts des attributs intimes toujours enfermés dans l'essence, sont destinés à la manifestation extérieure, c'est-à-dire à l'établissement des relations de cet être avec les autres. Pourquoi ces trois facultés lui auraient-elles été données, quelle en serait la raison d'être, si elles n'avaient pour fonction d'établir ces rapports, ou autrement dit la communication constante et réciproque des êtres ? car c'est là ce qu'implique l'idée de manifestation. Leibnitz n'est-il pas tombé ici, sans s'en douter, dans une faute analogue à celle qu'il reproche à Malebranche à propos de son système des causes occasionnelles ? Voilà, dit-il en substance, un mécanisme merveilleux, construit à grands frais d'intelligence (l'ensemble du corps et de l'âme), et quand il s'agit de le faire fonctionner, tous ces rouages, se refusant à l'action, deviennent inutiles : il faut alors recourir, pour le mettre et l'entretenir en mouvement, à l'intervention directe, permanente et personnelle de l'ouvrier. Quelle belle machine qu'une horloge dont l'horloger est obligé de pousser constamment les aiguilles pour les faire avancer et marquer les heures, et de frapper de temps en temps sur le timbre pour les faire sonner ! Ne pourrons-nous pas, à notre tour, dire à Leibnitz : Merveilleuses facultés que cette activité, cette sensibilité, cette intelligence, dont le but ne peut être que de nous mettre en rapport avec tout, de nous faire tout connaître, et qui ne nous mettent en rapport avec rien et ne nous font rien connaître que nous-mêmes ! N'y a-t-il pas là quelque chose d'illogique, d'incompréhensible ? Aussi, pour nous, les choses se passent-elles d'une tout autre manière. L'activité ne s'exerce pas seulement, comme le veut Leibnitz, dans l'intérieur de la monade, elle s'épand au dehors, ce qui serait impossible dans son système ; la sensibilité est destinée à rendre perceptibles à la monade, non seulement les modifications nées de son propre fonds, mais encore celles qui lui viennent du monde externe ; et quant à l'intelligence, elle sert à lui faire comprendre les changements et les états à la fois actifs et passifs dont elle est le théâtre, soit qu'ils aient pris naissance en elle-même, soit qu'ils lui viennent d'ailleurs. Telle est la fin de ces trois facultés, dont l'existence ne s'expliquerait pas sans cela. Ne sont-ce pas là de larges ouvertures, grandes voies de communication qui mettent chaque monade en relation avec tout ce qui l'entoure ? Elle n'est donc pas fermée à tout commerce extérieur, comme l'arche de Noé, pendant toute la durée du déluge ? Laissons en conséquence de côté les suppositions gratuites d'un grand esprit qui se fourvoie, et voyons la réalité des faits.

Tous les phénomènes qui se produisent dans le monde dérivent de trois sources : 1° ceux qui se passent dans la matière inerte résultent des lois de la nature ; 2° ceux que nous constatons chez les animaux ont leur origine dans les lois de la nature et dans l'instinct ; et 3° ceux dont nous sommes les témoins en nous-mêmes ont la leur, tout à la fois dans les lois de la nature, dans l'instinct et dans la raison consciente. Or une expérience de tous les jours nous montre l'accord admirable de ces trois causes logiques de la production des phénomènes, soit séparément de chacune d'entre elles, soit avec les deux autres, dans les manifestations qui en découlent. C'est ainsi que nous voyons les faits de la nature inanimée marcher dans une harmonie parfaite entre eux, et avec ceux de la nature animée et raisonnable, et ces derniers à leur tour également d'accord avec eux-mêmes et avec les premiers. Est-il nécessaire de l'établir par des exemples ? Qui n'est frappé de l'harmonieux ensemble des lois de la nature, dont l'action, quoique diverse, ne se contrarie jamais, et tend au contraire, par des chemins différents, vers un but unique ? D'autre part, l'instinct dans une créature a le plus souvent pour corrélatif, dans une autre créature, un autre instinct destiné à la même fin. L'enfant qui vient de naître cherche la mamelle que sa mère lui tend ; et si chez la mère le motif raisonnable vient se joindre à l'impulsion instinctive, nous voyons alors dans ce fait éclater l'accord parfait de l'instinct et de la raison. De plus, comme nous l'avons ailleurs remarqué, l'application des mathématiques à la physique ne démontre-t-elle pas le merveilleux accord des lois de la matière inerte avec la raison absolue ? Si donc nous consultons la nature, elle nous montre partout, à chaque instant, que l'existence individuelle n'est jamais isolée ni indépendante de celle des autres individus, mais qu'au contraire ils sont tous reliés entre eux et solidaires les uns des autres. Où donc les corps vivants ou organisés puisent-ils les éléments qui leur sont nécessaires pour se constituer, si ce n'est dans les corps bruts et inorganiques ? Les uns, comme les plantes, les y prennent directement ; les autres, comme les animaux, indirectement, c'est-à-dire dans des corps qui ont déjà acquis la qualité d'organiques au moyen d'une première élaboration à laquelle ils ont été soumis par les végétaux. L'organisation est donc le résultat d'une opération, ou d'une action exercée par les éléments de la matière les uns sur les autres. Il ne faut pas croire cependant que cette propriété de s'organiser soit communiquée à ces éléments par cette opération ; ils l'avaient d'origine en eux-mêmes, sans quoi nulle manipulation n'aurait pu la leur communiquer. Ainsi les changements d'état qui se produisent en eux résultent bien de l'action qu'exercent les éléments les uns sur les autres, mais s'y trouvent déjà contenus en puissance. La progression continue de l'existence passant de l'état inorganique à l'état organique, puis à l'état sensitif, et enfin à l'état intelligent, a donc sa source dans le fond de l'être lui-même en qui elle s'effectue, mais non sa cause unique ; cet être la contient, il est vrai, virtuellement, mais il ne peut la faire passer de la puissance à l'acte par la manifestation, qu'à l'aide de l'influence des autres êtres avec lesquels il est en rapport. Tous les êtres dépendent donc les uns des autres, et c'est leur action réciproque qui amène ces modifications, ces changements d'état, ces développements successifs constituant l'évolution progressive de l'univers.

Que penser dès lors de l'opinion de ceux qui ne voient dans le monde que lutte, guerre et désordre, comme s'il était l'œuvre d'un être malfaisant, qui se complût à voir ses créatures se déchirer entre elles à belles dents? Ils assimilent l'être souverainement bon à ces hommes, souvent plus irréfléchis que méchants, qui cherchent une distraction malsaine et coupable dans des jeux cruels, où des animaux, dont ils excitent la furie, s'éventrent sous leurs yeux avides de ces scènes hideuses de carnage. Comment les inventeurs de ces absurdes et désolantes doctrines, produit d'une imagination déréglée en révolte ouverte contre la raison, n'ont-ils pas vu que cette destruction des êtres les uns par les autres, qu'ils nous présentent sous un jour si odieux, n'est que le moyen dont se sert la cause créatrice pour les pousser tous dans la voie du perfectionnement? Nous venons de parler de la *destruction des êtres les uns par les autres*; mais y a-t-il véritablement destruction d'un être quelconque? N'est-ce pas *transformation* qu'il faudrait dire? Et comment cette transformation pourrait-elle s'opérer, si la forme primitive continuait à subsister? Il y a donc solidarité, accord, harmonie, et non pas séparation, lutte et guerre déclarée (*homo homini lupus*) entre tous les êtres.

Quant à cette lutte pour l'existence, dont on aime tant à parler aujourd'hui que nous en avons les oreilles sans cesse rebattues, elle pourrait bien n'être au fond que la lutte pour le luxe et les plaisirs. Comment en douter, à voir la fureur avec laquelle tant d'hommes se ruent à la satisfaction d'appétits tout à fait factices, inconnus à nos prédécesseurs sur cette terre ? Nous allions dire aux anciens locataires de notre planète. Réglons nos désirs, et cessons de rejeter sur la providence la responsabilité d'excès qui sont notre œuvre. Plus nous modérerons les exigences de notre sensualité (ce qui n'est pas chose facile), plus large sera la part laissée aux besoins légitimes de nos semblables. La frugalité et la retenue sont des vertus publiques aussi bien que privées, dont l'observation nous est imposée par la raison : qui les viole se rend coupable, et ne saurait invoquer l'excuse d'une prétendue nécessité.

Nous voilà bien loin, comme on le voit, de cet isolement profond dans lequel Leibnitz prétend cloîtrer ses monades. Non seulement elles ne sont pas isolées, mais leur existence et leur développement ne peuvent se concevoir qu'à l'aide de l'influence et de l'action réciproque qu'elles exercent les unes sur les autres. Cette concordance admirable, ce commerce régulier et universel de tous les êtres entre eux forme un tout harmonique et merveilleux, dans lequel chaque pièce de la machine, chaque ressort non seulement joue avec aisance, et remplit son office sans gêner ni troubler, en s'y enchevêtrant, le ressort voisin, mais encore en facilite et en seconde la marche cadencée. Ainsi l'ordre physique et l'ordre intellectuel et moral, qui nous semblent à première vue si étrangers l'un à l'autre, fonctionnent avec une entente et une régularité parfaites ; et, loin de se nuire et de s'embarrasser réciproquement, ils conspirent tous vers un même but. De même, dans une belle symphonie, les parties que font entendre les divers instruments, quoique différentes entre elles et marchant souvent en mouvement contraire, se soutiennent, se font ressortir mutuellement et concourent à former un ensemble enchanteur, auquel il manquerait quelque chose si l'une d'elles venait à faire défaut. Ce mélodieux concert, ce spectacle ravissant de la création, dont nous ne sommes trop souvent que les témoins distraits, frappe d'étonnement et d'admiration l'homme qui réfléchit, comme l'harmonie idéale des sphères célestes charmait un sage des temps anciens. Il nous fait en même temps comprendre la profondeur et la justesse de ce précepte adopté, dans l'antiquité, par plusieurs philosophes de différentes écoles : « Vivre conformément à la nature [1] ». La nature n'est en effet que l'ordre universel rendu sensible (κόσμος); et que peut faire de mieux le sage que de se conformer à l'ordre universel ?

Que d'autres s'étonnent de cet ordre et de cette harmonie qui règne entre tous les êtres ; pour

---

[1] Ὁμολογουμένως τῇ φύσει ζῆν.

nous, elle est la conséquence de notre système de l'unité d'essence. Des êtres identiques au fond, et n'étant distingués entre eux que par leur mode d'existence, c'est-à-dire par la qualité de leurs manifestations, ainsi que par leur individualité, ne peuvent être en opposition ni en lutte, ni même isolés et complètement indépendants les uns des autres: ils ont tous en effet une origine commune, une essence identique et une même fin, vers laquelle ils se dirigent tous avec plus ou moins de hâte et de succès les uns que les autres, mais avec la même constance et la même sûreté, parce que c'est la raison universelle qui les guide, et qu'ils sont semblablement orientés. On pourrait les comparer à des navires qui, partis du même port, visent le même point de l'horizon ; les plus fins voiliers, les meilleurs marcheurs devancent leurs compagnons de route ; mais tous n'en gardent pas moins la même direction : ils n'ont pas besoin de se contrarier dans leur course ; l'océan est assez large pour offrir à tous une ample voie, leur permettant de donner carrière à toute l'ardeur et à tout l'élan de leur vitesse. Le sillage des premiers, loin de nuire à la rapidité de ceux qui les suivent, ne peut que la favoriser, par l'impulsion que leur vive allure imprime aux ondes, dans le sens du but auquel ils tendent tous de conserve. L'unité de l'univers est donc pour nous la conséquence et une nouvelle preuve de l'unité d'essence des êtres qui le composent. Voilà comment et pourquoi, sur ce point, nous différons complètement d'opinion avec Leibnitz : pour lui, il existe deux mondes parfaitement distincts et séparés, le monde physique et le monde moral, et deux règnes tout à fait différents l'un de l'autre, celui de la nature et celui de la grâce ; pour nous, au contraire, ces deux mondes n'en font qu'un, ces deux règnes sont identiques, et par conséquent régis par les mêmes principes et les mêmes lois.

Nous avons donc eu raison d'affirmer que l'univers, malgré l'infinie variété des êtres qu'il offre à nos regards ou révèle à notre raison, et malgré l'infinie variété des phénomènes dont il est le théâtre, nous montre clairement, par sa merveilleuse harmonie, l'unité de l'acte créateur, et par suite l'unité de celui dont il émane.

§ 4. Fin des êtres contingents.

Le monde peut être considéré à un double point de vue : envisagé dans son ensemble et d'une manière générale, il est une manifestation, aussi complète que possible, des attributs externes de l'essence infinie, et une manifestation indirecte des attributs internes de cette même essence. La première de ces manifestations fait éclater la puissance, la bonté, la sagesse de l'être absolu, et la seconde en révèle l'unité, l'immutabilité, l'infinité, ainsi que nous aurons à le montrer dans un des paragraphes suivants. Pris à un autre aspect, c'est-à-dire à le contempler en lui-même, abstraction faite de son origine, le monde est un tout composé d'une infinité de manifestations diverses, partielles et limitées de l'essence unique infinie, manifestations formant des groupes différents et se rapportant toutes à des individualités distinctes. Ces dernières manifestations, bien loin d'être isolées les unes des autres et renfermées dans l'individu qui les produit, sont toutes reliées entre elles par des rapports intimes, au moyen desquels elles s'éveillent, s'excitent mutuellement, et peuvent ainsi, dans chaque individu, passer du degré le plus infime jusqu'à l'infini, but toujours poursuivi, jamais atteint. Cette marche ascendante sans limites ne peut jamais s'arrêter, puisqu'elle est le résultat de l'impulsion de la raison souveraine, un des attributs de l'être contingent. Le point suprême de ce développement incessant, connu par l'expérience, est celui que nous saisissons et constatons en nous-mêmes, c'est-à-dire celui d'un être conscient de cette raison souveraine, sachant qu'il doit la prendre pour guide unique de sa activité, tout en ayant le pouvoir d'en violer les injonctions, et par conséquent doué d'un mérite propre, quand il y conforme tous ses actes. Mais ce point, quelque élevé qu'il soit, n'est nullement culminant, et ne fait qu'indiquer une étape franchie, sans que rien puisse nous donner à penser qu'elle soit la dernière. Bien au contraire, en étendant de ce haut sommet notre vue à notre entour, nous apercevons une infinité de pics étagés s'élevant sans cesse davantage les uns au-dessus des autres. C'est l'ensemble de toutes les étapes devant nous y conduire, qui forme la fin de tous les êtres considérés, soit individuellement, soit collectivement. Conformité de plus en plus grande de nos actes avec la raison absolue : telle est la formule de cette gradation ascendante qui, de même que l'échelle de Jacob reliait la terre au ciel, rattache les êtres contingents à l'être nécessaire, et ne fait qu'un tout harmonieux de l'ensemble des existences.

Cependant, lorsqu'on réfléchit à l'éminente dignité à laquelle est parvenu l'être doué de la liberté morale, quand on pense que l'exercice de cette précieuse prérogative l'associe en quelque manière à l'existence de l'être absolu, en qui elle doit se trouver dans sa plénitude souveraine, on se demande si l'être contingent peut aspirer à s'élever encore, et si son ambition démesurée ne lui fait pas renouveler la folle tentative des architectes de la tour de Babel. Rassurons-nous, il n'en est rien. Comme nous l'avons répété bien des fois, toute fin est nécessairement infinie ; la limiter, c'est la détruire : à quelque élévation qu'ait atteint l'être contingent, il peut et doit, non seulement espérer, mais être certain qu'il est encore appelé à de plus hautes destinées. Pour si grand que soit le don de la liberté, il n'est qu'un moyen, dont celui qui l'a reçu doit, par son énergie propre, constamment étendre et perfectionner l'usage, pour se rapprocher sans cesse d'une pratique plus pleine et plus entière du bien, en se conformant de plus en plus aux prescriptions de la raison absolue, dont les enseignements deviennent pour lui graduellement plus amples, plus clairs et plus distincts, dans la mesure et la proportion du développement de son être.

Essayons de nous rendre compte de la manière dont ce développement se produit.

Il y a deux choses dans l'être contingent, dont l'une est immuable et l'autre changeante, à savoir : l'essence, et la manifestation de cette essence ou l'existence. L'essence, qu'on peut aussi nommer la puissance, quand on la considère dans ses rapports avec l'existence, contient l'être tout entier, car tout acte qu'il produit devait y exister d'abord en puissance, et il n'y a que ce qui s'y trouve virtuellement qui soit susceptible de réalisation : l'essence renferme donc et porte en soi tout ce qui se rencontre en acte dans l'être. Quant à la manifestation, elle est un résultat de l'acte, et non l'acte lui-même, qu'on peut définir l'exercice de la puissance. L'acte en découle donc nécessairement, parce que, par sa nature même, la puissance tend à l'acte, c'est-à-dire à sa propre réalisation. Cette réalisation se présente à nous à deux points de vue : 1° à celui de l'acte relativement à l'être lui-même, 2° à celui de l'acte relativement aux autres êtres. Le premier engendre en nous la catégorie de temps ; le second, celle d'espace. Ces deux manières d'envisager l'acte ne sont que la constatation d'une réalité, c'est-à-dire de la double tendance de la puissance vers l'acte, à savoir : la voie d'expansion intensive et celle d'expansion extensive. La première, au moyen de leur répétition, donne aux actes de l'être un degré plus considérable d'énergie. C'est cette énergie plus ou moins prononcée des actes comparés les uns aux autres, qui constitue pour nous le rapport de succession, et engendre dans notre esprit l'idée de temps pris au sens actif. La seconde, en mettant les êtres en rapport les uns avec les autres, élargit leur sphère d'action, et c'est de ces rapports des êtres entre eux que naît l'idée d'espace, qui n'est que la conception abstraite de ces rapports divers.

De ce qui précède résulte l'explication simple et naturelle de trois faits, qui sans cela resteraient incompréhensibles. Tous les phénomènes du moi, considérés en eux-mêmes et indépendamment de tout rapport avec le monde externe, sont conçus par nous dans le temps, et non dans l'espace. C'est qu'ici le moi n'est en rapport qu'avec lui-même, et ne conçoit ses propres modifications qu'au point de vue de leur intensité, et non à celui de leur propriété extensive. De même les faits du monde externe, si nous pouvions les concevoir indépendamment de tout rapport avec nous-mêmes, seraient toujours conçus par nous comme existant dans l'espace, et non dans le temps. Si la notion de temps vient se mêler pour nous à celle de leur existence dans l'espace, c'est uniquement parce que nous y transportons, en l'objectivant, une idée purement subjective. Cette erreur est secondée en nous, et en quelque sorte rendue inévitable, par une confusion facile à comprendre : nous concevons nécessairement le monde externe dans le temps pris au sens passif, qui n'est en effet, comme nous l'avons montré, que l'idée de permanence, compagne inséparable de l'idée de tout être. Or rien de plus commun chez l'homme, ainsi que nous l'avons établi ci-dessus, que le mélange et l'identification des deux sens, cependant bien distincts, dans lesquels il faut entendre le mot de temps. Ici, par opposition au cas précédent, les phénomènes étrangers au moi ne sont, ou du moins ne devraient être considérés qu'au point de vue extensif, et non pas intensif ; c'est ce qui nous paraît évident, et sert à nous rendre encore plus sensible la confusion que nous venons de signaler. Enfin, lorsque nous considérons l'absolu, nous n'y faisons intervenir, et ne pouvons y appliquer ni l'idée de temps ni celle d'espace, parce qu'alors ce n'est plus le moi prenant connaissance de ses actes propres, ou de phénomènes extérieurs dans leurs rapports avec ces actes, mais la raison, faculté absolue, qui se trouve en relation directement et immédiatement avec l'essence absolue du moi. C'est la perception interne, croyons-nous, qui est l'organe de ce commerce. Cette perception est bien loin d'être pleine et entière, et la majeure partie de ce que notre raison peut apercevoir dans notre essence échappe à son œil, quelque attentif qu'il soit, sinon complètement, du moins de manière à ne lui présenter que des objets confus et voilés[1]. C'est à pénétrer ces mystères et à dissiper les ténèbres qui les entourent que se sont appliqués les philosophes de tous les temps. On peut juger, par les résultats obtenus, de la difficulté de l'entreprise.

Est-ce un motif de se décourager ? Assurément

---

[1] Pour tirer au clair ce que nous ne faisons ici que toucher en passant, il faudrait nous livrer à des développements incompatibles avec notre but actuel. Nous en traiterons d'une manière spéciale et détaillée, dans un ouvrage subséquent.

non. Un tel abattement peut bien envahir çà et là quelques âmes moins bien trempées qu'il ne faudrait, et l'histoire de la philosophie ne nous en montre que trop d'exemples. C'est de cette disposition fâcheuse que sont nés tous ces systèmes de doute, de négation et de désespoir, qui sont la honte de l'esprit humain, bien qu'ils aient, dans l'ensemble du mouvement intellectuel, leur raison d'être et leur utilité. Ce qui doit du reste nous rassurer sur le mal qu'ils pourraient produire, c'est qu'ils ne sauraient jamais prévaloir contre la foi inébranlable de l'humanité en une vérité absolue, dont elle nourrit l'espoir de se mettre un jour en possession, sinon dans sa totalité, tout au moins pour une part considérable. Cette foi et cette espérance sont indéracinables, et peuvent défier tous les efforts réunis de leurs adversaires, parce qu'elles prennent leur source dans un principe inhérent à notre essence, celui-là même dont nous nous occupons en ce moment, à savoir : que tout être a une fin, à laquelle il est invinciblement appelé et qu'il doit nécessairement poursuivre. Or la découverte de ces vérités dont nous parlons, est précisément la fin de l'être intelligent. L'évidence de cette fin est démontrée par l'existence même de l'intelligence ; car à quoi servirait cette faculté, si elle n'était destinée à poursuivre et atteindre le vrai ?

Les vérités de toute sorte ont un attrait irrésistible pour l'homme, et, comme le dit Cicéron, « si grand est en nous cet amour inné de connaître et de savoir, qu'on ne saurait douter que ce ne soit un penchant naturel qui, toute utilité à part, nous y entraîne[1] ». Aucune lassitude, aucun dégoût, même au sein de nos investigations les plus pénibles et les moins fructueuses, ne saurait dompter dans notre âme cette ardente passion pour la connaissance ; il suffit, pour amorcer notre désir et le tenir constamment en haleine de recherches nouvelles, de quelques étincelles aperçues, de quelques bribes de réalité rencontrées de temps en temps et recueillies avec un soin religieux. Ce qu'il y a de plus facile à atteindre devient la première proie de l'avidité de notre intelligence ; ce premier succès, quelque minime qu'il soit, l'encourage à persévérer, et cette persévérance, de loin à loin récompensée par une nouvelle acquisition, parfois bien modeste, est de la sorte alimentée et entretenue indéfiniment. C'est ainsi que l'ardeur languissante du chasseur est tout à coup rallumée, quand les allures plus vives et plus passionnées de son chien font luire à ses yeux l'espoir d'une nouvelle capture. Du reste, la difficulté n'est en ceci, comme en bien d'autres choses, qu'un stimulant

---

[1] *Tantus est innatus in nobis cognitionis amor et scientiæ, ut nemo dubitare possit quin ad eas res hominum natura nullo emolumento invitata rapiatur.*

de plus pour notre soif de connaître, et l'on sait que les vérités métaphysiques sont les plus difficiles à saisir ; à moins qu'elles ne roulent que sur des notions purement abstraites et simples, comme celles qui font l'objet des mathématiques. Il n'est donc pas étonnant que la science qui s'en occupe, soit en retard sur les autres. Nous admirons, de notre temps, le développement merveilleux qu'ont pris les sciences physiques et naturelles, et cependant n'aurait-on pas pu, avant l'impulsion vigoureuse imprimée par Bacon à leur étude, leur prédire, en présence du marasme où elles languissaient, un avenir aussi peu brillant que celui que certains esprits prévenus prédisent de nos jours à la métaphysique ? Ces sinistres prophéties ne nous effrayent nullement. Les cadets l'emportent souvent sur leurs aînés ; et, comme le chantaient à Sparte les tendres rejetons des vieillards et des guerriers fiers d'avoir été jadis, ou d'être encore jeunes, vaillants et hardis, ils peuvent à leur tour dire avec assurance :

« Et nous un jour le serons,
Qui tous vous surpasserons. »

Nous croyons fermement que ce présage, favorable à la métaphysique, ne saurait manquer de se vérifier un jour ou l'autre, et nous serions d'autant plus charmé d'avoir contribué, pour une part si modeste qu'elle fût, à ce désirable événement, que toutes les connaissances humaines en recevraient une vive impulsion, qui, redoublant la vigueur et l'énergie de ceux qui les cultivent, par leur ouvrir des voies inconnues à l'aide d'aperçus nouveaux, ajouterait de riches et brillantes conquêtes à toutes celles dont ils se montrent si justement heureux et fiers. Sans compter que le fondement de toute science étant une fois solidement établi et reconnu de tous, et par suite les rapports intimes de toutes les connaissances, quelles qu'elles soient, se trouvant démontrés à tous les yeux, ainsi que l'unité du but qu'elles poursuivent, on verrait aussitôt s'évanouir ces dissentiments profonds et ces divergences radicales d'opinions qui divisent en tant de sectes opposées ceux qui se livrent à la culture du savoir, et font presque des ennemis, de frères qui devraient marcher ensemble à la conquête de la vérité, la main dans la main. Puisse un avenir prochain réaliser nos espérances !

C'est à quoi porte incessamment cette double expansion intensive et extensive dont nous venons de parler. Ces deux tendances ne sont pas, au fond, distinctes entre elles, ou tout au moins elles se coalisent, se fondent l'une dans l'autre, et sont la source de la solidarité, non seulement humaine, mais encore universelle. C'est par là qu'un homme profite des travaux d'un autre homme, et que nous jouissons aujourd'hui des trésors accumulés par les labeurs incessants des générations qui nous ont précédés. Cette jouissance, ne l'oublions pas, n'est nullement à titre gratuit, elle emporte des charges qui s'y trouvent attachées : nous ne pouvons en profiter légitimement qu'en nous souvenant toujours qu'il est de notre devoir de transmettre à nos descendants ce précieux héritage, non tel que nous l'avons reçu de nos pères, mais augmenté et grossi le plus possible par nos efforts personnels. De là, la nécessité du travail imposé à l'homme, non comme une punition, mais comme l'accomplissement de l'obligation morale de contribuer au bien-être universel, obligation dont l'existence est proclamée par la présence en nous de l'instrument indispensable de tout travail, de l'activité. Ainsi se réalisera cette domination de l'homme sur la nature, dénoncée par Bacon comme but de la science ; empire glorieux, qui doit justifier le titre pompeux et magnifique de roi de la création, que l'homme s'est décerné d'avance, comme par un sentiment confus de ses hautes destinées futures. Mais en devenant le véritable roi, ou pour mieux dire vice-roi de la création, il contractera des obligations plus étroites à l'égard des autres créatures placées sous ses ordres ; car tout pouvoir entraîne, en proportion de son étendue, une responsabilité plus grande et des devoirs plus étendus. Il devra songer sans cesse que ces êtres sont moins des sujets soumis à son sceptre pour la satisfaction de ses vains caprices, que des frères encore mineurs confiés à sa bienveillante tutelle, et comme lui destinés à parvenir un jour à leur majorité; qu'il doit en conséquence les aimer, les protéger, et les aider de toutes ses forces à préparer une élévation qui leur permettra de prendre une place éminente et distinguée au banquet éternel, auquel sont conviées toutes les créatures.

Maintenant que nous connaissons l'origine, l'essence et la fin des êtres contingents, autant qu'il nous est donné de pénétrer dans ces mystérieuses profondeurs, le moment est venu de répondre nettement à une question que nous avons posée ci-dessus, renvoyant à plus tard la réponse qu'elle appelle, et que nous allons essayer de fournir dans le paragraphe suivant.

§ 5. Le monde est-il fini ou infini dans le temps et dans l'espace?

Nous avons promis ci-dessus (au dernier paragraphe du chapitre VII) d'aborder la question de savoir si le monde est fini ou infini dans le temps et dans l'espace. Le moment est venu de tenir cette promesse.

Les antinomies de Kant nous ont montré la prétendue preuve de la thèse et de l'antithèse sur cette question redoutable. Le philosophe allemand tire une conclusion décourageante de l'opposition radicale entre les deux réponses auxquelles on aboutit des deux côtés par voie rationnelle, à savoir : que la raison est impuissante à nous conduire à la vérité : conclusion dont la conséquence logique et nécessaire, quoi qu'en dise son auteur, est un scepticisme universel et absolu, aussi bien dans l'ordre pratique que dans l'ordre théorique. Cette conséquence révolte et fait frémir le bon sens de l'humanité, produit spontané de cette raison souveraine inconsciente qui guide l'homme, toutes les fois que la raison consciente lui fait défaut. Le vrai philosophe doit tenir le plus grand compte de ces sortes de croyances universelles instinctives, s'il ne veut pas que de vaines spéculations viennent l'égarer et conduire son esprit tout droit à l'abîme, d'autant plus sûrement qu'il sera plus logique, et raisonnera d'une manière plus rigoureuse. Si Kant n'a pas roulé jusqu'au fond du précipice et s'est arrêté à mi-chemin, ce n'est que grâce à une inconséquence assez commune heureusement chez la plupart des auteurs de systèmes. Il vaudrait mieux cependant n'avoir pas à les féliciter de ce manque de rigueur dans la déduction, qui ne sauve en partie la vérité qu'en discréditant la philosophie destinée à nous la faire découvrir. Pour se garantir d'un écueil où vont se heurter les plus hautes intelligences, il faudrait raisonner toujours bien, et de plus voir toujours juste et loin, de manière à se garder des vues exclusives et systématiques. Rien de plus aisé en théorie et de plus difficile dans la pratique : il y faut une attention scrupuleusement soutenue, une habileté consommée, et de plus beaucoup de bonheur.

« Mais qui peut s'assurer d'être toujours heureux ? »

Il ne faut pas cependant que la crainte d'une chute nous empêche de marcher. Avançons donc, en prenant toutes les précautions pour éviter un faux pas.

Les deux questions ainsi posées en une seule, le monde est-il fini ou infini dans le temps et dans l'espace, semblent au premier abord de la plus grande simplicité ; mais un examen plus attentif va nous convaincre qu'elles sont extrêmement complexes. En les étudiant de près, on ne peut tarder à s'apercevoir que, formulées en ces termes, elles sont complètement insolubles; qu'elles vont même jusqu'à être inintelligibles, à cause du grand nombre de rapports différents qu'elles confondent dans la généralité de leurs termes. Comment s'étonner dès lors qu'en voulant les résoudre dans une seule et même réponse, on puisse aboutir à deux affirmations contradictoires ? Quant à nous, examinant d'abord le monde dans le temps, puis dans l'espace, et tâchant de séparer ce qu'on nous présente pêle-mêle, nous analyserons les diverses notions distinctes que contient implicitement chacune de ces deux questions.

Le monde est-il fini ou infini dans le temps? Les trois termes *monde*, *infini*, *temps* compris dans cette interrogation alternative, peuvent être pris dans des sens divers qu'il convient de bien distinguer. On peut entendre par *monde* la réunion de tous les êtres créés, conçus dans leur ensemble, ou bien tous les êtres conçus individuellement. L'*infini* peut également signifier un infini virtuel ou un infini actuel. Enfin le terme de *temps* a également deux sens bien distincts: 1° le sens actif, dans lequel il exprime la succession ou la variété des phénomènes au point de vue de leur intensité plus ou moins considérable, ou en d'autres termes, de leur virtualité et de leur actualité ; 2° le sens passif, auquel il ne désigne plus que la permanence de l'être. On conçoit qu'on puisse très légitimement donner une réponse tour à tour affirmative et négative à la question posée, selon qu'on en prendra les termes dans tel ou tel sens. Considérons-la donc aux divers aspects qu'ils peuvent nous offrir.

Le monde, considéré dans son ensemble, est-il infini dans le temps pris au sens actif? Le temps, ainsi entendu, n'étant constitué que par les rapports des phénomènes entre eux, cette question revient à se demander si le monde est fini dans la diversité de ses manifestations et de leurs rapports. Or les manifestations n'existent pas toutes seules en elles-mêmes; elles sont nécessairement corrélatives à ce qu'elles manifestent, c'est-à-dire à l'essence. Mais l'essence, ainsi que nous l'avons établi ci-dessus, est infinie ; elle est donc une source inépuisable de manifestations diverses pouvant offrir des rapports de même nature que la source dont elles découlent, et par conséquent sans limite et sans fin. Il semblerait donc résulter de là que les manifestations doivent être infinies en nombre. Il ne faut pas cependant oublier que si l'essence est infinie prise en soi, c'est qu'elle satisfait à une condition qui ne se trouve pas dans les manifestations : elle est une par nature, tandis que les manifestations sont multiples. Or on sait que l'infini est essentiellement un, et que ce qui n'est pas un ne saurait être infini qu'en puissance, ou, en d'autres termes, n'est qu'une direction, une tendance vers l'infini. D'où il résulte que, si l'essence est actuellement infinie, il ne saurait en être de même des manifestations, qui ne peuvent avoir le caractère d'infinité que virtuellement. Elles ne sont donc infinies qu'en tant que manifestations d'une essence infinie, mais elles ne le sont pas en elles-mêmes et par leur propre nature : ce qui revient à dire qu'elles sont infinies en puissance quant à leur nombre, ou relativement au temps pris au sens actif, mais qu'elles ne le sont pas en acte.

Considérons maintenant la question au point de vue du temps entendu dans le sens passif, c'est-à-dire comme indiquant la permanence de l'être. Il est bien évident que, dans ce cas, le caractère d'infinité appartient aux êtres au point de vue de leur essence, laquelle ne saurait avoir de limite dans le temps, ou quant à la durée, pas plus qu'elle n'en a dans l'espace ; mais ce caractère n'appartient plus aux êtres envisagés au point de vue de leurs phénomènes, dont la nature propre est l'opposé de la permanence. Regardé sous ce jour, le monde n'est pas infini quant au temps, ou du moins ne l'est qu'en puissance, et nullement en acte. Chacune de ses manifestations tend à la durée absolue ; mais comme tous les attributs de son essence ont la même tendance à se manifester, et que les limites imposées aux êtres contingents ne leur permettent pas une manifestation totale de cette essence, il en résulte qu'elles doivent se faire place mutuellement les unes aux autres, et que ne pouvant toutes ensemble aboutir à la durée totale, ou à la permanence absolue, elles en sont réduites à un acte limité ou passager, qui constitue leur variabilité, ou ce que nous appelons leur succession. C'est de là que dérive la notion expérimentale de temps pris dans le sens actif et purement relatif, et non de temps au sens passif ou absolu, dont l'idée n'est pas, ainsi que nous l'avons montré, un produit de l'expérience, mais une donnée de la raison.

Ce que nous venons de dire du monde considéré dans son ensemble s'applique avec la même justesse aux êtres individuels qui le composent. Chacun d'eux pris à part est infini dans son essence, mais fini dans son existence ou ses manifestations. Seulement ces manifestations ayant une tendance à l'infinité extensive et intensive dans le sujet, à cause de la source dont elles découlent, sont infinies en puissance à ces deux points de vue ; tandis que nous venons de constater que toutes les manifestations du monde, pris dans son ensemble, sont infinies virtuellement ou en puissance, quant à leur nombre, c'est-à-dire d'une manière extensive, seul point de vue auquel on les envisage dans ce cas.

Les considérations précédentes et toutes celles que nous avons développées en plusieurs endroits nous prouvent combien peu l'on se rend compte de ce qu'on veut dire quand on demande si le monde a eu ou n'a pas eu de commencement. Le mot de commencement indique une relation : or les manifestations peuvent bien avoir des relations entre elles quand on les considère les unes à l'égard des autres, et sont alors, par suite, des faits purement relatifs; mais, quand on vient à les envisager par rapport à l'essence, elles cessent, à ce point de vue, d'être relatives et contingentes, pour n'être plus qu'absolues et nécessaires. En effet, l'essence étant identique, immuable et absolue, sa tendance aux manifestations doit posséder les mêmes caractères et n'a jamais pu commencer en elle; de sorte qu'on doit affirmer que ces manifestations ont toujours existé virtuellement dans l'essence. Dès lors, il est absurde de se demander si elles ont eu un commencement. En d'autres termes, on peut appliquer aux manifestations l'idée de temps au sens actif, mais jamais celle de temps au sens passif, qui ne trouve son application que lorsqu'il s'agit de l'essence.

Mais, nous dira-t-on, si les phénomènes sont d'abord à l'état virtuel dans l'essence, et puis à l'état actuel, il y a passage de l'un de ces états à l'autre, et c'est ce passage, c'est ce changement d'état au moment où il se produit, qui constitue le commencement des phénomènes. Voici notre réponse :

En premier lieu, lorsque nous disons que les phénomènes existent d'abord à l'état virtuel, puis à l'état actuel, nous faisons intervenir les deux idées corrélatives d'antériorité et de postériorité là où nous ne saurions le faire légitimement. Ces deux idées nous sont données à l'occasion des phénomènes, nous ne les tirons que de la comparaison des phénomènes entre eux, et nous ne pouvons, en conséquence, en faire une application juste et raisonnable qu'aux seuls phénomènes en dehors desquels elles n'ont plus rien d'intelligible. Mais dans le cas qui nous occupe, ce ne sont plus des phénomènes que nous comparons à d'autres phénomènes; nous les rapportons à quelque chose qui en diffère essentiellement, et qui ne nous est pas connu par les facultés dites expérimentales, à notre essence, dont la raison, avec tous ses principes, forme le fond et la base, principes qui, de même que toutes les idées absolues auxquelles ils s'appliquent, sont essentiellement éternels et immuables. L'antériorité et la postériorité n'ont donc rien à voir ici. Or, sans ces deux notions, il ne saurait exister aucune idée de commencement, lequel n'est autre chose que l'antériorité première ou par excellence.

En second lieu, ce changement d'état n'est qu'une pure apparence phénoménale, un fait subjectif, existant, en cette qualité, pour l'être seul qui en a conscience. A ce titre, il tombe sous la catégorie de temps au sens actif et n'a qu'une réalité logique relative, sans aucun caractère d'absolu. Métaphysiquement parlant, le virtuel ne se distingue pas de l'actuel : il y a aussi dans le premier un certain déploiement d'énergie latente, qui est comme le point de départ, ou si l'on veut l'initiative de l'acte, sans laquelle l'acte lui-même ne pourrait jamais se produire. Il ne commence donc pas au moment où nous avons conscience qu'il éclate ; on peut dire seulement que ce n'est qu'alors que nous acquérons le sentiment net et précis de son existence. Il faut donc renoncer à croire que cette idée de commencement représente une réalité objective, et l'on énonce un pur non-sens, à notre avis, quand on déclare que le monde, et que les êtres contingents qui le composent, ont eu ou n'ont pas eu un commencement.

En conséquence, notre conclusion sur cette question est celle-ci : le monde pris dans son ensemble, et les êtres individuels qui le composent considérés chacun à part, ne sont infinis dans le temps, entendu dans les deux sens, qu'au point de vue de leur essence ; ce qui constitue une infinité simplement virtuelle.

La conclusion où nous venons d'aboutir et les considérations qui nous y ont amené sont bien, croyons-nous, dans l'esprit du mot profond de Leibnitz mentionné ci-dessus, à savoir : que la création n'a pas rapport au temps, mais à la dépendance. Si cette conformité n'est pas une illusion de notre part, il nous semble que nous avons le droit d'en être heureux. Combien plus de chances on a d'être dans le droit chemin, et combien moins de crainte de s'égarer, quand on a le bonheur de marcher sur les traces d'une de ces intelligences lumineuses s'avançant d'un pas sûr à travers les ténèbres les plus profondes, et dont le flambeau jette à son entour un éclat servant de guide à ceux qui veulent les suivre dans une voie hérissée de difficultés, mais utile et glorieuse.

Passons à l'examen de la seconde question : Le monde est-il infini dans l'espace ?

Il faut, avant tout, rappeler la distinction que nous avons ci-dessus établie entre l'étendue et l'espace; car si nous confondions ces deux termes, nous tomberions aussitôt dans des difficultés inextricables. Souvenons-nous que l'étendue n'est que le rapport manifesté par les phénomènes des êtres contingents les uns à l'égard des autres. La notion d'étendue est donc celle des relations existant entre des forces multiples, et elle est une donnée de l'expérience ; la notion d'espace au contraire ne réveille dans notre esprit ni l'idée de force, ni celle de multiplicité, ni celle de rapport, et nous la devons à la raison. En un mot, comme nous l'avons déjà dit, l'étendue est un rapport réellement existant, l'espace est la possibilité de l'existence de ce rapport. L'espace en soi, n'étant qu'une possibilité, est nécessairement infini, puisque toute possibilité, en tant que possibilité, est nécessaire et absolue. Mais le caractère de nécessité n'appartient au monde, considéré au point de vue de l'étendue, qu'en tant que résultat d'une raison d'être absolue ; comme manifestation de la cause infinie, il n'est que d'une nécessité morale, laquelle n'emporte pas en soi le nécessaire absolu, ni par conséquent l'infini.

Mais quoiqu'il ne soit pas infini par sa nature même, puisqu'il n'est qu'une réunion d'êtres contingents, et qu'une collection manque toujours du caractère d'unité nécessaire pour constituer un véritable infini, il peut l'être cependant par sa tendance, par sa fin. En effet: les êtres contingents sont, on l'a vu, des limitations de l'essence infinie ; or cette essence, étant inépuisable, se prête à des limitations sans fin. Donc le nombre que peuvent atteindre les êtres contingents n'a pas de limite, et par conséquent les rapports des uns aux autres, qui constituent l'étendue, ne peuvent jamais atteindre un point fixe où s'arrêterait nécessairement leur développement extensif. Ils peuvent donc se propager à l'infini, puisque l'espace, condition de leur possibilité, est infini en tant que possibilité. L'étendue peut donc être infinie, c'est à-dire qu'elle est infinie en puissance, mais jamais en acte : la condition nécessaire de l'infini en acte manque en elle, à savoir : l'unité.

Nous aboutissons donc ici à une conclusion analogue à celle où nous sommes arrivé relativement au temps. Le monde, pris dans son ensemble, est virtuellement infini en étendue ; c'est-à-dire qu'il tend sans cesse à occuper plus d'espace, mais ne l'occupe jamais dans son infinité actuelle.

La conséquence qui résulte nettement des considérations précédentes et des conclusions où elles nous ont amené, c'est qu'il y a deux sortes d'infini, ou, pour parler plus exactement, qu'il n'y a qu'un infini, l'unité étant son caractère essentiel, mais qu'il s'offre à nous sous deux modes parfaitement distincts l'un de l'autre : 1° l'infini actuel, le seul véritable, rigoureusement parlant, lequel est absolu et nécessaire dans toute sa compréhension ; et 2° l'infini virtuel, dérivant du premier et doué, quant à son essence, des mêmes attributs, mais dont, au point de vue de son existence, la marque extérieure est la multiplicité, la relation, la contingence. Ce sont là les deux infinis qu'on désigne ordinairement par ces deux termes : Dieu et le monde. Le premier est l'infini en acte, le second l'infini en puissance.

Quant à la question de la conservation des êtres créés, dont nous avons parlé ci-dessus (au paragraphe 3 du chapitre VIII), nous n'y reviendrons ici que pour ajouter cette simple observation. On conçoit très bien que ceux qui admettent autant d'essences différentes qu'il y a d'êtres divers, soient obligés de faire intervenir la puissance divine pour la conservation d'essences qui, n'ayant pas en elles-mêmes leur raison d'être, sont incessamment menacées de destruction : que cette puissance en effet vienne à interrompre son action un seul instant, et les essences créées, restant sans aucun soutien au-dessus de l'abîme sur lequel elles sont comme suspendues, doivent nécessairement s'engouffrer aussitôt dans le néant ; cet effondrement, dans ce cas, est inévitable. Mais en est-il bien ainsi ? Nullement, si l'on adopte notre doctrine sur l'unité d'essence de tous les êtres. Leur existence n'étant que la manifestation d'une essence nécessaire, il faudrait l'intervention d'un acte exprès de la puissance divine, pour que cette existence vînt à cesser, et alors même, leurs manifestations cesseraient bien, mais leur essence continuerait à être ce qu'elle a toujours été, ce qu'elle est nécessairement. Or cette intervention est impossible, aucun changement ne pouvant se produire dans la volonté absolue. Les êtres contingents doivent donc poursuivre la marche de leur existence, sans le concours de cet acte de conservation que les théologiens ont appelé une création continuée. C'est aussi la fausse idée qu'ils se sont faite, avec tous les hommes, de la succession des phénomènes, qui les a conduits à reconnaître la nécessité de ce concours. Mais il devient inutile, si l'on admet avec nous que la succession n'est que la considération des phénomènes au point de vue différent, selon lequel on les envisage sous le rapport de l'acte et de la puissance. C'est là une difficulté, dont nous allégeons le bagage déjà bien lourd de la métaphysique.

§ 6. De la création considérée comme manifestation des attributs externes et internes de l'essence infinie et de la cause absolue.

Nous avons divisé les attributs de l'essence infinie en deux catégories, savoir : les attributs externes, destinés à la manifestation extérieure de cette essence, et les attributs internes ou immanents, qui n'ont qu'une manifestation intime échappant à nos facultés empiriques, et dont la révélation nette et distincte est exclusivement réservée à notre raison réfléchie. Les uns comme les autres, dans notre mode actuel d'existence, n'arrivent à notre connaissance expérimentale que par la considération de l'ensemble des êtres créés ; d'où nous pouvons, à ce titre, définir la création : la manifestation des attributs de l'être absolu. Nous avons peu de mérite à formuler cette définition, puisqu'elle n'est que la traduction dans un langage sec, aride et décoloré, de ce vibrant et sonore cri d'enthousiasme du poète entonnant un de ses chants les plus magnifiques: *haschamaïm messapperim khebod El*. « Les cieux racontent la gloire du Dieu fort. »

Les trois attributs de manifestation extérieure sont : l'activité, la sensibilité et l'intelligence, dont l'existence nous est directement attestée par la contemplation du monde, à l'aide de nos facultés empiriques. Ceci nous montre, pour le dire en passant, l'importance et la dignité de ces facultés expérimentales, qu'on aurait tort de dédaigner, puisque ces inestimables présents de la cause suprême nous ouvrent une voie nouvelle, et plus accessible à la plupart des hommes que celle de la raison pure, pour arriver à la connaissance de ses perfections. Jetons un coup d'œil rapide sur la manière dont le monde nous dévoile ces attributs de son auteur.

L'activité ou la puissance de l'être absolu éclate de toutes parts devant nous, soit par le nombre inexprimable de ses créatures, soit par celui de leurs évolutions incessamment renouvelées. Mais elle éclate, d'une manière incomparablement plus haute et plus approchante de son immensité, aux regards pénétrants de notre raison, éveillée et excitée par nos sens, qu'aux faibles yeux de notre corps ; car tout ce que nous pouvons apercevoir de l'univers n'est qu'un atome, qu'un point imperceptible au prix de ce que nous pouvons en concevoir. C'est la raison qui nous fournit l'idée de cette grandeur et de cette petitesse infinie dont nous entretient Pascal, laquelle résulte pour nous de cette notion distincte, que l'espace peut être infiniment multiplié, et par conséquent infiniment divisé. Or qu'est l'espace en soi? Il n'est, comme nous l'avons démontré, que la possibilité conçue par la raison de la réalisation et de la manifestation, partielles il est vrai, mais sans limite et sans fin, de l'essence infinie, résultat de la volonté et de la puissance de la cause souveraine. L'essence nécessaire et absolue est inépuisable, et son activité, douée du même caractère d'infinité, peut y puiser sans fin, sans jamais arriver à atteindre un fond qui n'existe pas ; car chacune des fulgurations distinctes, dont l'ensemble constitue l'acte créateur unique, se trouvant contenue dans de certaines limites, ne peut embrasser toute la réalité de l'essence pour lui donner dans sa totalité une réalité nouvelle. De là, l'infinité virtuelle du monde, ou l'impossibilité d'y concevoir aucune limite en aucun sens, c'est-à-dire, soit en grandeur, soit en petitesse. Voilà, si nous osions nous servir d'une telle expression, ce qui fait l'infinité des êtres finis, illimités dans leur essence, bornés seulement dans leur existence, non certes au point de vue de leur durée, qui est absolue, mais bien à celui de la simultanéité consciente de leurs actes ; et voilà ce qui les rattache pour nous nécessairement à la raison d'être absolue et à la cause infiniment active, dont nous est ainsi manifestée la puissance sans bornes.

Mais ce n'est pas seulement cet attribut de la cause suprême qui nous est révélé par la présence du monde ; sa bonté ne se décèle pas moins dans cette foule de rapports qui relient toutes les créatures les unes aux autres. En effet, chaque être n'est pas seulement appelé à jouir de la portion d'existence qui lui a été dévolue en propre ; il participe également à celle de tous ses compagnons de vie dans l'immense univers. Pas un n'existe isolé, tous profitent du bien de tous : une admirable solidarité fait rejaillir le bonheur d'un seul sur tous les autres, et leur manière d'être, par un merveilleux artifice, est tout à la fois individuelle et collective ; en sorte que le bien se multiplie ainsi à l'infini, comme le ferait l'image d'un objet vu à travers un pur cristal ou un diamant taillé en un nombre infini de facettes.

Cet ordre étonnant, cette touchante harmonie dans les évolutions incessantes des créatures, n'excitent pas seulement, chez l'être doué d'intelligence, un vif sentiment de gratitude qui le porte à louer et à bénir pour sa bonté paternelle l'auteur de tant de biens, mais elles lui inspirent encore une profonde admiration pour sa haute sagesse, dont il sent bien qu'il ne saurait jamais mesurer l'immensité, et il continue de s'écrier avec le même poète :

« L'ouvrage de ses mains brille dans l'étendue. »

Ces merveilles sont donc aussi la manifestation sensible et patente de la raison suprême de l'essence, infinie, en même temps que de sa bonté et de sa puissance. Ainsi donc, puissance, bonté, sagesse, tels sont les trois attributs de cette essence, que l'univers nous fait directement connaître, et qu'il proclame de la manière la plus vive et la plus éclatante.

Ce n'est pas tout encore: de cette manifestation qu'on peut appeler extérieure, nous allons en voir résulter une autre plus indirecte mais plus profonde, qui nous fait pénétrer jusque dans le sanctuaire de l'essence, pour nous en révéler les plus secrets mystères, c'est-à-dire les attributs les plus intimes de l'être des êtres, tels que l'unité, l'immutabilité, l'infinité. C'est là une espèce de contre-épreuve et de confirmation, par voie expérimentale, des notions absolues que nous avons primitivement puisées par l'abstraction rationnelle dans l'affirmation primitive et fondamentale de l'être nécessaire. En sorte qu'on peut soutenir avec vérité que ce qui nous est le plus profondément connu, et par les informations les plus diverses et les plus variées, c'est précisément l'essence intime de cet être dont la nature, au sentiment de certains philosophes, se dérobe complètement à toutes nos recherches, et dont ils déclarent qu'ils ne sauraient que dire. Et de quoi donc pourrez-vous nous parler alors? Est-ce du monde externe et des corps qui le composent ? Mais tout ce que nous savons des corps, par information expérimentale, se réduit aux modifications qu'ils excitent en nous. Écoutez les chimistes, les physiciens, les naturalistes, ils vous diront : telle substance est de telle couleur, de telle nuance ; elle se décolore ou se fonce, ou change tout à fait d'aspect, dans telle ou telle condition ; elle a une saveur acide ou alcaline, une odeur fade, fétide, nauséabonde, ou bien douce, agréable, balsamique ; tel corps rend un son mat et sourd, ou métallique et cristallin ; tel autre est dur ou mou, froid ou chaud, rugueux ou poli. Or toutes ces qualités ne nous sont pas connues en elles-mêmes, mais uniquement par les diverses affections qu'elles nous font éprouver, ou dans les rapports qu'elles ont avec nous. Hé quoi ! nous attendons des notions nettes et précises sur les objets qu'on veut nous faire connaître, et nous n'obtenons que des indications psychologiques ! C'est la nature intime de la cause qui les produit que nous désirons connaître, et vous ne nous en dites pas un mot ! Voudra-t-on d'un autre côté nous entretenir de ce qui se passe dans le moi, et des phénomènes dont il est le théâtre ? Ces phénomènes, nous dira-t-on, sont changeants et divers : mais comment concevoir le changeant et le divers sans la conception de leur corrélatif l'immuable et l'identique ? Ils sont passagers et limités : comment encore concevoir le transitoire et le fini sans leur corrélatif l'éternel et l'infini ? Si bien que, quel que soit l'objet dont on nous parle, on est obligé de fonder ce qu'on nous en dit sur les idées rationnelles, et de passer, quoi qu'on en ait, du terrain de l'expérience sur celui de la raison pure. Oui, tout est vanité dans la science, tout s'écroule et s'effondre, si vous ne l'établissez sur les bases inébranlables de l'identique, de l'éternel, de l'immuable, de l'absolu. Or qu'est l'identique, l'éternel, l'immuable, l'absolu, si ce n'est ce même être, dont vous prétendez que vous ne sauriez que dire, parce qu'il échappe à tous nos efforts pour le connaître ?

Les attributs intimes de l'essence n'ont pas, comme nous l'avons dit, de manifestation extérieure directe, mais ils en ont une indirecte par l'influence qu'ils exercent sur les attributs destinés à cette manifestation, et par les traces profondes et durables qu'ils impriment à leurs produits. C'est à l'aide de ces caractères, connus par l'expérience, que nous remontons jusqu'à leur source première, et que nous pouvons constater l'identité entre les informations *a posteriori* qu'ils nous fournissent et les révélations *a priori* de la raison. Ainsi l'unité de l'essence et de la cause première nous est indirectement dénoncée par l'accord et l'harmonie des divers ordres de créatures, et par les rapports constants et réguliers de toutes leurs manifestations. Cette unité de plan et de dessein dans l'univers décèle d'une manière évidente l'unité de l'acte créateur, et par suite celle de la source dont il émane.

L'immutabilité de cette essence nous est, de la même manière, révélée par la permanence des êtres : tout change en eux, moins eux-mêmes, c'est-à-dire le fond de leur être. Et cette identité, centre toujours invariable de la perpétuelle mutation des phénomènes, se manifeste encore par la constance et la régularité inaltérable de ces diverses péripéties. Tout se modifie sans cesse, il est vrai, dans les manifestations des êtres, mais toujours conformément à de certaines règles fixes et persistantes, que nous nommons les lois de la nature. Ces lois sont l'expression de la raison souveraine, et la conséquence directe en même temps que la démonstration expérimentale, si l'on peut s'exprimer ainsi, de l'immutabilité de l'essence. En sorte qu'on peut dire que le muable est ici la marque et l'indice certain de l'immuable dont il découle.

Il n'est pas jusqu'à l'attribut d'infinité qui ne se manifeste d'une manière indirecte par l'existence des êtres finis. Ils n'ont pas sans doute en eux l'infinité actuelle, puisqu'ils n'en possèdent pas l'essentielle condition, à savoir : l'unité absolue, c'est-à-dire tant au point de vue de l'existence qu'à celui de l'essence; mais l'impossibilité de leur assigner une limite quelconque, soit au sens intensif, soit au sens extensif, nous révèle en eux l'infini en puissance, qui ne peut trouver son explication et sa raison d'être que dans l'infini actuel.

Ce que nous venons de dire de l'unité, de l'immutabilité et de l'infinité, nous pourrions le répéter avec la même justesse, et le démontrer également de tous les autres attributs de l'essence nécessaire.

On le voit, la création, dans son ensemble comme dans ses détails, est un hymne véritable en l'honneur de son auteur, dont elle célèbre, directement ou indirectement, soit les attributs moraux, soit les attributs métaphysiques, les premiers source de la nécessité morale, les seconds source de la nécessité métaphysique.

Mais cette double manifestation, l'une directe, l'autre indirecte, n'existe pas seulement à l'égard de l'être nécessaire; nous allons la retrouver encore dans l'être contingent, comme un nouveau point de ressemblance qui les rattache l'un à l'autre, ou, pour mieux dire, comme un nouveau rapport qui nous montre la subordination de celui-ci à celui-là, et la complète dépendance où se trouve le relatif de l'absolu.

Nous n'avons pas besoin d'insister sur la manifestation de l'activité, de la sensibilité et de l'intelligence en nous ; elle éclate d'une manière trop sensible par le témoignage de notre conscience, pour qu'il soit nécessaire de s'y arrêter. Nous voulons seulement montrer que les attributs intimes de notre essence ne se révèlent pas moins à nous d'une manière indirecte, dans tous les actes et dans toutes les pensées de l'être humain.

L'unité est un des besoins les plus impérieux de notre nature : nous la cherchons en tout, nous l'appliquons à tout; elle est la condition indispensable de toute œuvre d'art et de toute réalisation quelconque. L'immutabilité se manifeste à nous dans les lois fondamentales de notre entendement, dans les vérités immuables et les idées nécessaires de la raison. Nous trouvons les marques indéniables de l'infinité de notre essence dans les aspirations illimitées de notre nature, que rien ne peut rassasier ni satisfaire. Les attributs intimes de notre être, identiques à ceux de l'être absolu, ont donc aussi leur manifestation indirecte, comme les attributs externes leur manifestation directe.

Tels sont les liens qui unissent entre elles, sans les confondre, et en laissant à chacune d'elles le caractère qui lui est propre, les deux sortes d'existence finie et infinie, contingente et nécessaire, relative et absolue.

Ne nous plaignons donc plus de la pénurie

d'informations, non seulement à l'égard des êtres contingents, mais à celui de l'être nécessaire, alors qu'il nous est possible, pour les uns comme pour l'autre, de puiser abondamment, soit à la source expérimentale, soit à la source rationnelle. Il est vrai que, pour le faire avec fruit, nous devons y apporter beaucoup d'étude et d'application, et n'épargner ni nos soins ni notre peine : la science est à ce prix, et c'est là justement ce qui en fait la grandeur et la moralité. Mais que parlons-nous de peine ? N'allons-nous pas aussitôt être désavoué par tous ceux qui, habitués à goûter les charmes austères du travail, ont fait une fois l'épreuve du bonheur qu'il procure ? Oui sans doute, ils ont raison : les joies mâles et viriles de la pensée sont, avec celles du cœur, les seules dignes de l'homme, puisqu'elles le conduisent sûrement vers la fin sublime de son existence.

§ 7. Conclusion du chapitre.

Après cette revue des problèmes inhérents à la question de la création, nous ne pouvons que répéter ce que nous avons dit au début : c'est la plus ardue dont on puisse chercher la solution. Avons-nous aplani toutes les difficultés dont elle est hérissée ? Loin de là, nous ne les avons pas toutes énumérées ; et cependant nous nous rattachons plus fort que jamais à cette doctrine de la création, entendue dans le sens que nous avons expliqué, à l'exclusion de toutes les autres, par les raisons données en commençant, et qu'il serait superflu de répéter. Pour si attentivement que nous examinions les ébauches d'explication proposées par nous relativement à l'origine, à la nature et à la fin des êtres contingents, nous n'y apercevons aucune impossibilité logique, aucune contradiction flagrante, aucune absurdité qui nous force à les repousser *a priori*. Ce n'est pas là sans doute une démonstration de leur parfaite exactitude ; mais c'est assurément une raison qui doit engager à les admettre provisoirement, pour les soumettre à un examen plus attentif; de même qu'on admet, dans les sciences physiques, comme à une espèce de stage ou de surnumérariat, les théories expliquant tous les faits connus, tant que des faits nouveaux ne viennent pas les infirmer et les bannir définitivement. Il y a tout avantage et nul danger à en user de la sorte, puisqu'on ne saurait jamais invoquer la prescription contre la vérité, et que l'erreur, pût-elle alléguer en sa faveur une possession de mille ans et plus, n'est jamais en droit de lui dire :

« La maison m'appartient, je le ferai connaître. »

CHAPITRE XI.

REVUE SOMMAIRE DE L'OUVRAGE.

Rentré dans son cabinet après une longue course à travers les champs, durant laquelle il n'a cessé d'entasser dans sa boîte le butin conquis, le botaniste examine à loisir sa moisson et en fait une exacte revue, pour en apprécier l'importance et la richesse. Mais si l'herborisateur ramasse et accumule pêle-mêle les plantes que le hasard de ses promenades vient offrir à ses yeux, il n'en est pas de même pour nous : notre marche a été raisonnée et réglée à l'avance ; nous savions ce que nous cherchions, et nous n'avons recueilli sur notre chemin que ce que nous savions utile à la démonstration d'une thèse méditée longtemps auparavant et mûrie par une sérieuse réflexion.

Nous allons donc reprendre, dans un résumé rapide, chacun des faits que nous avons tâché de mettre en lumière, afin que le lecteur puisse les embrasser comme d'un seul regard. Cette revue terminée, nous exposerons sommairement, dans le chapitre suivant, quelques-unes des conséquences heureuses que peut entraîner l'application de nos idées à la solution des problèmes les plus importants que se pose la philosophie.

Tout être nous est connu comme fini ou infini : l'être fini par l'expérience, l'être infini par la raison. Le premier suppose nécessairement le second, tandis que celui-ci semble exclure la possibilité du premier. D'où vient cette contradiction ? Nul ne peut nous l'apprendre. Pour nous, elle vient de ce que nous nous faisons une idée inexacte de l'être contingent. Car nous n'admettons pas qu'il puisse y avoir désaccord entre nos facultés empiriques et notre faculté rationnelle, la vérité étant une ; et quand ce désaccord vient à se manifester, il faut en conclure que ce sont les premières qui nous induisent en erreur, comme limitées et faillibles, et non la seconde, qui est illimitée et infaillible.

Il y a dans tout être deux choses qu'il faut bien se garder de confondre : l'essence et l'existence. L'existence est différente et distincte chez tous les êtres ; l'essence, au contraire, est une et identique chez tous sans exception. Elle est l'ensemble des attributs de toute réalité. Ces attributs sont de deux sortes : les uns, immanents, sont ceux qui se rapportent à la nature intime de l'essence, tels que l'unité, l'identité, l'immutabilité, l'infinité, etc. ; les autres, de relation, sont ceux qui se rapportent à sa manifestation par l'existence, tels que l'activité, la sensibilité et l'intelligence. Cette manifestation, au suprême degré, constitue l'existence infinie de l'être absolu ; à un degré moindre, l'existence limitée de l'être relatif. Le moi connaît son essence avec tous ses attributs d'unité, d'identité, etc. [1].

L'être absolu étant la réalisation nécessaire et adéquate, et l'être relatif la réalisation contingente et partielle de l'essence, on peut arriver à reconnaître la possibilité de la coexistence de ces deux espèces de manifestations, en comparant chacun à chacun les attributs de manifestation de ces deux sortes d'êtres.

Relativement à l'activité. S'il s'agissait d'une essence finie et d'une essence infinie, il serait impossible de les distinguer, la seconde embrassant nécessairement la première ; mais au contraire un acte fini n'est pas absorbé par l'acte infini, dont il demeure par conséquent parfaitement distinct. La raison de cette différence, c'est que l'essence est nécessairement identique, tandis que l'acte est toujours, de sa nature, variable et divers.

Relativement à la sensibilité. Cette faculté est

---

[1] Nous établirons, dans un ouvrage subséquent, quelle faculté spéciale lui procure cette connaissance.

la compagne inséparable de l'activité et s'exerce dans les mêmes limites et dans les mêmes conditions. Si donc l'activité de l'être contingent et celle de l'être nécessaire sont parfaitement distinctes l'une de l'autre, et peuvent être conçues, sans contradiction, comme respectivement coexistantes, il faut dire la même chose de la sensibilité de ces deux êtres.

Relativement à l'intelligence. L'activité et la sensibilité, dans l'être relatif, restent toujours dans la limite du fini ; l'intelligence, au contraire, la franchit et atteint l'infini. Nous donnerons bientôt l'explication de cette différence. Mais l'idée qu'elle en a n'est point adéquate, l'être absolu seul étant capable de posséder une telle idée. En effet, ce qui distingue une connaissance adéquate d'une connaissance inadéquate, c'est que la première embrasse son objet comme actuel, c'est-à-dire dans toute la réalité de sa manifestation pleine et entière ; et la seconde comme virtuel, c'est-à-dire avec un caractère de manifestation possible. La coexistence, dans des êtres différents, de ces deux modes de connaissance est parfaitement compréhensible et n'a rien de contradictoire. Nous voyons en effet par expérience diverses intelligences, s'appliquant au même objet, le pénétrer plus ou moins profondément, selon leur plus ou moins d'énergie. L'acte de celle qui saisit une portion plus considérable de vérité est-il contradictoire avec l'acte de celle qui en saisit une moindre ? Nullement.

L'existence des êtres contingents n'est donc pas inconciliable, à ces trois points de vue, avec celle de l'être nécessaire. Il y a même plus : l'être absolu étant donné, l'existence des êtres relatifs en découle d'une manière moralement nécessaire.

Une opposition radicale ne nous apparaît pas seulement entre l'existence de l'être nécessaire et celle des êtres contingents, mais aussi entre certaines idées qui leur sont applicables : c'est ainsi qu'il nous est impossible de concevoir la coexistence du temps et de l'éternité. Ici encore l'impossibilité de la conciliation ne vient que de la fausse notion que nous nous faisons du temps. On a cru que ce mot de *temps* représentait une idée simple ; or il n'en est rien : il éveille dans notre esprit deux notions distinctes, celle de la durée et celle de la succession. Cette dernière peut elle-même se décomposer dans les deux idées d'antériorité et de postériorité, qui sont deux idées expérimentales fournies par les phénomènes qui se passent dans le moi. L'idée de la durée au contraire est une idée purement rationnelle, qui nous est révélée par l'immutabilité de l'essence, ou plutôt qui n'est que la notion même de cette immutabilité : c'est ce que nous appelons l'éternité. Dès lors, on voit que toute la difficulté de conciliation ne provient que de la confusion perpétuelle que nous faisons entre ces deux idées, attribuant faussement à l'une des deux ce qui n'appartient qu'à l'autre.

Une confusion analogue se produit dans l'esprit des hommes à propos de l'étendue et de l'espace. Pour nous, au contraire, ce sont là deux idées parfaitement distinctes : l'idée de l'étendue est purement empirique, celle d'espace est exclusivement rationnelle. La première représente un rapport réellement existant entre des êtres contingents, la seconde nous révèle la possibilité de l'existence de ce rapport.

Quant à la conciliation de notre libre arbitre avec la prescience divine, elle se tire naturellement de la manière nouvelle dont nous avons envisagé le temps pris au sens que nous appelons actif, lequel n'est qu'une idée purement subjective, sans aucune réalité objective.

Sans entrer dans les innombrables détails qu'exigerait la question de la providence pour être traitée à fond, nous avons tâché de montrer l'accord de la justice souveraine et absolue, que l'idée de providence entraîne, avec les faits contingents tels qu'ils se passent dans le monde, en nous fondant encore sur la nature du temps tel que nous le concevons.

Abordant enfin la question si importante de l'origine du monde, nous nous sommes nettement prononcé pour le système de la création, non de l'essence, mais des existences, lequel seul nous a paru à l'abri des objections invincibles atteignant tous les autres ; et dans l'examen successif de l'origine, de l'essence et de la fin des êtres, bien loin de rien trouver qui fût de nature à nous faire rejeter ce système, nous avons reconnu qu'on y puise des explications plausibles à toutes les difficultés qu'on y peut élever.

Telles sont, en résumé, les principales vues que nous avons déroulées dans les chapitres précédents.

CHAPITRE XII.

QUELQUES CONSÉQUENCES IMPORTANTES DÉCOULANT DE NOTRE SYSTÈME.
CONCLUSION GÉNÉRALE.

La première et la plus grande des questions qu'on puisse se poser, celle qui domine toutes les autres, est sans contredit celle du fondement de la connaissance. C'est aussi celle-là qui a depuis longtemps attiré notre attention, et dont nous nous sommes ailleurs occupé. Nous pouvons même dire qu'elle a toujours été présente à notre pensée, et que nous n'avons pas cessé un seul instant de l'avoir en vue dans la composition de cet ouvrage. Aussi espérons-nous que toutes les idées que nous y avons exposées ne feront que confirmer et mettre encore mieux en évidence les conclusions auxquelles nous avons abouti précédemment sur ce point capital, et que nous aurons plus tard à mettre dans un jour tel que personne ne puisse leur refuser son assentiment.

Notre but direct, dans le présent travail, était

bien de rechercher s'il ne serait pas possible d'arriver à concilier dans notre esprit la conception simultanée des êtres relatifs et de l'être absolu, dont la notion semble au premier abord, et a toujours semblé contradictoire aux philosophes de toutes les époques. Mais il est certain que nous ne pouvions y parvenir, sans nous rendre un compte bien exact de la nature de la connaissance : si nous nous fussions placé sur le terrain ordinaire, acceptant les idées presque universellement admises sur l'être contingent, sur l'être nécessaire et sur la manière dont nous les connaissons l'un et l'autre, nous nous serions trouvé dans une situation identique à celle de ces philosophes, c'est-à-dire cloué sur place et dans l'impossibilité d'avancer d'un seul pas. Nous devions donc, dans notre désir de nous mouvoir, nous élancer hors de ce cercle de Popilius, dût toute la colère, non du peuple romain, *populi late regis*, mais des philosophes, peuple largement roi lui aussi dans le vaste domaine de la pensée, s'abattre tout entière sur notre tête audacieuse. Car il y allait d'un grave intérêt : remarquez bien en effet qu'il ne s'agit pas uniquement ici de la connaissance de tel ou tel ordre d'existences, comme nous allons le montrer, mais de toute connaissance en général, qu'elle ait pour objet, soit le contingent, soit le nécessaire. Qu'on en juge.

Il y a longtemps qu'on reproche à la philosophie d'accomplir le rude labeur de Sisyphe, ou le stérile travail de l'écureuil courant à toutes jambes dans sa roue, sans arriver jamais, sans même jamais changer de lieu. Nous devons reconnaître que ce reproche est assez fondé, du moins à un certain point de vue, sinon à tous. D'où vient cette immobilité réelle, malgré tant de mouvement apparent ? La raison n'en est pas difficile à deviner. Nous venons de dire qu'en admettant les idées courantes sur l'être contingent, il est impossible de concilier son existence avec celle de l'être nécessaire. Il faut encore aller plus loin et affirmer que, dans ces conditions, il est impossible, non seulement de concilier le relatif et l'absolu, mais encore de concevoir isolément l'existence de l'un ou de l'autre. C'est ce qu'il ne sera pas difficile de démontrer.

Posons d'abord un principe qui nous paraît évident : un terme corrélatif à un autre n'a plus de sens et ne saurait être compris sans le concours de celui qui y correspond ; il faut que tous les deux soient simultanément présents à l'esprit, pour qu'il y ait intellection. Que peut bien, par exemple, représenter à notre entendement l'idée de *petit*, s'il n'a pas en même temps celle de *grand* ; celle de *court*, s'il n'a pas celle de *long*, et réciproquement ? L'une de ces deux idées ne peut donc être comprise qu'à la condition que l'on comprend aussi l'autre ; en dehors de cette condition, l'intellection d'aucune des deux ne nous est accessible.

Cela posé, et la vérité du principe reconnue, comme il nous semble qu'on ne saurait se dispenser de le faire, voici la conséquence que nous en déduisons. Il nous est absolument impossible d'arriver à la connaissance du relatif, si nous ne connaissons en même temps l'absolu ; du contingent, si nous ne connaissons le nécessaire ; du fini, si nous ne connaissons l'infini, puisque toutes ces idées sont respectivement corrélatives l'une à l'autre. Il n'y a donc pas de connaissance des êtres relatifs, contingents, finis, qui n'implique et n'entraîne forcément celle de l'être absolu, nécessaire, infini.

Peut-être élèvera-t-on, à ce sujet, une objection, qu'il convient de peser et d'examiner attentivement.

On nous dira que, dans notre argumentation, nous passons de l'abstrait au concret, et que ce passage, nous plaçant dans des conditions différentes, enlève tout caractère de rigueur à notre conclusion. Oui, insistera-t-on encore, on ne peut évidemment comprendre ce que signifie ce terme de *relatif*, si l'on ne comprend en même temps la signification de celui d'*absolu*, et ainsi des autres. Mais cela fait-il qu'on ne puisse connaître un être en lui-même, sans y ajouter la qualification de relatif ou d'absolu et sans y songer en aucune sorte? N'est-il pas certain que c'est en effet de cette manière que nous connaissons un être individuel quelconque, auquel nous ne donnons la qualité de *relatif* que lorsque celle d'*absolu* fait son apparition dans notre intelligence?

Pour répondre à la première partie de l'objection, il suffit de faire remarquer que la raison tirée du passage de l'abstrait au concret n'a aucune portée, du moment que, dans la considération des objets concrets, nous ne dirigeons notre attention que sur des attributs, qui ne sont jamais que des idées abstraites.

Quant à la seconde, pour la réfuter victorieusement en la traitant à fond, nous devons appeler l'attention sur un point de la plus haute importance souvent signalé par Leibnitz, et qu'il ne faut jamais perdre de vue. Parmi les faits de toute nature dont le moi est le théâtre ou la cause, il en est dont nous avons une conscience claire et nette; d'autres au contraire dont nous n'avons qu'une conscience vague, confuse et latente, et dont par suite nous nous imaginons n'avoir absolument aucune idée. C'est là une erreur, et une erreur tellement capitale qu'elle tarit la source de toute connaissance et nous en ferme à tout jamais l'accès, comme nous allons tout à l'heure tâcher de le faire voir. Gardons-nous donc de croire qu'il n'y ait dans le moi que ce que nous y apercevons distinctement, explicitement; il s'y trouve en outre une foule d'idées confuses et enveloppées, qui, tout obscures qu'elles sont, en arrivent à la longue, par leur action sourde mais continue, à engendrer en nous des affirmations catégoriques, comme pourraient nous en inspirer les notions les plus nettes et les plus distinctes, et qui ne manifestent guère leur existence dans notre esprit que par ces convictions instinctives. C'est ainsi que les chimistes sont parvenus à constater l'existence du phthore ou fluor par ses effets, sans pouvoir l'atteindre directement en l'isolant. De même, dans la vie ordinaire, il est des causes dont on n'arrive à connaître l'action, pourtant bien réelle, qu'à l'aide de leurs effets apparents : «la goutte d'eau creuse la pierre[1]»; nous le savons, et cependant nous n'avons jamais aperçu la moindre parcelle de la matière que le liquide emporte à chaque percussion. Tel est, croyons-nous, le principe générateur de ces croyances fortement enracinées dans l'âme des hommes de tous les temps, sans qu'aucun d'eux, quand on vient à les contredire et à les combattre en sa présence, soit capable d'en apporter la moindre preuve. Ces croyances sont traitées par quelques-uns de visions imaginaires,

---

[1] Lucrèce; lib. I, V. 314.

de purs préjugés dénués de tout fondement. Quoi qu'il en soit, nous pensons que de pareils phénomènes doivent attirer la plus sérieuse attention des philosophes : il n'est pas digne d'eux et de la science qu'ils professent, de se débarrasser ainsi, par une exécution sommaire, de faits qui les gênent et qu'ils ne savent comment expliquer. Nous préférerions de leur part un aveu modeste de leur ignorance, à ces décisions tranchantes qui ne tranchent en du tout et laissent subsister les difficultés dans toute leur force et leur étendue.

Nous croyons en outre que même toutes les notions explicites de notre entendement, c'est-à-dire celles qui se manifestent nettement à notre conscience, en contiennent implicitement une foule d'autres obscures, qui en sont le fondement logique et, qui plus est, métaphysique. Expliquons-nous.

Sans doute, quand une idée se présente à notre esprit, il n'aperçoit tout d'abord distinctement qu'une partie de la réalité dans laquelle il la puise, et nous pouvons croire alors que tout le reste lui demeure complètement caché. Mais réfléchissons un peu, et nous verrons qu'il n'en est rien. Prenons d'abord un exemple tiré du monde sensible. Vous traversez l'océan, et vous promenez vos regards sur la perspective monotone et solitaire des vagues azurées. Vous entendez tout à coup près de vous un matelot s'écrier: Voilà un trois-mâts. A ces mots, vous ouvrez de grands yeux et les tournez de toutes parts, sans apercevoir la moindre trace d'un navire. Vous croyez alors à une plaisanterie. Cependant, un peu plus tard, vous distinguez un petit point noir à l'horizon : il grandit peu à peu, se dessine d'abord vaguement, et enfin, au bout de plusieurs heures, vous voyez apparaître le trois-mâts annoncé. On croit expliquer ce fait, en disant que l'habitude d'exercer le sens de la vue rend l'organe visuel du marin plus vif et plus perçant. Il nous semble que ce n'est là qu'une explication superficielle et tout à fait extrinsèque : l'acuité des yeux de l'homme de mer ne joue ici qu'un rôle secondaire ; mettez à sa place un cultivateur doué de l'organe le plus parfait et le mieux conditionné, il n'apercevra pas le moins du monde le vaisseau que l'homme du métier perçoit si distinctement. D'où cela provient-il donc? De ce que le navigateur est habitué, par les exigences de sa profession, à diriger son attention sur une foule de perceptions de la vue, que Leibnitz appellerait des perceptions sourdes, lesquelles échappent à la conscience de tout autre, faute d'une application suffisante. Mais bien qu'elles ne soient nullement saisies par le passager inexpérimenté, ces perceptions n'en existent pas moins chez lui, puisque le matelot en a pleine conscience de son côté. Et il faut bien qu'elles existent en réalité, puisqu'elles sont les éléments indispensables de la conscience claire que nous avons de l'acte de la vision complète : en effet, si elles ne faisaient aucune impression sur nous, d'autres perceptions un peu moins sourdes qui leur succèdent, et qui ne doivent cet avantage d'une obscurité moindre qu'à cette circonstance de venir après d'autres qui leur ouvrent la voie, et dont elles ne font que renforcer l'effet, passeraient également inaperçues ; et l'ensemble de toutes ces perceptions inaperçues ne pouvant jamais produire une perception aperçue, puisqu'un total de zéros égale zéro, nous n'en aurions jamais aucune de cette nature. Pouvons-nous fixer le moment précis où commence une perception ? Non, car nous nous perdrions, en le voulant faire, dans une progression infinie d'impressions de moins en moins senties ou aperçues.

Ce que nous venons de dire, à propos des perceptions de la vue, s'applique avec une égale justesse à tous les faits du moi : nous pouvons déterminer, très approximativement, l'instant où nous avons une conscience claire d'un fait interne ; mais ce moment varie d'un individu à l'autre, selon le degré d'attention qu'il est capable d'y donner : de sorte que, si nous supposions un individu doué d'une attention infinie, il est certain qu'il apercevrait l'infini dans le moindre fait de conscience.

Ceci n'est qu'une des conséquences de la fameuse maxime de Leibnitz que la nature ne fait jamais de sauts (*in natura non datur saltus*). Cet aphorisme si juste est l'expression de ce qu'il appelle « la loi de la continuité », dont il a bien pu puiser l'idée dans les philosophes grecs, mais qu'il a eu la gloire de formuler nettement le premier. « Cette loi, dit-il, porte qu'on passe toujours du petit au grand et à rebours, dans les degrés comme dans les parties, et que jamais un mouvement ne naît immédiatement du repos ni ne s'y réduit que par un mouvement plus petit, comme on n'achève jamais de parcourir aucune ligne ou longueur avant d'avoir achevé une ligne plus petite, quoique jusqu'ici ceux qui ont donné les lois du mouvement n'aient point observé cette loi, croyant qu'un corps peut recevoir en un moment un mouvement contraire au précédent. Tout cela fait bien juger que les perceptions remarquables viennent par degrés de celles qui sont trop petites pour être remarquées. En juger autrement, c'est peu connaître l'immense subtilité des choses, qui enveloppe toujours et partout un infini actuel. » (*Nouveaux essais*, pag. 198. Édit. Erdmann). On sait qu'appliquée aux mathématiques, cette loi conduisit le grand philosophe à l'invention du calcul différentiel ; nous croyons qu'appliquée à la métaphysique, elle produira des résultats non moins admirables.

Revenons maintenant à cette prétendue connaissance que nous avons d'un être individuel quelconque, sans que nous nous rendions compte, dit-on, de sa qualité d'être limité. Est-ce à dire pour cela que nous le percevions sans limites ? C'est assurément ce qu'on se gardera bien de prétendre, puisqu'il en résulterait que nous le percevrions comme infini. Nous n'en avons donc connaissance que dans les limites dans lesquelles il s'offre à nous; ce qui revient exactement à dire que nous le voyons comme limité et que cette notion de limite est inhérente à l'idée que nous en avons, soit que, notre attention se portant sur ce fait, nous en ayons la connaissance claire et distincte, soit que, ne s'y portant pas, nous n'en ayons qu'une connaissance obscure et confuse. Mais peut-on, soit clairement, soit confusément, avoir l'idée de la limite sans avoir en même temps celle de son contraire ? Le limité et l'illimité, ne sont-ce pas là deux idées corrélatives, inconcevables dans leur isolement, puisque la négation a son unique fondement dans l'affirmation, et par conséquent le fini dans l'infini ? Le limité peut-il, soit logiquement, soit métaphysiquement, exister ailleurs que dans l'illimité ? Et dès lors pouvons-nous avoir l'une de ces idées sans par cela même posséder l'autre ? Pas plus que l'objet de la première ne saurait exister sans l'objet de la seconde.

Tenons donc pour certain que la notion du fini

implique en nous celle de l'infini, comme la notion du relatif implique celle de l'absolu, la notion du contingent celle du nécessaire. Et si, après ce que nous venons de dire, il fallait en fournir une nouvelle preuve, nous ferions observer que ces notions absolues, que nous croyons si profondément cachées, et qui le sont jusqu'à un certain point, nous sont pourtant révélées avec netteté lorsque nous dirigeons fréquemment et énergiquement notre attention sur les faits internes; en sorte que c'est bien à ce sujet qu'on peut dire avec vérité : vouloir c'est pouvoir. Elles sont également connues, quoique d'une manière tout à fait confuse, aux esprits les plus grossiers, les plus incultes et les moins réfléchis, dont elles dirigent, sans qu'ils s'en doutent, toutes les opérations intellectuelles. Bien entendu que nous parlons ici des notions elles-mêmes et non de leurs dénominations; comme lorsqu'on soutient que les vérités nécessaires sont connues de tous les hommes, cette affirmation s'applique aux vérités elles-mêmes et non pas à leurs formules : observation importante, quoique superflue en apparence, car plusieurs philosophes, Locke entre autres, nous paraissent avoir confondu ces deux choses. Cela étant, où pouvons-nous en puiser la connaissance ailleurs qu'en nous-mêmes, où nous allons, en quelque sorte, les déterrer? Et si, pour déterrer un trésor il faut qu'il existe enfoui dans la terre il faut bien aussi que ces notions se trouvent implicitement dans notre esprit, en compagnie des notions explicites, et par conséquent qu'elles ne nous soient pas tout d'abord clairement connues, sans toutefois se dérober complètement à notre intelligence.

Nous défions bien tous les logiciens du monde, et la Logique elle-même en personne, de produire un argument capable de renverser cette conséquence, inexpugnable si l'on accepte le principe que nous avons posé au début. Dès lors, tant qu'on restera cantonné dans cette notion d'un être relatif, contingent et fini à tous égards, il ne faut pas plus prêter l'oreille à ceux qui nous disent que nous pouvons connaître les êtres relatifs, qu'à ceux qui prétendent que nous pouvons nous élever à la connaissance de l'être absolu: les uns comme les autres sont condamnés et nous condamnent, avec eux, à tourner à tout jamais dans la roue sans fin de l'écureuil; exercice bon tout au plus à entretenir les forces, comme celui qu'imposait Eumène à ses chevaux enfermés dans une forteresse, mais qui ne fera jamais progresser ceux qui s'y livrent.

Avons-nous trouvé l'issue de cette roue fatale? Oui, nous le croyons du moins, à l'aide de la ligne de démarcation profonde que nous avons tracée entre l'existence et l'essence de l'être contingent. Toutes les vérités sont fécondes : elles ne se donnent pas à nous toutes seules, ce qui serait déjà un inestimable présent, mais elles entraînent avec elles une foule d'autres vérités qui y sont enchaînées ; comme, chez les anciens, un roi vaincu passait, avec tous ses tributaires, sous la domination du vainqueur. C'est là un critérium précieux de leur valeur, et dont il convient de tenir le plus grand compte. Si nous l'appliquons au cas qui nous occupe, nous verrons les conséquences les plus merveilleuses et les plus inattendues jaillir de cette distinction qui nous a montré l'existence dans ces êtres comme finie, l'essence comme infinie. Vouloir les déduire toutes serait entreprendre un exposé complet de toute la philosophie, car il n'est aucune de ses parties où l'influence de cette doctrine ne se fasse sentir, et il n'en est même presque aucune qu'elle ne renouvelle pour ainsi dire entièrement. Il est donc certain que nous ne pouvons ici donner place qu'à des indications sommaires.

L'unité d'essence de tout être étant la clef de voûte de notre système, nous y avons particulièrement insisté, soit dans cet ouvrage, soit dans nos *Études sur la raison*, où nous l'avons exposée pour la première fois. Aussi avons-nous tâché d'accumuler les arguments qui nous ont paru les plus propres à la bien établir. Sans y revenir, et en nous contentant d'y renvoyer ceux qui les auraient perdus de vue, nous allons partir de ce point, considéré par nous comme démontré, pour dérouler rapidement la longue chaîne des conséquences qui s'y rattachent.

Il y a deux choses dans l'être que nous concevons comme distinctes l'une de l'autre, au point de vue logique, quoique indissolublement unies dans la réalité : l'essence et l'existence. L'essence est absolue, et par conséquent unique et commune à tous les êtres ; l'existence au contraire est absolue dans l'être infini, et relative dans les êtres finis. La première, c'est-à-dire l'essence, est l'ensemble des attributs de l'être. Ils sont de deux sortes : les attributs immanents et les attributs de manifestation extérieure. Ces derniers constituent ce que nous appelons l'existence, qui n'est que la manifestation de l'essence ; manifestation qui, nécessaire et actuellement infinie dans l'être absolu, est contingente et limitée dans l'être relatif, quoique infinie aussi, mais rien que virtuellement.

L'essence étant nécessaire, infinie, absolue, il en résulte que les attributs dont la réunion la constitue, doivent posséder ces mêmes caractères. Or la raison est un de ces attributs ; elle est donc nécessaire, infinie et absolue, limitée seulement dans son exercice chez les êtres contingents, qui ne la possèdent pas moins virtuellement dans son intégrité. C'est ainsi que, d'après les lois humaines, certains individus, comme par exemple les mineurs et les interdits, ont la jouissance de leurs droits civils, sans en avoir cependant l'exercice, ou n'en ont qu'un exercice restreint, dans certains cas. Si la raison est telle que nous venons de le dire, elle possède ce caractère d'objectivité que tant de philosophes ont prétendu lui refuser, confondant, bien à tort selon nous, le caractère intime, fondamental, essentiel de cette faculté avec son exercice, dont les limites sont variables chez les divers individus, sans qu'on puisse jamais indiquer un point fixe au delà duquel ils ne pourraient aller.

Comprend-on l'immense pas en avant que nous aurons fait, si nous avons solidement établi les points que nous venons de toucher, ou même si nous avons simplement, par notre appel, donné l'éveil à des intelligences plus puissantes, capables d'achever la démonstration que nous n'aurons pu qu'ébaucher? La connaissance aura trouvé un point d'appui inébranlable, sur lequel elle pourra élever son édifice, sans crainte de le voir jamais s'écrouler par la base. Le scepticisme n'aura plus qu'à rendre ses armes, et à se déclarer lui-même définitivement vaincu. Cette défaite n'aura rien qui doive l'humilier: la lutte qu'il a si vaillamment soutenue n'était pas tout à fait dépourvue de raison ni de grandeur. On peut même dire qu'il combattait dans l'intérêt de la vérité, et qu'il lui a rendu le plus signalé service, en refusant constamment de courber la tête devant tout ce qui s'offrait à lui en son nom, et en ne consentant à s'incliner enfin que devant la vérité elle-même.

La distinction entre l'essence et l'existence amène celle que nous avons signalée entre les attributs immanents et les attributs de manifestation externe. Elle seule peut nous expliquer et nous faire comprendre ce qu'est en soi l'existence. Mais ce n'est pas le seul service qu'elle nous rende : elle élargit encore immensément le domaine de l'observation interne, en nous montrant que le sens intime a une tout autre énergie et une puissance bien plus grande qu'on ne l'imagine d'ordinaire. On tient communément que la perception intérieure nous met en rapport avec les faits émanant des attributs de la seconde catégorie, et qu'elle nous révèle à nous-mêmes comme actifs, intelligents et sensibles. Pour nous, ce n'est pas assez dire, et nous croyons qu'elle va bien au delà de cette constatation spontanée, tirée sans aucun effort des phénomènes explicites se déroulant distinctement à ses yeux. Nous croyons que sa vue, quelque trouble et confuse qu'elle soit, pénètre à travers ces phénomènes, en quelque sorte superficiels, jusque dans le fond de notre essence, et qu'elle en perçoit les attributs. A quelle autre source en effet pourrions nous aller puiser les notions certaines et irréfragables d'unité, d'identité, d'immutabilité, d'infinité que nous possédons? Direz-vous que c'est la raison qui nous les donne? C'est ce qu'il convient d'examiner brièvement.

Nous allons nous trouver ici en présence d'un nouvel exemple du peu de rigueur et d'exactitude de la langue philosophique. Ce défaut de justesse et de précision, dont on se plaint à bon droit, ne provient que de la confusion dans les idées :

« Ce que l'on conçoit bien s'énonce clairement. »

On connaît les diverses significations attachées à ce mot de *raison*. Nous ne voulons pas nous y arrêter ici, ne considérant ce terme qu'à un point de vue particulier. Dans un sens spécial et tout à fait restreint, on entend par là la faculté qui nous donne les idées nécessaires et universelles, appelées pour cette cause idées rationnelles, et les principes nécessaires et universels, ou principes de raison ; en un mot, la faculté de l'absolu. Ce terme semble donc tout d'abord ne signifier qu'une seule chose et présenter un caractère parfait de simplicité ; il n'en est rien cependant, puisqu'il désigne deux facultés différentes. En effet, la raison, prise en ce sens, remplirait deux fonctions parfaitement distinctes : 1º celle de nous fournir des notions absolues ; 2º celle de nous faire connaître des vérités nécessaires. Or ces deux rôles différents ne peuvent être tenus par un seul et même acteur, comme nous allons l'établir. La raison étant la faculté de connaître à son plus haut degré, l'on conçoit très bien qu'on y rapporte les vérités nécessaires, qui sont de véritables jugements, des affirmations catégoriques, sources de la connaissance. Mais comment admettre qu'elle nous fournisse le fond même des idées abstraites qui sont la base, la matière première de ces jugements ? L'idée abstraite ne peut être puisée que dans une réalité concrète, et toute réalité concrète ne peut nous être fournie que, soit par les sens, qui nous mettent en relation avec les êtres contingents externes, soit par la perception interne, qui nous met en relation avec l'existence contingente du moi par ses attributs de manifestation, et avec son essence absolue par ses attributs intimes. Mise en rapport avec ces deux sortes de réalités, les unes relatives, l'autre absolue, notre intelligence, dont la raison est la plus haute expression, en tire des idées abstraites, et c'est sur ces idées que l'intelligence et la raison opèrent par des jugements, soit contingents, soit nécessaires. N'oublions pas qu'en définitive la raison n'est elle-même qu'une abstraction, en ce sens qu'elle n'est pas un être dont on puisse extraire des notions d'attributs, qu'un être seul peut posséder; ce n'est que par une espèce d'abus de langage que nous attribuons à la raison l'unité, l'identité, l'infinité, l'objectivité, etc.:

tout ce que peut signifier cette manière de parler, c'est que la raison porte des jugements sur ces divers attributs de l'essence conçus abstractivement. Chacune des idées absolues nous représente un attribut d'une réalité concrète, et qui plus est, d'une même, seule et unique réalité, avec manifestation limitée dans les êtres contingents, illimitée dans l'être nécessaire. Elles ne sauraient donc, à aucun titre, découler de la raison, qui les extrait, les combine, les élabore, mais ne les produit pas. C'est ainsi que, dans la doctrine de la plupart des philosophes de l'antiquité, Dieu n'était que l'ordonnateur ou l'architecte du monde, et non le créateur de la matière. Ainsi donc, la raison contribuant pour sa part à la formation de nos idées, nous devons y rapporter leur forme, non leur fond. Elle n'est ni la source de ces idées, ni le canal par lequel elles nous arrivent; elle n'en est que le juge, l'arbitre souverain chargé de les apprécier, de les coordonner. En un mot : nous connaissons *par* la raison et non *dans* la raison.

Ceci nous amène naturellement à donner l'explication d'un fait que nous avons plusieurs fois mentionné sans l'expliquer. Notre activité et notre sensibilité restent toujours renfermées dans les bornes du fini; l'intelligence au contraire les franchit et nous fait pénétrer dans l'infini, par la raison, qui en est, comme nous l'avons dit, l'expression la plus haute. D'où cela vient-il ? C'est que l'intelligence, étant la faculté de connaître, doit entrer en relation, par le canal du sens intime, avec son objet infini, la substance absolue. Rien de semblable ne peut se produire pour les deux autres facultés ; et voilà pourquoi, de nos trois facultés de manifestation, l'intelligence est la seule qui se mette en rapport avec l'infini, et le connaisse, autant que les limites de son exercice, et non de sa nature, peuvent le lui permettre.

Il résulte de ce que nous venons de dire que la perception interne, par laquelle passent toutes les notions qui nous viennent du monde externe, est aussi le canal par lequel nous recevons toutes nos idées absolues ; en sorte que ce que nous appelons la raison n'est autre chose que la vision intime et profonde, quelquefois rendue plus distincte par l'attention, le plus souvent vague, confuse et latente, que nous avons de notre essence, qui est celle de toute réalité, soit nécessaire, soit contingente. Le sens intime devient ainsi l'organe unique, la source vraie, inépuisable de toute connaissance. Nous ne prétendons pas dire par là qu'il soit facile de puiser à cette source, ni qu'on puisse lire dans la conscience comme dans un livre, ainsi que le voudraient certains esprits impatients ; rien au contraire de plus difficile, de plus ardu, ni qui exige une plus grande contention d'esprit et plus de précautions : mais il n'en est pas moins vrai que nous ne pouvons rien savoir, rien apprendre que par son moyen. Que disons-nous, apprendre ? A proprement parler, nous n'apprenons rien ; nous ne faisons que nous apercevoir que nous savons, et nous passons en revue avec étonnement nos propres richesses, qui nous étaient inconnues à nous-mêmes. Nous sommes comme cet opulent Romain qui, prié de prêter cent chlamydes pour une représentation théâtrale, s'excusait d'en fournir un si grand nombre, ajoutant que du reste il ferait chercher et rassembler toutes celles qu'il avait chez lui. Combien croyez-vous qu'on en trouva dans sa demeure ? Cinq mille. Quel nombre de vérités infiniment supérieur à celui des cinq mille chlamydes de Lucullus, et toutes d'une valeur incomparable, possédons-nous dans notre esprit, bien qu'elles nous échappent presque complètement ! *Dominum fallunt.*

En somme, la culture de la science, en général, ou le développement de notre intelligence n'est autre chose que le passage de l'état inconscient à l'état conscient, ou la transformation d'idées synthétiques obscures en idées synthétiques claires. Nous portons en nous-mêmes l'omniscience ; et c'est aux efforts de notre activité propre et personnelle, aidée de celle de tous nos semblables qu'il appartient de l'y apercevoir. C'est là proprement ce qu'on appelle découvrir une vérité ; expression très juste, puisque toute vérité existe en nous, mais couverte d'un voile, et que c'est ce voile qu'il s'agit d'arracher. Mais malgré l'extrême difficulté de cette opération, la somme des connaissances humaines déjà acquises et tirées en définitive de nous-mêmes, de notre propre fonds, soit par voie expérimentale, soit par voie rationnelle, peu importe, nous est un sûr garant que nos espérances sont légitimes et solidement fondées, bien que leur réalisation ne puisse être que l'œuvre des siècles.

Si l'on réfléchit à ce qui précède, on s'émerveillera de voir que, dans les excursions tentées jusqu'à présent sur le domaine de la conscience, c'est à peine si l'on en a franchi le seuil, bien loin d'y avoir pénétré profondément, et que toutes les découvertes qu'on y a faites ne sont rien en comparaison de celles qu'on pourrait y faire et qu'on y fera sûrement quelque jour. Et nous le proclamons bien haut, afin d'inspirer à tous notre confiance, persuadé qu'il n'y a que la certitude du succès qui puisse donner, aux futurs explorateurs de ces contrées inconnues, assez de courage pour braver toutes les fatigues de la route.

Cet agrandissement du rôle de l'information interne, conséquence de notre doctrine, fait du sens intime le principal et le plus puissant instrument, non pas seulement de la philosophie en général, dont il l'était déjà, quoique avec moins d'étendue et de profondeur, mais surtout et spécialement de la partie la plus haute et la plus importante de cette étude, c'est-à-dire de la métaphysique ou science de l'être. Malgré de si nombreux et si brillants travaux, cette science nous semble n'en être encore qu'à son début, et à la période de tâtonnements; aussi pourrait-on peut-être justement l'appeler la science de l'avenir. Toutes les autres ont aujourd'hui leur méthode bien fixe et bien déterminée; mais où se trouve le code de procédure de la métaphysique ? Celui qui pourrait nous le donner ferait pour cette science fondamentale, et par conséquent pour toute la connaissance humaine, ce qu'a fait Bacon, de son temps, pour les sciences d'observation. Indiquer cette lacune, c'est déjà être utile ; la combler serait rendre le plus signalé des services. Qui osera l'entreprendre ?

Une autre conséquence de notre manière de voir, que nous ne ferons qu'indiquer en passant, c'est le jour nouveau qu'elle répand sur la question de l'origine des idées, sur laquelle elle nous offre les éléments d'une théorie digne, à ce qu'il nous semble, d'être développée et approfondie. En effet, dans notre système, la connaissance que nous avons des idées rationnelles et des principes de raison ne nous offre plus rien d'incompréhensible, et nous n'en sommes plus à nous demander, sans pouvoir répondre à cette question, comment nous en avons été mis en possession : les premières ne sont que la conscience, soit vague et confuse, soit nette et distincte, que nous possédons de notre essence infinie ; les seconds sont des jugements portés sur ces données du sens intime par notre raison virtuellement infinie.

De cette infinité de notre essence bien comprise, découle la véritable notion du temps, laquelle à son tour va nous révéler la vraie nature et le mode d'action de plusieurs facultés secondaires, ou, pour être plus exact, de plusieurs opérations intellectuelles, telles que la mémoire, l'imagination, la comparaison, la généralisation. Il est bien évident, par exemple, que la comparaison est inexplicable, avec la façon ordinaire de concevoir le temps. En effet, si notre attention ne peut se porter que sur un point indivisible, et si tous les actes de notre intelligence sont successifs, en ce sens que l'acte passé n'existe plus, que le futur n'existe pas encore et que le présent soit le seul existant, il est bien certain que, la comparaison étant une double attention, elle se compose d'une série d'actes, aussi rapides qu'on voudra, mais cependant distincts, qui sont toujours les uns aux autres dans le rapport de présents et de passés, c'est-à-dire d'actes existants et d'actes non existants ; et dans ce cas, quelle comparaison reste possible entre ce qui est et ce qui n'est pas ?

On invoque, il est vrai, pour expliquer cette possibilité, l'action de la mémoire, qui conserve la trace du fait passé. Mais ce n'est que reculer la difficulté, car il faut alors expliquer comment nous conservons le souvenir. Voilà qui est, nous ne dirons pas difficile, mais impossible, avec la notion commune du temps. Rien au contraire de plus aisé, avec notre théorie, dans laquelle la mémoire n'est plus une faculté véritable, mais la simple opération de notre intelligence passant alternativement de la puissance à l'acte, et de l'acte à la puissance.

La généralisation, qu'on pourrait appeler la fille de la comparaison, et qui n'est en réalité qu'une comparaison élargie, trouve comme elle, dans notre système, une explication toute naturelle. Si l'on admettait qu'il n'existe et ne peut exister dans notre esprit que des faits en acte, il faudrait en conclure que nous ne pouvons penser jamais qu'à des êtres ou à des faits individuels, conséquence à chaque instant démentie par l'expérience. Les idées en puissance ont donc, en nous, une existence tout aussi réelle que les idées en acte ; et nous avons conscience des premières comme des secondes, quoique d'une manière moins vive et moins nette. C'est pour cela que toutes les fois qu'après avoir énoncé une vérité générale, nous voulons la faire mieux saisir en l'éclaircissant, nous avons aussitôt recours à des exemples particuliers, individuels, qui transforment le virtuel toujours un peu confus, en actuel parfaitement distinct.

Quant à l'imagination, soit qu'on la considère comme reproductrice, combinatrice ou créatrice, il est toujours aussi facile, dans nos idées, d'en expliquer l'existence et le fonctionnement. En effet, la première espèce d'imagination peut se rattacher à la mémoire, dont elle est une variété ; la deuxième, à la faculté plus générale de former des idées complexes, et quant à la troisième, l'idéal, qui la caractérise, se trouve tout naturellement dans la contemplation de notre essence par le sens intime, dont la raison élabore les données.

Jetons maintenant un coup d'œil sur nos facultés actives, et nous verrons notre système en expliquer aussi nettement l'existence et le fonctionnement qu'il nous a permis de le faire à l'égard des facultés intellectuelles. Pour s'en convaincre, on n'a qu'à se rappeler ce que nous avons dit sur la volonté ou l'activité libre de l'homme ; sur l'instinct, cette incompréhensible merveille, dont nul n'a pu fournir la moindre explication, et enfin sur l'habitude, qu'on a qualifiée d'instinct acquis, point de vue qui s'accorde parfaitement avec nos idées et devait logiquement conduire à déterminer la véritable nature de l'instinct comme nous l'avons fait.

Mais voici qui nous semble mettre encore dans

un plus grand jour la justesse de notre manière de voir. Les diverses facultés ou opérations que nous venons de passer en revue, telles que les ont déterminées et envisagées nos devanciers, ont donné naissance à de nombreux problèmes plus embarrassés et plus difficiles à résoudre les uns que les autres. Que d'opinions discordantes, que de controverses, quelle foule de volumes écrits en sens différents, les questions de la spiritualité de l'âme, de son immortalité, de la distinction de l'âme et du corps, de leur union, ne rappellent-elles pas immédiatement à notre esprit ! On ne sait à qui entendre dans cette cohue de sentiments divers : auquel s'arrêter ? lequel choisir ? Où se trouve la plus grande part, sinon de vérité, du moins de vraisemblance ? Voilà une cause bien difficile à débrouiller, plus difficile encore à terminer par une sentence équitable, et où le juge, par lassitude, laisse souvent au hasard le soin de décider. Pour nous, au contraire, le différend n'a pas besoin d'être tranché, puisque le procès ne saurait même prendre naissance: nous ne reconnaissons qu'une seule catégorie d'êtres contingents, tous doués de la même essence, différant entre eux seulement par le mode de leur existence, et tous doués de la durée absolue.

Ce n'est pas uniquement la psychologie, et les problèmes qu'elle cherche à résoudre, que notre théorie éclaire d'un jour nouveau ; elle nous semble exercer la même influence sur toutes les questions fondamentales de la logique, telles que la légitimité de la connaissance, la vérité et l'erreur, l'évidence et la certitude. Et cette influence s'étend même sur la partie pratique de cette science : nous avons en effet plus d'une fois fait ressortir la concordance merveilleuse dans les résultats où nous conduisent les deux seules voies possibles de la science, à savoir : la méthode *a priori* et la méthode *a posteriori*. On l'a bien souvent signalée longtemps avant nous, cette concordance ; mais autre chose est constater un fait, ou en fournir l'explication.

Cette même influence est encore, croyons-nous, plus considérable en ce qui concerne la morale. En se pénétrant de nos idées, on s'explique sans difficulté ce qu'est le plaisir, ce qu'est le bonheur, en quoi ils diffèrent entre eux, et ce qu'ils ont de commun ; quelle est la nature du devoir, du droit, de la vertu; en quoi consistent le mérite et le démérite, et enfin l'on comprend quelle est la vraie sanction de la loi morale, dont nous montrons que la connaissance nous est acquise, soit par voie expérimentale, soit par voie rationnelle ; si bien qu'ainsi s'ouvre pour nous une perspective toute nouvelle sur les conditions de ce qu'on appelle la vie future, fermée jusqu'à présent à toutes les ardentes et curieuses investigations de l'humanité. Quant au problème de l'immortalité de l'âme, on comprend de reste qu'il ne peut pas même en être question dans nos idées : la non-existence effective du temps pris au sens actif, compris comme on l'entend ordinairement, et le développement infini de tout être contingent une fois admis, réduisent une pareille thèse à néant, par lui enlever toute portée et même toute signification. La doctrine de l'unité d'essence, d'où découlent tout naturellement l'unité et l'harmonie de l'univers, ainsi que de la fin de tous les êtres contingents, tranche toutes les difficultés soulevées sur la destinée humaine, en même temps qu'elle donne un but bien fixe et bien déterminé à tous les êtres différents de l'homme, jusqu'à la matière inerte inclusivement, que les opinions généralement admises laissaient flotter dans le vague et l'indétermination, sans que rien pût expliquer ou légitimer leur existence au point de vue de la fin, et par conséquent aussi à tous les points de vue.

Ce n'est pas du reste seulement sous le rapport de la spéculation que notre théorie peut servir la morale; si nous la considérons dans ses conséquences pratiques, quelle ne serait pas son influence sur la conduite des hommes qui en seraient imbus ! Quelle autre pourrait leur inspirer plus de dédain pour les jouissances purement physiques, plus de mépris de la douleur et de la mort, plus d'attachement à la pratique du bien, et serait par conséquent plus capable de former des hommes vraiment dignes de ce nom ? C'est surtout à ce titre qu'elle nous est chère, et non parce qu'elle est notre œuvre personnelle : combien nous serions heureux de préparer pour la patrie, qui en a si grand besoin, des cœurs grands et désintéressés, des âmes fermes et vigoureuses, des caractères fortement trempés ! Les qualités morales sont les premières en dignité comme en importance : car de même que

« L'esprit se sent toujours des bassesses du cœur »,

il lui emprunte sa noblesse et son élévation ; et, comme l'a dit un moraliste, c'est de cette source que viennent les grandes pensées.

Mais c'est dans la théodicée et la métaphysique, et dans toutes les questions qu'elles soulèvent, qu'éclatent encore plus directement l'influence et l'utilité de notre système. Avec lui, l'on n'a plus besoin de s'embarrasser dans ce dédale de preuves ontologiques et cosmologiques de l'existence de Dieu, échafaudées à grand'peine, et renversées au premier souffle du scepticisme. Comment en serait-il autrement, puisque, dans toutes ces démonstrations, on entreprend de prouver ce qui est la base de toute démonstration ? On agit comme des architectes qui au lieu de bâtir sur la terre, qui s'offre à eux pour servir de support à leur édifice, voudraient créer une autre terre, afin d'y construire à l'aise. Hé quoi ! l'affirmation absolue de la raison nous donne primitivement et avant tout la connaissance de l'être nécessaire en nous en révélant l'essence, sans quoi nous ne pourrions rien concevoir ni rien affirmer, et c'est cette connaissance que nous irions nous obstiner à prouver ! C'est là le renversement de toute logique. Qu'attendre donc de systèmes qui débutent par un acte, tranchons le mot, aussi insensé ? Quant à la métaphysique, nous oserons dire qu'elle a jusqu'ici marché dans la nuit et au hasard, malgré les éclairs du génie à la lueur desquels elle a essayé de se diriger dans les profondes ténèbres qui l'entouraient. Mais un éclair, même répété, est insuffisant, comme nous l'avons déjà dit ; il brille un instant et ne fait ensuite que rendre l'obscurité plus noire et plus sombre. On a besoin, pour se conduire, d'une lumière moins vive sans doute, mais persistante, et qui puisse éclairer les objets sans éblouir la vue.

Avons-nous été assez heureux pour allumer une modeste lanterne capable de rendre ce service important ? et si un philosophe grec, fameux par sa singularité à défaut de tout autre mérite, n'a pu trouver un seul homme à l'aide de la sienne, pourrons-nous, avec le secours de la nôtre, éclairer, pour nous-même et pour tous les humains, la route qui conduit sûrement à la vérité ? C'est là une question à laquelle il appartient à tous, hors à nous, de répondre. Quelle que soit cette réponse, nous l'attendons sans crainte, prêt que nous sommes à renoncer à notre opinion, du moment qu'on nous en aura démontré la fausseté : car il n'est pas honteux de se tromper, mais bien de s'obstiner dans l'erreur par amour-propre. Du reste, en supposant que la sentence nous soit défavorable, elle ne pourra jamais nous ôter le sentiment d'un devoir accompli en toute franchise et toute simplicité de cœur.

Après cette énumération rapide de quelques-unes des questions que peut éclairer ou simplifier notre manière de voir, il ne nous reste plus qu'à tirer une conclusion générale de tout notre travail.

Nous avions tout d'abord conçu la pensée de terminer notre ouvrage par de courtes considérations sur la métaphysique, sur sa méthode, sa place et son rôle dans la philosophie et dans l'ensemble de toutes les sciences. Mais après quelques réflexions, sentant la matière se dilater sous nos doigts à mesure que nous nous appliquions à la pétrir, nous avons renoncé à ce dessein, nous réservant de traiter ce sujet, avec tous les développements qu'il comporte (et ils ne sont pas peu considérables), dans un ouvrage spécial [1] : car l'homme ne cesse d'édifier de nouveaux projets

---

[1] Cet ouvrage est aujourd'hui complètement terminé, et nous nous proposons de le publier prochainement.

que lorsque la mort lui a définitivement clos les paupières. Et encore !... Avons-nous bien scruté les rêves de la tombe ?

Arrêtons-nous donc ici, pour donner notre conclusion générale.

Le champ de la philosophie est bien vaste, a-t-on dit souvent : rien de plus vrai. Mais quelque grand qu'il fût déjà, nous croyons en avoir encore augmenté l'étendue, en montrant que cet infini que nous nous figurons si loin de nous se trouve en nous-mêmes, et que nous pouvons puiser à toute heure à cette source inépuisable.

Néanmoins offrir un immense domaine à cultiver n'est pas tout, il faut encore fournir les instruments nécessaires à sa culture. C'est encore là un besoin auquel nous avons tâché de satisfaire, autant que possible, et voici comment : la philosophie ne saurait être exacte ni complète si elle ne repose sur une bonne métaphysique, condition d'ailleurs de toute connaissance sérieuse et approfondie. Jusqu'ici cette dernière science n'a pas existé, en tant que science régulièrement constituée, et ne pouvait pas exister ; elle n'existera même véritablement comme telle que du jour où elle aura pleine conscience de son but, de ses principes et de sa méthode. Nous ne les avons pas, il est vrai, formulés plus que nos devanciers ; mais nous croyons avoir fourni quelques indications pouvant y conduire. La métaphysique est la science de l'infini et des rapports du fini avec l'infini, quoique tous les métaphysiciens aient reculé devant cette définition ; et nous savons bien pourquoi. Osons le dire : ils craignaient le ridicule, et leur crainte n'était que trop justifiée. Ne pouvaient-ils pas s'attendre en effet à se voir rire au nez, s'ils venaient soutenir d'un côté, que tout est contingent et fini dans l'homme, et de l'autre, que ce même être contingent et fini pouvait aspirer à la connaissance du nécessaire et de l'infini ? Pour nous, qui reconnaissons dans l'homme quelque chose d'éternel, d'immuable, d'absolu, la contradiction n'existe pas. Mais cet absolu est-il accessible à notre connaissance? Oui, disons-nous, par le sens intime, source de notions, soit claires et distinctes, soit obscures et confuses, mais élucidées, développées et coordonnées par la raison.

Si l'audace de cette conclusion effrayait quelques esprits timides, nous les prierions de considérer combien de choses auraient été déclarées, par les anciens, impossibles, absurdes, dont cependant l'exécution n'est plus qu'un jeu pour leurs descendants illuminés par la science.

Nous terminerons enfin par un appel à tous les hommes de cœur, qui regardent l'exercice de la pensée comme la plus noble et la plus douce des occupations ; les adjurant de peser et d'examiner avec attention notre nouvelle doctrine : cela fait, s'ils la trouvent fausse, de la combattre résolument ; si au contraire elle leur paraît juste, de nous aider et de nous soutenir dans la propagation de la vérité.

Qu'ils nous permettent de leur en adresser nos actions de grâces anticipées.

FIN.

NOTE[*].

Le panthéisme idéaliste dépasse le but en absorbant l'être fini dans l'infini. Mais parmi tous les philosophes qui ont voulu mettre en évidence la subordination pleine et entière de l'être relatif à l'être absolu, tout en sauvegardant l'individualité du premier, il n'en est aucun qui l'ait fait avec autant de grandeur et de force qu'un sublime poète, David, dans son admirable psaume 139[1], qu'Herder appelle son psaume de prédilection. Nous partageons complètement cet enthousiasme, et nous demandons au lecteur de souffrir que nous lui mettions sous les yeux une traduction de ce chef-d'œuvre, faite sur le texte même. On ne retrouvera pas dans cette pâle copie l'exquise et merveilleuse concision de l'original, mais on y apercevra peut-être un reflet de l'ampleur et de la majesté des idées et des sentiments, ainsi que de l'éclat et de l'originalité des images qu'on voit étinceler de toutes parts dans ce magnifique morceau.

Ton regard, Dieu puissant, plonge au fond de mon être,
Et dans tous ses replis le sonde et le pénètre :
Je vais m'asseoir, marcher, tu le sais avant moi ;
Ma pensée à venir s'étale devant toi,

[*] Voir pag. 297.
[1] Ps. 138 dans *la Vulgate*.

Tu connais aussi bien mon repos que ma course,
Tout l'élan de ma vie en toi seul a sa source ;
De ma langue nul mot n'a foulé le sentier,
Que déjà mon discours pour toi vibre en entier.
En tout sens de mon corps tu façonnas l'argile ;
Ta main grava ton nom sur ce vase fragile,
D'une immense sagesse ouvrage merveilleux,
Qui confond mon esprit dès qu'il frappe mes yeux.
Trouverai-je un abîme où ton éclat s'efface ?
Où me sauver, grand Dieu, des rayons de ta face ?
Que je m'élance au ciel, j'y trouve ta splendeur ;
Que je fonde en enfer, j'y vois ta profondeur.
Je planterai ma tente aux rives de l'aurore,
Ou par delà les mers que le soir décolore ;
Mais d'une et d'autre part ton vaste bras s'étend,
Et ta droite partout me saisit haletant.
Ténèbres, noyez-moi dans vos abîmes sombres ;
Nuit, roule à mon entour les langes de tes ombres ;
Des ténèbres en vain j'invoque l'appareil,
La nuit à tes regards brille comme un soleil.
Jusqu'au fond de mes reins m'absorbe ta puissance,
Tu m'entourais déjà dès avant ma naissance :
Et ma bouche pourrait ne pas chanter toujours
L'incomparable auteur du tissu de mes jours !
Mes os, mes filaments, ton œil en vit le nombre
Quand de cette œuvre d'art, brodée au sein de l'ombre,
Les éléments, encore indistincts, ramassés,
N'offraient qu'un peloton de fils entrelacés.
Sur ton livre immortel tu traças ces merveilles,
Chacun de mes instants, mon repos et mes veilles.
Dieu ! tes pensers divins m'accablent sous leur faix.
Si je veux essayer de nombrer tes hauts faits,
En un rêve infini tout mon être se plonge ;
Plus j'avance vers toi, plus mon chemin s'allonge.
Las de te suivre ainsi, par un brusque retour,
Je m'éveille, et te trouve encore à mon entour.

Qu'il y a loin, de cette richesse, de cette magnificence, à cet amas de pauvretés et de contre-sens qu'on nomme la version de *la Vulgate*! Mais le point de vue littéraire n'est ici que l'accessoire. L'admiration que nous inspire cet hymne incomparable est surtout excitée par la profondeur et la justesse des idées vraiment philosophiques qu'il offre à notre intelligence : où trouver une expression plus vive et plus frappante du sentiment de cet infini qui nous pénètre, s'identifie avec nous, et forme le fond de toutes nos pensées? A nos yeux, c'est là un résultat des informations de cette raison inconsciente dont nous avons proclamé l'infaillibilité et que nous avons signalée comme la source de tous les instincts.

Quoi qu'il en soit, cet antique témoignage en faveur d'une vérité que nous croyons incontestable nous a paru bon à recueillir; ne serait-ce que pour montrer à notre époque, peut-être un peu trop infatuée d'elle-même et de ses découvertes, que la sagesse des temps anciens n'est pas tout à fait à dédaigner, et qu'on doit fuir le sot oubli du passé, travers ordinaire des parvenus exclusivement absorbés dans la contemplation de leur fortune présente.

TABLE DES MATIÈRES.

Avant-Propos v

Chapitre Premier. — Objet et division de l'ouvrage....................... 1

Chapitre II. — Difficulté de la conciliation entre le fini et l'infini.................. 6

Chapitre III. — Distinction de l'essence et de l'existence. Unité de l'essence 9
  § 1er. De l'essence en général............. 9
  § 2. Des éléments de l'essence. Leur division. 10
  § 3. Attributs de relation ou de manifestation de l'essence........................ 17
  § 4. Éléments immanents de l'essence...... 27
  § 5. Conséquence importante de l'unité d'essence............................. 49
  § 6. Réponse à quelques objections contre l'idée d'une essence commune à tous les êtres............................. 54
  § 7. De quelques considérations confirmant la doctrine de l'unité d'essence........ 59

CHAPITRE IV. — Étude comparée des attributs manifestés dans l'être absolu et dans l'être relatif. 66

§ 1ᵉʳ. Méthode à suivre dans cette comparaison 66

§ 2. Comparaison de l'activité considérée dans l'être absolu et dans l'être relatif.... 68

§ 3. Comparaison de la sensibilité dans l'être absolu et dans l'être relatif.......... 73

§ 4. Comparaison de l'intelligence dans l'être absolu et dans l'être relatif.......... 77

§ 5. Conclusion générale du chapitre....... 91

CHAPITRE V. — Nécessité morale de l'existence des êtres contingents............... 93

CHAPITRE VI. — Du temps et de l'éternité.... 98

§ 1ᵉʳ. Considérations générales............. 98

§ 2. Du temps........................... 101

§ 3. De l'éternité....................... 122

§ 4. De l'antinomie relative au temps et à l'éternité............................ 129

§ 5. Réponses à quelques objections, et conclusion du chapitre................... 140

CHAPITRE VII. — De l'étendue et de l'espace.. 145

§ 1ᵉʳ. Considérations générales............. 145

§ 2. Distinction entre l'étendue et l'espace .. 147

§ 3. Antinomie relative à l'étendue et à l'espace 160

§ 4. Conclusion résultant des paragraphes précédents........................... 166

TABLE DES MATIÈRES.

CHAPITRE VIII. — De la liberté humaine et de la prescience divine.............. 168
  § 1er. De la liberté en général........... 168
  § 2. Origine, essence et fin de l'instinct et de la liberté...................... 171
  § 3. De l'opposition apparente entre le libre arbitre et la prescience divine......... 205

CHAPITRE IX. — De la providence........... 217

CHAPITRE X. — De la création.............. 280
  § 1er. Difficulté et division du sujet........ 280
  § 2. Origine des êtres contingents......... 281
  § 3. Nature des êtres contingents......... 306
  § 4. Fin des êtres contingents 331
  § 5. Le monde est-il fini ou infini dans le temps et dans l'espace............... 343
  § 6. De la création considérée comme manifestation des attributs externes et internes de l'essence infinie et de la cause absolue. 357
  § 7. Conclusion du chapitre 367

CHAPITRE XI. — Revue sommaire de l'ouvrage. 369

CHAPITRE XII. — Quelques conséquences importantes découlant de notre système. Conclusion générale................ 376

NOTE..................................... 413

www.ingramcontent.com/pod-product-compliance
Lightning Source LLC
Chambersburg PA
CBHW070927230426
43666CB00011B/2336